ROYAUMES DE L'INCONSCIENT HUMAIN

DU MÊME AUTEUR
CHEZ LE MÊME ÉDITEUR

GROF (S.)/HALIFAX (J.), *LA RENCONTRE DE L'HOMME AVEC LA MORT.*

GROF (S.), *PSYCHOLOGIE TRANSPERSONNELLE.*

GROF (S.), *LES NOUVELLES DIMENSIONS DE LA CONSCIENCE.*

STANISLAV GROF

ROYAUMES DE L'INCONSCIENT HUMAIN

LA PSYCHOLOGIE DES PROFONDEURS DÉVOILÉE PAR L'EXPÉRIENCE LSD

traduit de l'américain par *Paul Couturiau*
et *Christel Rollinat*

L'ESPRIT ET LA MATIÈRE

ÉDITIONS DU ROCHER
Jean-Paul BERTRAND
Éditeur

ISBN 2-268-01306-5

à Joan et à mes parents

PREFACE

En 1965, je fus invité à un congrès international consacré à la psychothérapie LSD se tenant à Amityville, Long Island. J'y fis un exposé sur les expériences que j'avais réalisées pendant près d'une décennie à Prague, Tchécoslovaquie. Je participai ensuite à une série de conférences aux Etats-Unis. C'est à cette époque que la Fondation pour la Recherche Psychiatrique de New Haven, Connecticut, me proposa une bourse universitaire d'un an. De retour à Prague, je reçus une lettre du Dr Joel Elkes, Président du Service de Psychiatrie et de Sciences du Comportement de l'Université John Hopkins de Baltimore. Il m'offrait la possibilité de poursuivre mes travaux sur le LSD à la Clinique Henry-Phipps et à l'hôpital d'Etat Spring-Grove de Baltimore.

A cette époque, mes activités de recherche à Prague occupaient tout mon temps. J'avais accumulé des rapports détaillés de centaines de séances LSD et je procédais à leur analyse, essayant de formuler un cadre théorique qui permettrait la compréhension des observations surprenantes révélées par mon travail. J'avais déjà élaboré une première esquisse d'un modèle conceptuel qui paraissait prendre en considération la majorité de mes découvertes. Ce cadre permettait la création de plusieurs hypothèses partielles susceptibles d'être soumises à un examen plus rigoureux. J'étais en outre intrigué par les possibilités que semblait offrir la psychothérapie LSD pour le soulagement des souffrances morales de cancéreux confrontés à l'imminence de la mort. Sur la base de quelques observations préliminaires, je préparais un projet spécial visant à explorer de manière plus systématique ce nouveau secteur.

L'offre du Dr Elkes était trop séduisante pour que je la refuse. Je décidai donc de demander aux autorités tchèques l'autorisation d'aller passer un an aux Etats-Unis. Après maintes difficultés administratives, celle-ci me fut finalement accordée. En mars 1967, lorsque je débarquai à l'aéroport J.F.-Kennedy, plus de la moitié de mes bagages consistait en des rapports sur la recherche LSD que j'avais conduite à l'Institut de Recherches Psychiatriques de Prague. Mon intention, à cette époque, était de compléter l'analyse de mes données et de mettre au point une étude clinique de l'efficacité de la psychothérapie LSD développée durant les nombreuses années de mon expérimentation thérapeutique. Je caressais par ailleurs l'espoir de poursuivre au moins l'une des études plus théoriques visant à tester certains aspects de mon nouveau cadre conceptuel.

Je ne tardai pas à réaliser que mes projets étaient pour le moins irréalistes. Je fus surpris par l'évolution de la position officielle à l'égard des drogues psychédéliques depuis ma dernière visite en 1965. En Tchécoslovaquie, le LSD était légalement produit par la principale compagnie pharmaceutique subventionnée par le gouvernement. Il apparaissait dans la pharmacopée médicale officielle au même titre que la pénicilline, l'insuline et la digitaline. Il était considéré comme un agent thérapeutique possédant des indications et des contre-indications spécifiques. La formation requise pour chaque thérapeute LSD était sensiblement la même que pour les psychanalystes. Les étudiants devaient se soumettre à un minimum de cinq séances LSD et conduire une trentaine de séances avec des patients sélectionnés, sous la supervision d'un thérapeute LSD expérimenté. Le grand public ignorait pour ainsi dire tout des drogues psychédéliques ; les rapports concernant la recherche sur ces substances n'étaient publiés que dans les revues scientifiques. Au moment de mon départ, il n'existait pas de marché noir. Quiconque désirait expérimenter les effets du LSD pouvait participer à une séance pour autant que celle-ci fut conduite par un professionnel et se déroulât au sein d'une structure médicale.

La situation aux Etats-Unis était toute différente. Les substances psychédéliques posaient un problème d'intérêt général. Le marché noir du LSD était présent à travers tout le pays et tout un chacun y avait accès sans considération d'âge.

Les campus universitaires étaient le lieu de prédilection pour l'auto-expérimentation. Chaque grande cité avait ses quartiers hippies et la drogue était un des apanages de la contre-culture. Les accidents provoqués par les substances psychédéliques alimentaient les colonnes des journaux ; presque tous les jours, il y était question de dépressions psychotiques, d'automutilation, de suicides et de meurtres ; ce palmarès peu flatteur était attribué à l'emploi du LSD. A la même époque, le mouvement psychédélique influençait profondément la culture contemporaine — la musique, la peinture, la poésie, l'esthétique, la décoration, la mode, le cinéma, le théâtre et la télévision.

Les mesures législatives visant à supprimer les dangers de l'utilisation abusive du LSD se révélèrent relativement inefficaces pour endiguer la consommation « sauvage ». En revanche, elles eurent des conséquences inverses — directes et indirectes — sur la recherche scientifique. Seuls quelques projets survécurent à ces circonstances complexes. C'est ainsi que la recherche LSD fut réduite au strict minimum. Au moment où la nécessité d'une information scientifique nouvelle se faisait impérieuse, les chercheurs se retrouvaient presque dans l'impossibilité d'y accéder. Le LSD et les autres drogues psychédéliques étaient un « fléau » national ; mais comment remédier à cette situation sans une compréhension réelle du problème ?

L'information diffusée par les média était superficielle, dénaturée et partiale. Cette attitude était imputable à l'ignorance, à l'inquiétude et au désir de décourager l'engouement pour ces drogues qui résistait aux mesures législatives répressives. Cette information était considérée avec suspicion par les jeunes qui la jugeaient ridicule et la rejetaient dans son ensemble, ignorant ainsi les dangers réels auxquels les substances psychédéliques les exposaient.

Dans ces circonstances, le prestige des professionnels de la santé mentale commençait à s'effriter en particulier parmi les jeunes et au sein de la contre-culture. De nombreux psychiatres et psychologues se retrouvaient dans des situations embarrassantes. On leur demandait d'intervenir dans les cas d'urgence. En tant qu'experts, ils devaient faire preuve d'autorité face aux crises provoquées par la drogue et venir en aide aux victimes de la « scène psychédélique ». Leur formation n'était malheureusement pas appropriée et leur expérience du problème était nulle. Il leur était de plus impossible d'améliorer leur compréhension théorique des hallucinogènes du fait de l'absence de recherche scientifique.

La situation n'a guère évolué depuis 1967. Des centaines de milliers d'individus, aux Etats-Unis, ont fait l'expérience du LSD et d'autres substances psychédéliques. Cette auto-expérimentation s'accompagnait de nombreuses séquences extraordinaires et entraînait souvent de profondes modifications de la structure personnelle, de l'échelle des valeurs et de la vision du monde du sujet. Les phénomènes observés au cours des séances psychédéliques correspondent à des manifestations de régions profondes de l'inconscient encore inconnues de la science contemporaine. L'application des concepts théoriques et des procédures pratiques aux problèmes liés à l'emploi des drogues psychédéliques s'est en conséquence avérée inappropriée, inadéquate et inefficace.

J'ai participé, depuis, à de nombreuses conférences aux Etats-Unis, au Canada et en Europe dans des universités, des hôpitaux psychiatriques, des instituts de recherche, des écoles et des communautés religieuses. J'ai toujours constaté que le public quel qu'il soit manifestait un intérêt réel pour les données que j'exposais. Des personnes vinrent me trouver pour me demander de plus amples informations, des références d'ouvrages et des copies d'articles leur permettant d'en apprendre plus sur les problèmes liés aux séances LSD en série. Parmi eux, il y avait des psychiatres, des psychologues, des infirmières travaillant dans des services psychiatriques et des assistantes sociales. Tous étaient désireux de venir en aide à certains de leurs patients, victimes de la drogue. Ils désiraient en savoir plus sur le LSD afin de comprendre l'univers dans lequel ils évoluaient, d'établir de meilleurs contacts avec eux et de les assister de manière plus efficace. Je rencontrai également de nombreux parents désespérés. Ils me demandaient une information honnête, conscients de la nécessité de combler un fossé de génération qui ne cessait de se creuser et de comprendre enfin les problèmes de leurs enfants. Des enseignants et des conseillers d'orientation professionnelle, désemparés par l'attitude de leurs élèves. Des ecclésiastiques montraient un désir sincère de sonder la nature des expériences mystiques et religieuses suscitées par les drogues psychédéliques. Ils espéraient que leur signification philosophique et spirituelle leur permettrait de mieux conseiller leur communauté, si souvent choquée par les problèmes posés par la drogue. Il est même arrivé que des avocats nourrissant des doutes sérieux quant à la valeur et à l'efficacité des lois concernant les drogues m'invitent à leur expliquer les problèmes réels de la situation. Des spécialistes d'horizons divers me demandèrent des précisions spécifiques sur mes observations. Ils avaient le sentiment que ces données présentaient des implications importantes pour des secteurs aussi variés que la théorie de la personnalité, la psychologie des religions, la psychothérapie, la génétique la psychologie et la psychopathologie de l'art, l'anthropologie, l'étude de la mythologie, l'éducation, la médecine psychosomatique et la pratique obstétrique. Enfin, la majorité des demandes pour une information plus systématique et plus complète émanait de personnes ayant vécu des expériences LSD désireuses de clarifier les problèmes qu'elles rencontraient. Il n'est donc pas étonnant que les jeunes et en particulier les étudiants soient tellement passionnés par le sujet.

Comme je l'ai signalé plus tôt, mon dessein en arrivant aux Etats-Unis était de compléter l'analyse des données de ma recherche LSD réalisée à Prague et de conduire des études permettant de tester certains de mes nouveaux concepts. Je considérais que mon travail à Prague avait été une étude pilote continue. Cette période paraît peut-être excessive pour une orientation dans un nouveau secteur mais il ne faut pas oublier que cette tâche impliquait le tracé d'une première cartographie de l'esprit humain. A ce stade de la recherche, je décidai d'écrire. Il ne s'agit pas à proprement parler d'une décision mais d'un concours de circonstances. Je réalisai bien vite qu'il me serait très difficile de poursuivre mes études européennes dans des circonstances bénéficiant d'un meilleur contrôle. L'hystérie engendrée par la controverse LSD prenait des proportions démesurées. La situation se dégradait de manière alarmante surtout depuis que certains rapports soulevaient le spectre de désordres génétiques dus à l'emploi du LSD. Un nombre sans cesse croissant d'individus s'étant livrés sans surveillance à des expériences avec LSD souffraient de complications graves. Un besoin urgent se faisait sentir d'une information clinique plus conséquente et d'une compréhension des effets du LSD. Ecrire était donc le seul moyen d'aborder de manière intelligente ces nouveaux problèmes. Les professionnels de la santé mentale et une bonne partie de l'opinion publique réclamaient avec véhémence des renseignements honnêtes et objectifs sur les drogues psychédéliques. Par ailleurs, des expériences inhabituelles caractéristiques des séances psychédéliques étaient de plus en plus régulièrement observées et décrites dans le cadre de nouvelles techniques thérapeutiques et de nouvelles procédures expérimentales en laboratoire. Citons, entre autres, la bioénergie, les séances de marathon, les groupes de rencontre, la Gestalt thérapie, le biofeedback, l'isolation sensorielle, etc. Il me paraissait évident que les cartes de conscience élaborées à l'aide d'un catalyseur aussi puissant que le LSD s'avéreraient très utiles pour l'organisation et l'intégration des données provenant de ces divers secteurs. La dernière raison m'ayant poussé à écrire ces ouvrages est ma conviction que le matériau des séances LSD en série, même sous sa forme actuelle, est d'une importance théorique capitale. Il représente un défi sérieux aux concepts existant de la science contemporaine. J'ai le sentiment que ces données devraient être diffusées afin de permettre à des chercheurs appartenant à diverses disciplines de les étudier et de les évaluer. Fidèle à cette perspective, je me suis efforcé de présenter ce matériau en faisant une large part aux observations cliniques réelles et en présentant de nombreux cas précis. Sous cette forme, cet ouvrage devrait inciter d'autres chercheurs à poursuivre cette recherche même s'ils réfutent le cadre théorique que je suggère pour la conceptualisation des phénomènes étudiés.

REMERCIEMENTS

Je tiens à remercier ici mes professeurs, mes collègues et mes amis qui, à quelque titre que ce soit, ont permis à cet ouvrage de voir le jour.

C'est le Dr Roubicek qui introduisit le LSD en Tchécoslovaquie pour le traitement des désordres mentaux. Je découvris ce composé en 1955 alors que je travaillais bénévolement au service psychiatrique de l'Ecole de Médecine de l'Université Charles de Prague. J'eus l'occasion d'observer et d'interroger certains sujets LSD ayant participé aux travaux de pionnier du Dr Roubicek et j'eus, moi-même, ma première séance en 1956 dans son service et sous sa direction. Cette expérience aiguisa et intensifia mon intérêt pour les drogues psychédéliques à tel point que je décidai de consacrer ma vie à leur étude.

Durant les premières années de ma recherche, le Dr Milos Vojtechovsky m'offrit son soutien et sa bienveillance. Il dirigeait alors l'équipe interdisciplinaire au sein de laquelle je commençai mon exploration du LSD. Elle portait sur la relation existant entre les effets des drogues psychédéliques et la symptomatologie de la schizophrénie. Notre collaboration fut passionnante et fructueuse. Je m'intéressai ensuite à l'expérimentation thérapeutique et diagnostique de substances psychédéliques. Je me souviens avec reconnaissance que cette période a profondément marqué ma pensée et ma méthodologie scientifiques.

Je remercie tout particulièrement le Dr Lubomir Hanzlicek, Directeur de l'Institut Psychiatrique de Prague. Mes explorations peu conventionnelles de cette « nouvelle frontière » scientifique n'auraient jamais pu aboutir sans son exceptionnelle ouverture d'esprit, sa compréhension et son engagement.

Je mentionnerai encore le Dr Julia Sobotkiewicz, le Dr Zdenek

Dytrych, le Dr Thomas Dostal, les infirmières de l'Institut de Recherches Psychiatriques de Prague, la Fondation pour la Recherche Psychiatrique de New Haven, Connecticut, le Pr. Joel Elkes Président du Service de Psychiatrie et des Sciences du Comportement de l'Ecole de Médecine de l'Université John-Hopkins de Baltimore, Maryland, le Dr Albert A. Kurland Directeur du Centre de Recherches Psychiatriques du Maryland et Commissaire adjoint pour la Recherche au Ministère d'Hygiène Mentale du même état, tous les membres du Centre de Recherches Psychiatriques du Maryland et leurs familles, Robert et Karen Leihy, Huston Smith, Joseph Campbell, Walter Clark, Margaret Mead, Alan Watts, Laura Huxley, Anthony Sutich, Gaby et Sonja Margulies, Abraham Maslow, Robert et Lenore Schwartz, Michael Murphy, Richard Price, Julian Silverman, Andrew Gagarin, Richard Grossman, mon frère le Dr Paul Grof et ma femme le Dr Joan Halifax-Grof.

Je tiens enfin à exprimer ma profonde gratitude à ceux qui participèrent à l'élaboration des concepts théoriques décrits dans cet ouvrage : les centaines de patients et de sujets LSD qui entreprirent ces multiples voyages dans l'inconnu et partagèrent avec moi leurs expériences fabuleuses.

Big Sur, Californie
Décembre, 1973

1. INTRODUCTION

LA CONTROVERSE

Voici plus d'un quart de siècle que le chimiste suisse Albert Hofman découvrit accidentellement les puissantes propriétés psychotoniques du diéthylamide de l'acide d-lysergique, plus connu sous le nom de LSD 25.[17] * Cette substance ne tarda pas à soulever une importante polémique qui atteint au fil des ans des dimensions sans précédent. Il me paraît donc pertinent de commencer cette étude du LSD par un bref résumé de son histoire orageuse.

La découverte des propriétés du LSD fit sensation dans les milieux scientifiques et eut un effet stimulant sur les chercheurs appartenant aux horizons les plus divers. De nombreux articles parus à l'époque insistaient sur les similitudes entre les psychoses « expérimentales » induites grâce au LSD et les psychoses naturelles, en particulier, la schizophrénie. La possibilité de simuler des symptômes schizophrènes chez des volontaires normaux et de réaliser des tests et des investigations complexes avant, pendant et après cette « psychose expérimentale » temporaire paraissait très prometteuse pour l'intelligence de la plus énigmatique des maladies mentales. Cette drogue permettant d'entreprendre des « voyages » brefs — avec retour garanti — dans l'univers du schizophrène fut recommandée comme outil de formation exceptionnel pour les psychiatres, les psychologues,

* Les nombres en indice renvoient à la bibliographie.

les étudiants en médecine et les infirmières des services psychiatriques. On estimait qu'une seule expérience LSD augmentait considérablement la faculté du sujet à comprendre les patients psychotiques, à les approcher avec plus de sensibilité et à les traiter avec plus d'efficacité.

Le LSD fit l'objet d'une controverse quand de nombreux psychiatres à orientation phénoménologique et psychanalytique attaquèrent le concept de « schizophrénie expérimentale ». Ce dernier sera finalement abandonné par la plupart des chercheurs cliniques. En dépit de certaines similitudes, il existait des différences essentielles entre les deux états. La recherche LSD ne résolut pas le mystère de la schizophrénie et l'espérance, un instant caressée, s'évanouit à jamais.

L'accent « psychotomimétique » (simulation de psychose) ne tarda pas à être remplacé. Des auteurs enthousiastes — toujours plus nombreux — soutenaient que le LSD avait un potentiel thérapeutique insoupçonné. Certains chercheurs cliniques constatèrent que la psychothérapie LSD favorisait une réduction considérable du temps de traitement. Qui plus est, on rapportait des succès thérapeutiques obtenus auprès de diverses catégories de patients relevant de la psychiatrie, considérés comme incurables ou ne répondant pas au traitement conventionnel. Parmi ceux-ci on trouvait : des alcooliques chroniques, des drogués, des criminels psychopathes, des déséquilibrés sexuels et des névrosés caractériels graves. Ces affirmations connurent également leurs détracteurs. Nombre de cliniciens, conscients de la difficulté à modifier des symptômes psychopathologiques profondément ancrés et la structure même de la personnalité, se montrèrent incrédules quant aux effets spectaculaires obtenus en l'espace de quelques jours ou de quelques semaines. Ils s'attachaient à l'absence d'études de contrôle démontrant l'utilité de la psychothérapie LSD. Signalons toutefois qu'à la même époque des objections semblables visaient la psychanalyse et d'autres formes de psychothérapies largement répandues qui ne faisaient, elles, intervenir aucune drogue. Les critiques s'adressaient donc à la méthodologie et non pas aux dangers éventuels de la procédure. A cet égard, l'article de Sidney Cohen, paru en 1960, démontrait clairement que les risques associés à l'utilisation du LSD *sous contrôle médical* par des volontaires sains étaient insignifiants.[2] Ils s'accroissaient légèrement lorsque le LSD était employé sur des patients présentant des troubles mentaux, mais dans l'ensemble la psychothérapie LSD était beaucoup plus sûre que bien d'autres procédures telles que les électrochocs, les chocs insuliniques et la psycho-chirurgie. Au début des années soixante, la position du LSD en psychiatrie semblait fermement établie ; il servait d'outil de travail pour la recherche fondamentale, la formation psychiatrique et l'expérimentation thérapeutique.

Dans deux autres secteurs, son utilisation ouvrait de nouvelles perspectives passionnantes et offrait des possibilités captivantes. De nombreux sujets LSD rapportaient, au cours de leurs séances, des expériences esthétiques inhabituelles relatives à la nature du processus créatif ; ils manifestaient souvent une compréhension nouvelle de l'art, en particulier contemporain. Des peintres, des sculpteurs et des musiciens produisaient sous l'influence du LSD des œuvres intéressantes et anti-conventionnelles, très éloignées de leurs modes d'expression habituels. L'expérimentation LSD présentait donc d'importantes implications dans les domaines de la psychologie et de la psychopathologie de l'art.

L'usage du LSD s'avéra révolutionnaire pour l'intelligence de la psychologie religieuse. Certaines séances revêtaient la forme de profondes expériences religieuses et mystiques semblables à celles décrites dans les textes sacrés des grandes religions du monde qui nous ont été transmises à travers les âges. La possibilité de déclencher de telles expériences au moyen d'un produit chimique engendra un débat animé et intéressant à propos du « mysticisme instantané » ou « chimique » et des discussions sans fin quant à la valeur et à l'honnêteté spirituelles de ces phénomènes. Les différends opposant les scientifiques étudiant les comportements, les philosophes et les théologiens oscillaient entre trois points de vue extrêmes. Bien des expérimentateurs considéraient que les observations issues des séances psychédéliques permettaient d'extraire de leur contexte sacré les phénomènes religieux en les reproduisant en laboratoire. Les chercheurs parviendraient alors à les expliquer en termes scientifiques. Si les mystères de la religion trouvaient une explication en termes de physiologie et de biochimie cérébrale, le sacré perdrait sa raison d'être. Selon certains théologiens, le LSD comme les autres substances psychédéliques étaient de nature sacrée, les séances relevaient donc des sacrements puisqu'elles mettaient l'individu en contact avec des réalités transcendantales. La tendance opposée refusait de reconnaître aux expériences LSD le caractère de phénomènes religieux ; les effets observés n'étaient pas comparables à ceux de la « grâce divine », de l'ascèse, de l'abnégation et de la discipline. La facilité apparente avec laquelle ces expériences étaient produites leur enlevait toute valeur spirituelle.

La polémique s'envenima au milieu des années soixante et prit de nouvelles proportions. De nombreux jeunes utilisaient hors de toute structure du LSD qu'ils se procuraient au « marché noir ». La situation qui en résulta était toute différente de l'atmosphère certes passionnée mais strictement scientifique et académique des discours des années précédentes. Les arguments sobres et rationnels avaient presque totalement disparus de la « scène » qui était désormais envahie par deux groupes irréconciliables s'affrontant dans un climat chargé d'hostilité. Les prosélytes du LSD annonçaient l'ère d'une nouvelle religion dont le messie était une substance chimique : le LSD, panacée universelle destinée à une humanité désespérément malade qui trouverait en lui l'unique alternative possible au danger d'un holocauste nucléaire. Ils recommandaient à tout un chacun — sans exception — de consommer du LSD aussi souvent que possible, en n'importe quelle circonstance. Ils niaient ou sous-estimaient les risques et si d'aventure ils les reconnaissaient, ils les acceptaient eu égard à la satisfaction obtenue. En revanche, l'opinion publique témoignait d'une attitude proche de l'hystérie collective et s'opposait avec violence à ce nouveau mouvement terrifiant. Chaque jour, des journalistes en mal de copie rapportaient des horreurs et des atrocités imputables à des expériences désastreuses faites sans supervision : des personnes se précipitaient dans le vide du haut des gratte-ciel dans un éclairage de soleil couchant ; d'autres se tuaient en arrêtant des automobiles avec leur corps ; certains étaient frappés de cécité à force de contempler le soleil ou estropiés pour avoir voulu taillader leur cellulite avec des couteaux de cuisine ; d'autres encore étaient assassinés par leurs amants ou leurs belles-mères ou internés à vie dans des instituts psychiatriques. Ces comptes rendus faisaient du LSD une drogue diabolique et fournissaient le cadre idéal à une chasse aux sorcières menée par les parents, les enseignants, les autorités policières et législatives. Malheureusement, les professionnels de la santé mentale participèrent, dans une certaine mesure, à cette répression collective. Vingt ans de rapports concernant l'expérimentation scientifique du LSD ne suffirent pas à empêcher la presse de déformer l'image de cette drogue.

Le mouvement *hippie* et la montée de la contre-culture ajoutèrent une dimension socio-politique aux problèmes existant déjà. Des rapports suggérèrent l'existence d'une relation entre le LSD et certaines aberrations chromosomiques et génétiques, la leucémie et le cancer. La polémique battait son plein. Le LSD devint un épouvantail, c'est-à-dire n'importe quoi : une panacée universelle au mal de vivre, un puissant remède au service des malades mentaux, un ennemi pernicieux mettant en danger le bien-être des générations futures. Etait-il utile d'ajouter à cela que cette drogue était supposée fournir une aide efficace aux techniques de lavage de cerveau et aux armes chimiques ?

Le délire, l'absence de recherche sérieuse ne permettaient guère de mesurer l'importance scientifique des phénomènes discutés. Les utilisateurs de LSD pénétraient dans des champs d'expériences qui déconcertaient les psychiatres et les psychologues parfois appelés à intervenir d'urgence. Les expériences LSD ne s'intégraient dans aucun système théorique existant, pourtant bien des cliniciens sensibles devinaient qu'il ne s'agissait pas de simples expériences psychotiques. Certains consommateurs de LSD subissaient des modifications spectaculaires de leur personnalité tant sur le plan des échelles de valeurs, des croyances religieuses et philosophiques que du mode de vie général. Ne disposant d'aucun cadre théorique pour expliquer ces mécanismes, les professionnels confrontés à ces transformations s'avéraient incapables de les comprendre. Les expériences négatives consécutives à l'ingestion de LSD, telles que des dépressions psychotiques ou des tentatives de suicide auraient pourtant pu apporter des données importantes quant à la dynamique de ces phénomènes si on s'était donné la peine de les aborder avec rigueur.

La nature et l'ampleur de la controverse LSD traduisent une discussion bien plus fondamentale que la remise en question des effets pharmacologiques d'un agent chimique spécifique. L'étude du LSD a révélé nombre d'évidences concernant la nature du dénominateur commun responsable de cette situation. Dans les chapitres suivants, l'analyse minutieuse des observations LSD montrera que cette substance est un amplificateur non spécifique des processus mentaux favorisant l'émergence de divers éléments des profondeurs de l'inconscient. Nous constatons ainsi une extériorisation et une exaltation des conflits intrinsèques à la nature et à la civilisation humaines. Eclairés d'un jour nouveau, les phénomènes LSD représentent un matériau extrêmement intéressant pour une plus profonde compréhension de l'esprit, de la nature de l'homme et de l'Humanité.

LES EFFETS DU LSD SUR LES ÊTRES HUMAINS

Le LSD jouissait, il y a quelques années, d'une grande popularité auprès du public. La presse écrite lui ouvrait ses colonnes, des auteurs lui consacraient des ouvrages, la radio, la télévision et l'industrie cinématographique suivaient le même chemin. La plupart des adultes et des adolescents connaissaient la légende du LSD. L'information était toutefois déformée, souvent mystifiée pour servir des intérêts commerciaux et politiques. Aussi me paraît-il indispensable de restituer les faits dans leur contexte réel et de rappeler les données de base en notre possession. Cette introduction permettra de mieux comprendre certains des aspects dynamiques spécifiques de l'expérience LSD constituant la principale contribution de cette étude.

Le LSD 25 ou diéthylamide de l'acide d-lysergique est un composé chimique semi-synthétique ; son composant naturel est l'acide lysergique, substance tirée d'alcaloïdes présents dans l'ergot de seigle, le groupe diéthylamide étant ajouté en laboratoire. Selon Stoll, Hofmann et Troxler, il présente la structure moléculaire suivante[18] :

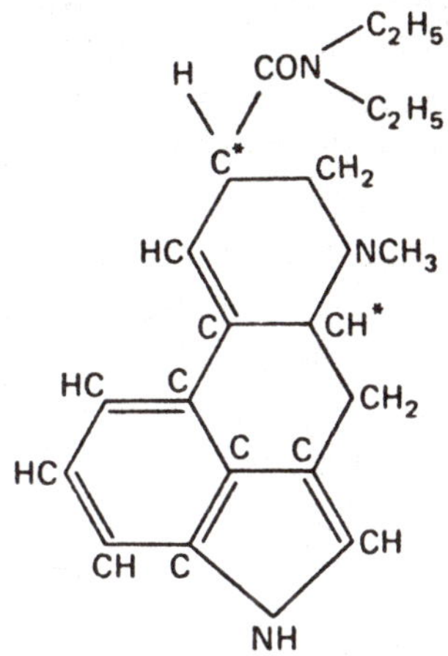

Sous cette forme, le LSD n'a été identifié dans aucune substance organique connue bien qu'on suspecte le cerveau d'animaux atteints de toxoplasmose * de le produire.[19] On a démontré l'existence de la synthèse de divers autres amides ** de l'acide lysergique dans des cultures aquatiques du fongus *Claviceps paspali*[1] *** et dans les graines de volubilis (*Rivea Corymbosa*) utilisées au Mexique depuis des siècles à des fins rituelles sous forme d'onguents et de potions appelées *ololiuqui.*[3]

Le LSD fut synthétisé pour la première fois en 1938, dans les laboratoires Sandoz (Suisse) par Stoll et Hofmann ; ceux-ci pensaient avoir découvert un éventuel médicament utile en obstétrique, en gynécologie ainsi que pour le traitement des maux de tête. Il fut jugé sans intérêt au vu des résultats des tests de laboratoire et son étude fut abandonnée. Albert Hofmann constata, en avril 1943, ses propriétés hallucinogènes[17]. Examinant les résultats de la première recherche, il conclut que les diverses données suggéraient la possibilité d'un effet stimulant sur le système nerveux central. C'est par hasard qu'il s'intoxiqua en syn-

* Maladie parasitaire.

** Composé organique dérivant de l'ammoniaque.

*** Champignon de mer.

thétisant un nouvel échantillon de LSD. Cet incident se produisit au cours de la purification des produits de condensation. Il éprouva des modifications psychologiques spectaculaires qu'il associa à la drogue sur laquelle il travaillait. Il ingéra ensuite volontairement 250 microgrammes de LSD pour vérifier scientifiquement ses suppositions. Ses réactions à cette dose furent semblables à celles de sa première expérience quoique plus intenses et encore plus spectaculaires. Cette quantité infime de LSD modifia profondément le fonctionnement mental de Hofmann ; il baigna durant plusieurs heures dans un univers fantastique peuplé d'émotions intenses, illuminé de couleurs brillantes et animé de formes mouvantes. Hofmann décrivit alors sa saisissante expérience à Stoll, médecin à la clinique psychiatrique de Zurich. Celui-ci manifesta un intérêt immédiat et décida de conduire la première étude scientifique du LSD sur des volontaires normaux et des patients relevant de son service [17]. Ses observations des effets du LSD sur ces deux groupes de sujets furent publiées en 1947 ; cette communication retint l'attention et encouragea d'autres recherches à travers le monde. Ces études ultérieures confirmèrent les découvertes de Stoll : le LSD était la drogue psychotonique la plus puissante. Il produisait des modifications mentales profondes et diverses aux doses les plus infimes — de 10 à 20 microgrammes * et ses effets duraient plusieurs heures. Le LSD était donc 5 000 fois plus actif que la mescaline et 1 500 fois plus puissant que la future psilocybine.

Le LSD peut être administré par toutes les voies connues : intradermique, intramusculaire, intraveineuse, intrarachidienne, etc. Il semble que son utilisation soit sans danger et son inocuité très étendue. Des expériences de toxicité aiguë et chronique faites sur des animaux indiquèrent que le LSD présentait un taux de nocivité très faible et assurait une grande marge de sécurité au cours des expériences cliniques. Les doses administrées sans le moindre effet secondaire biologique détectable allaient de 10 à 2 000 microgrammes.

La réaction au LSD survient après une période de latence dont la durée varie entre dix minutes et trois heures selon

* 1 microgramme ou gamma = un millionième de gramme.

l'individu, le mode d'administration, la dose, le degré de résistance psychologique ainsi que d'autres variables. La période de latence disparaît toutefois si l'on injecte le LSD par intra-rachidienne. En de telles circonstances, son action est presque immédiate. Une séance LSD sans complication dure de quatre à douze heures selon certains facteurs décisifs : la personnalité du sujet, la nature et la dynamique de l'expérience et la dose utilisée. Des réactions prolongées se manifestent parfois durant une étude LSD et se poursuivent pendant plusieurs jours voire plusieurs semaines. L'intensité de l'expérience LSD diminue si le sujet ouvre les yeux ou marche ; en revanche elle augmente s'il demeure les yeux bandés, dans une position inclinée, tout en écoutant de la musique stéréophonique. Les phénomènes LSD sont extrêmement diversifiés et concernent presque tous les processus mentaux et physiques. Je me contenterai de les esquisser ici :

Les symptômes physiques sont un aspect typique de la réaction LSD. Ils stimulent le système nerveux autonome. Les manifestations neuro-végétatives peuvent être de nature sympathique et/ou parasympathique. Les effets sympathiques comprennent : l'accélération du pouls, l'élévation de la pression artérielle, la dilatation des pupilles, les troubles de la vision et de la concentration, la sécrétion de salive pâteuse, une forte sudation, la constriction des artères périphériques se traduisant par un refroidissement et un bleuissement des extrémités et une érection pileuse. Les effets parasympathiques, quant à eux, incluent : le ralentissement du pouls, la diminution de la pression artérielle, une salivation excessive, des sécrétions lacrimales, des émissions diarrhiques, des nausées et des vomissements. L'apparition de symptômes moins spécifiques n'est pas rare : malaises, sensations grippales, fatigue et alternance de frissons et de bouffées de chaleur. Les troubles moteurs les plus courants sont : l'augmentation de la tension musculaire, des tremblements, des crispations, des contractures et des contorsions complexes. Certains sujets connaissent une relaxation musculaire totale. Outre des manifestations neuro-végétatives et motrices, on rencontre nombre de modifications des réflexes neurologiques. L'activation des nerfs sensitifs provoque des maux de tête, des douleurs diverses, des lourdeurs dans les extrémités, des sensations étranges et des sentiments d'origine sexuelle.

Les transformations perceptives sont les plus fréquentes ; elles caractérisent toutes les réactions au LSD. Elles affectent principalement les phénomènes visuels quoiqu'elles puissent se manifester dans n'importe quelle région sensorielle. Le sujet décrit des lumières clignotantes, des figures géométriques et des variations illusoires de l'environnement, des visions d'une grande complexité où interviennent d'autres personnes et des animaux. Les changements au niveau de l'ouïe sont plus rares. On enregistre, toutefois, une hypersensibilité aux sons, une difficulté à différencier des stimuli auditifs, des illusions et des hallucinations acoustiques. Les modifications olfactives et gustatives sont habituelles tant chez les sujets normaux que chez les patients relevant de la psychiatrie ; elles sont parfois prépondérantes chez les individus atteints de cécité congénitale qui, eux, ne connaissent généralement pas de phénomènes optiques. Le goût et l'odorat sont en principe inhibés durant la phase culminante de l'activité de la drogue alors qu'ils sont exacerbés vers la fin de la séance. L'intensité des illusions olfactives et gustatives — les pseudo-hallucinations — s'accroît pendant la phase de régression profonde vers la prime enfance. Les distorsions de la fonction tactile entraînent parfois une réduction et une augmentation de la sensibilité de certaines parties du corps ; les perceptions les plus inhabituelles sont également fréquentes dans les séances LSD. Notons que les plus intéressantes concernent l'image du corps.

Les altérations de la perception du temps et de l'espace sont l'une des particularités des séances LSD. La notion du temps s'évanouit permettant ainsi à une brève période de paraître très longue. Dans les cas extrêmes, quelques minutes durent des siècles, voire des millénaires. L'inverse est vrai aussi. La modification temporelle n'est pas essentiellement quantitative mais aussi dimensionnelle. Le temps « suspend son vol » et la nature séquentielle des événements disparaît : passé, présent, futur se fondent l'un dans l'autre. L'expérience de régression vers diverses périodes de la vie d'un individu constitue une catégorie particulière de changements temporels.

La notion d'espace connaît la même déformation ; les distances sont soit sur-estimées soit sous-estimées ; le volume des objets est sans rapport avec leur masse réelle et l'espace même semble comprimé tantôt sur un plan horizontal, tantôt sur un plan vertical. Certains sujets expérimentent une perte du sens de la perspective, d'autres ressentent des fluctuations de la structure de l'espace telles que la raréfaction ou la condensation de l'air. La création d'espaces subjectifs et de microcosmes individuels, autonomes et indépendants par rapport à notre continuum espace/temps n'est pas rare. Les sujets éprouvent alors la sensation de se fondre dans l'espace ; cette expérience s'accompagne selon les cas d'un sentiment d'extase ou de la crainte de la mort et de la destruction. L'altération extrême de la perception de l'espace et du temps débouche sur la conscience de l'infini ou de l'éternité.

Les modifications du comportement affectif sont l'une des premières manifestations de la réaction LSD et représentent un élément constant des séances. Les premiers rapports sur le LSD insistent sur l'ambiance euphorique caractérisant les séances des sujets normaux à qui on avait administré des doses moyennes. L'euphorie revêt diverses formes : une exaltation vive s'accompagnant d'éclats de rire intempestifs, une joie exhubérante, des sentiments de paix intérieure et de sérénité, une relaxation profonde, une extase orgiaque, un plaisir hédoniste ou encore des sensations voluptueuses et sensuelles. Les patients mentalement perturbés reçoivent des doses plus importantes ; chez eux, l'incidence de l'humeur négative s'accroît donc de façon significative. La séance sera dominée par l'angoisse, culminera dans une panique absolue et une crainte profonde de la mort. Les sujets dépressifs ont tendance à ressentir une grande tristesse, une mélancolie sans larme voire un désespoir agité s'accompagnant de manifestations assez spectaculaires. Le contenu de certaines séances révèle des idées et des tendances suicidaires nécessitant une surveillance stricte du sujet. De violents sentiments d'infériorité et de culpabilité sont fréquents lors de séances thérapeutiques avec des patients souffrant de désordres mentaux. L'instabilité affective ou, au contraire, l'apathie sont aussi courantes. L'ambivalence affective et l'irrésolution sont parfois les caractéristiques principales d'une séance. L'agressivité n'est pas rare mais l'agression proprement dite n'est pas vécue de manière incontrôlable et destructrice. Il advient cependant qu'elle pose problème.

Des modifications de la pensée, de l'intellect et de la mémoire sont assez distinctes quoiqu'il ne soit pas toujours possible de le démontrer clairement par les tests psychologiques classiques. Dans certains types d'expériences LSD, les processus de pensée sont accélérés ; dans d'autres, ils sont ralentis. La pensée logique et abstraite est généralement possible, la pensée subjective est plus difficile à maîtriser ; les pensées imagées alogiques et les associations d'idées de nature onirique prévalent. Cette démarche involontaire aboutit parfois à une résolution soudaine de certains problèmes rappelant l'inspiration artistique ou l'illumination géniale d'un savant ou d'un inventeur. Ces perceptions intuitives essentielles parviennent, dans certains cas, à intégrer de manière positive des informations de sources diverses. On rencontre toutefois aussi des perceptions déformées d'événements et des interprétations illusoires se manifestent par des sentiments de persécution, de grandeur ou de référence. *

Quoi qu'il en soit, mieux vaut ne pas se fier à son jugement pratique au cours de séances LSD et aucune décision grave, irrévocable ne devrait être prise par un individu sous l'influence de cette drogue.

L'investigation du fonctionnement intellectuel et de la mémoire durant les séances au moyen de tests psychologiques courants a, en général, révélé un léger affaiblissement des performances des sujets. L'interprétation de ces résultats est néanmoins difficile ; il est impossible d'établir avec certitude s'ils sont imputables à une régression des fonctions intellectuelles à un stade de développement antérieur, à une altération toxique du cerveau ou à un manque d'intérêt et de motivation du sujet préoccupé par des expériences intérieures fascinantes.

* Une personne ayant des *idées* ou des *illusions de référence* a tendance à interpréter des événements accidentels ou des remarques neutres comme des allusions chargées d'une signification profonde et faisant directement « référence » à elle-même.

Le sujet conserve généralement une mémoire claire de ses états de conscience et de tout ce qu'il a perçu et vécu durant la séance. L'amnésie est assez rare à moins que des doses fortes n'aient été utilisées ou qu'un matériau affectif trop puissant n'ait émergé de l'inconscient. L'expérience LSD est parfois si écrasante que le sujet n'est pas capable — même pendant la séance — de distinguer les diverses facettes de son contenu. Il ne retient donc que des impressions et non pas des détails spécifiques.

Les modifications psychomotrices, généralement très frappantes, ne vont pas toutes dans une direction spécifique. L'inhibition du dynamisme de certains sujets LSD s'accompagne d'un manque de spontanéité et d'initiative et il arrive que leur comportement soit curieux ; ils rient sans raison, ils présentent une tendance diffuse à l'agressivité, ils se comportent de façon théâtrale ou cèdent à diverses impulsions.

Les modifications de conscience dues au LSD sont d'une nature très spécifique. On ne constate qu'exceptionnellement des symptômes quantitatifs trahissant la somnolence, la stupeur ou le coma. Le sujet ne manifeste pas de confusion et de désorientation quant à son identité personnelle, au moment et au lieu de la séance alors que ces réactions sont souvent enregistrées après l'administration de délirogènes classiques tels que l'atropine, la scopolamine ou la bénactyzine. Après l'injection de LSD, la conscience du sujet subit une transformation essentiellement qualitative de nature onirique. Elle peut transcender ses limites habituelles — c'est-à-dire celles de l'ego — et englober des phénomènes de l'inconscient profond non accessibles dans des circonstances normales. On parle alors d'expansion de conscience.

La sexualité est influencée de diverses manières. Elle est parfois si inhibée que rien ne paraît alors plus étranger que le sexe. En revanche, si elle est exacerbée, de longs épisodes des séances seront dominés par des sentiments et des fantasmes sexuels. Les expériences sexuelles durant des séances LSD ont parfois une « saveur » des plus inhabituelles ; elles impliquent des éléments sadiques ou pervers ou s'apparentent à des cérémonies sataniques, océaniques ou tantriques. Durant la phase finale des séances connaissant une bonne résolution, la capacité orgasmique de l'individu est souvent accrue tant chez les hommes que chez les femmes. Le sujet qui a une relation sexuelle le jour de la séance peut vivre son expérience la plus intense.

L'expérience de l'art est un aspect important de la séance LSD. La perception unique des couleurs et des formes ainsi que l'impact submergeant de la musique favorisent souvent une nouvelle compréhension de l'art et des mouvements artistiques. Certains sujets conservent à jamais cette aptitude, après une seule séance. Le potentiel de créativité de l'être humain est dynamisé pendant et après une séance LSD. Cette constatation n'est cependant pas une règle absolue.

Les expériences religieuses et mystiques représentent la catégorie la plus intéressante et la plus stupéfiante des phénomènes LSD. Leur incidence semble directement liée au nombre de séances auxquelles le sujet a déjà participé et à la dose administrée. Ces expériences peuvent aussi être favorisées par la préparation particulière de la séance et « les circonstances et le cadre » de la technique de traitement psychédélique *.

Durant les séances LSD, des sujets vivaient des expériences de mort/re-naissance et d'union cosmique ; ils évoluaient dans des mondes où régnaient des apparitions démoniaques ou encore ils revivaient des « incarnations passées ». Leurs relations correspondaient à bien des égards aux descriptions des Ecritures sacrées des grandes religions du monde et des textes mystiques occultes des civilisations antiques.

Dès les premières années de l'expérimentation LSD, cette correspondance posa problème. Comment une simple drogue pouvait-elle permettre de telles expériences se manifestant certes sous diverses formes mais se situant appa-

* « Les circonstances et le cadre » est une expression technique faisant référence à un ensemble de facteurs non pharmacologiques se produisant dans la réaction LSD. Le terme « circonstances » englobe les espérances psychologiques du sujet, la conception que possède l'animateur ou le guide de la nature de l'expérience LSD, l'objectif de la procédure psychédélique, la préparation et la programmation de la séance. Le terme « cadre » s'applique à l'environnement réel tant physique qu'« interpersonnel » et aux conditions dans lesquelles la drogue est administrée.

remment dans le même continuum ? Il était dorénavant évident que l'investigation systématique de la procédure LSD — à long terme et sur un grand nombre d'individus — s'avérait nécessaire à l'élaboration d'une typologie de modèles et de séquences empiriques ; cette classification permettrait de relier les divers éléments entre eux ainsi qu'à la personnalité du sujet et de découvrir les principes sous-jacents à cette situation de prime abord chaotique. La recherche décrite dans cet ouvrage est le fruit d'un effort constant fourni pour recueillir une masse suffisante de données expérimentales, afin de les analyser avec minutie et de développer de nouveaux cadres conceptuels intégrant les réalités cliniques observées.

UNE BASE EMPIRIQUE POUR UN NOUVEAU CADRE THÉORIQUE

Les concepts exposés dans ce livre se fondent sur les résultats de dix-sept années d'étude clinique du LSD. Durant cette période, j'ai utilisé ce produit avec diverses catégories de patients et à des doses différentes. De plus, les circonstances et le cadre variaient sensiblement. Ma compréhension du LSD et mes conceptions quant à la manière de l'utiliser en thérapeutique ont énormément évolué au cours de ces années d'expérimentation clinique. Je vais, maintenant, décrire les phases les plus importantes de ma progression.

Comme je l'ai signalé dans la discussion de la controverse LSD, la recherche initiale se concentrait sur l'approche dite de la « psychose expérimentale ». La découverte accidentelle du LSD et les premières études de ses effets démontrèrent que des quantités infimes de cette substance produisaient des modifications spectaculaires et profondes du fonctionnement mental d'un individu. De nombreux chercheurs estimaient à l'époque que le LSD simulait les symptômes de la schizophrénie. Ils en déduisirent que son étude fournirait une clé pour la compréhension de cette maladie qui ne serait, au fond, qu'une anomalie biochimique. Que le corps humain produise des quantités infinitésimales de LSD — ou d'une substance psychotonique comparable — par suite d'une erreur métabolique n'était pas inconcevable. La schizophrénie ne serait alors que l'expression d'un fonctionnement anormal du cerveau traduisant une auto-intoxication générale de l'organisme.

Ce concept séduisant influença beaucoup les premières recherches sur les drogues hallucinogènes en Tchécoslovaquie. Je me joignis, en 1956, à une équipe de chercheurs conduisant une étude multidimensionnelle comparative de diverses substances psychédéliques. Ce groupe rassemblait des psychiatres, des psychologues, des internes et des biochimistes. Le projet expérimental avait pour cadre un ensemble d'instituts de recherche situés à Prague-Krc et était dirigé par le Dr Milos Vojtechovsky. L'idée de base consistait à administrer diverses drogues psychotoniques à des volontaires normaux. Ils étaient ensuite soumis à une série d'examens et de tests de laboratoire, à intervalles réguliers, afin d'évaluer les effets des diverses substances. Ces tests avaient été sélectionnés en fonction de leur efficacité à déceler toute modification intervenant dans divers paramètres cliniques, physiologiques, psychologiques et biochimiques. L'objectif de cette partie de la recherche était de découvrir tant les similitudes que les différences existant entre les effets des drogues psychédéliques étudiées — LSD, mescaline, psilocybine, diméthyl — et diéthyltryptamine ainsi que les dérivés de l'adrénaline, l'adrénochrome et l'adrénolutine. L'autre partie de cette étude recourait aux mêmes tests de laboratoire avec un groupe sélectionné de schizophrènes afin d'évaluer les similitudes et les différences existant entre le portrait clinique des « psychoses expérimentales » et la symptomatologie réelle de la schizophrénie.

Il devint bien vite évident que les drogues psychédéliques — à l'exception de l'adrénochrome et de l'adrénolutine — présentaient entre elles plus de similitudes que de différences essentielles. Nous ne réussîmes pas cependant à isoler des parallèles significatifs entre la phénoménologie des états induits par ces drogues et la symptomatologie de la schizophrénie. A l'époque à laquelle nous en arrivions à ces conclusions, plusieurs équipes de chercheurs européens et américains avaient déjà émis de sérieuses objections à l'encontre des concepts assimilant l'intoxication LSD à la schizophrénie.

Nous abandonnâmes donc, en théorie comme en pratique, l'approche de la « psychose expérimentale ». J'éprouvais de plus en plus de difficultés à partager l'opinion des critiques considérant l'état induit par LSD comme une simple réaction non spécifique du cerveau à un produit chimique nocif, donc à une « psychose toxique ». Les observations indiquaient en effet des différences frappantes dans la réaction des individus au LSD, différences tenant à leur propre personnalité. Les réflexions concernant ces spécificités représentaient, selon moi, une étape importante. Elles marquaient le commencement d'une nouvelle phase de ma recherche. L'aspect le plus étonnant, le plus stupéfiant des séances LSD qu'il me fut donné d'observer au cours de ces premières années d'expérimentation fut l'énorme variabilité individuelle. En utilisant la même dose, la même drogue, dans des conditions relativement constantes, nous obtenions les réponses individuelles les plus diverses. La littérature consacrée au LSD existant alors suggérait qu'il existait un modèle de réaction standard. La description classique reprenait les éléments suivants : une phase de latence variant de trente à cinquante minutes ; la phase dite « autonome » ou « végétative » accompagnée de diverses manifestations physiques le plus souvent déplaisantes, et enfin la « phase psychotique ». Les modifications spectaculaires affectant la région optique — intensification de la perception des couleurs, imagerie abstraite, illusions et pseudo-hallucinations — étaient uniquement considérées comme une « caractéristique » de l'état LSD. Mon expérience me révélait que ce schéma classique n'était observable que chez certains de nos sujets. Dans certains cas, le concept des phases successives, « végétative » et « psychotique » était hors de propos ; les symptômes végétatifs étaient totalement absents ou, au contraire, ils dominaient l'ensemble de la séance ou encore ils apparaissaient et disparaissaient à tout moment.

Certains individus ne connaissaient pas de modification optique et la séance LSD se déroulait sans qu'il soit question d'« orgies visuelles ». Pour d'autres, la séance LSD n'était qu'une succession de malaises physiques extrêmes, voire de maladie somatique. Des sujets vivaient des épisodes d'excitation érotique intense et de tension sexuelle alternant avec des sentiments de soulagement « orgasmique » ; on n'enregistrait pas d'autre transformation perceptive. Certaines personnes interrogées sur la nature de la réaction LSD affirmaient que cette drogue était le plus puissant de tous les aphrodisiaques. D'autres connaissaient une réaction paraissant justifier l'hypothèse de la « psychose expérimentale » ; ils traversaient des phases d'angoisse terrifiante ou de panique homosexuelle, ils avaient des illusions de référence et une forte tendance à interpréter l'expérience en termes paranoïdes. Il n'était pas rare que la séance — ou tout au moins une partie — prenne la forme d'une auto-exploration psychologique profonde. Les individus régressaient à diverses périodes de leur vie, revivaient des événements traumatisants de leur enfance et acquéraient une perception intuitive intéressante de leurs processus psychodynamiques fondamentaux. D'autres encore, dans les mêmes circonstances, vivaient des expériences mystiques ou religieuses profondes, faisant intervenir des éléments de mort/re-naissance, d'unité cosmique ou de communication avec Dieu.

Qui plus est, quand on administrait plusieurs fois du LSD à un même sujet, on vérifiait l'existence d'une variabilité intra-individuelle unique aussi frappante que les différences inter-individuelles.

Plus j'observais de séances, plus j'étais convaincu que nombre de phénomènes LSD présentaient une signification psychodynamique intéressante et étaient compréhensibles en termes psychologiques. L'étape suivante consistait logiquement à rechercher des principes généraux — ou tout au moins des régularités — concernant le contenu, le caractère et bien sûr, le déroulement d'une séance LSD. A ce stade, il était permis de supposer que la phénoménologie de l'expérience LSD était liée à la structure personnelle du sujet et à son diagnostic clinique s'il s'agissait d'un patient relevant de la psychiatrie. Nous devions prendre en considération deux autres variables : les données biographiques concernant la vie passée du sujet, et celles concernant sa vie présente. J'avais bien une idée de la manière d'aborder le problème mais je ne voyais pas comment l'appliquer sans disposer d'un capital énorme de temps et d'énergie.

Une occasion unique se présenta à moi et me permit d'étudier la question sans avoir à établir un projet de recherche coûteux. Je travaillais alors à l'Institut de Recherches Psychiatriques de Prague, plus exactement au département pour l'Etude des Désordres Psychogéniques. Notre tâche consistait à étudier des modèles de dérèglements interpersonnels durant différentes périodes de la vie des patients névrosés. Nous procédions à une analyse précise de l'historique de chaque patient ainsi que de ses conditions de vie présentes. Nous consacrions ainsi des centaines d'heures à l'exploration individuelle et à des interviews thérapeutiques des patients et de leurs proches (parents, frères et sœurs, conjoint, amis, collègues et supérieurs). Les séances de communication transactionnelle représentaient une autre source intéressante d'informations quant à leur comportement inter-personnel et inter-actionnel. Cette étude terminée, nous disposions donc d'un groupe de soixante-douze patients souffrant de divers désordres psychogéniques (principalement des névroses chroniques et des maladies psychosomatiques) sur lesquels nous possédions une masse considérable d'informations précises. Les conditions étaient idéales pour l'exploration du problème des déterminants psychodynamiques et « situationnels » de la réaction LSD. Ces patients acceptèrent de se soumettre à l'expérience. Nous leur injections de 100 à 200 microgrammes de LSD dans un environnement protégé mais non structuré. Le thérapeute était présent pendant toute la période d'activité de la drogue (de six à huit heures). Les jours suivants, patient et thérapeute discutaient en détail de l'expérience vécue. Nous conservions des rapports écrits sur chaque patient. Ceux-ci reprenaient un résumé de l'information obtenue au cours de la séance, les rapports précis du thérapeute et du patient quant à l'expérience LSD par elle-même et une description de tous les changements importants observés immédiatement après la séance et durant la période de follow-up.

L'analyse de ces rapports indiqua que la réaction au LSD était en relation étroite avec la personnalité du sujet. Plutôt que de vérifier la théorie de la « psychose toxique » non spécifique, le LSD semblait être un puissant catalyseur du processus mental activant un matériau inconscient émergeant de divers niveaux profonds de la personnalité. Nombre de phénomènes se manifestant au cours de ces séances étaient compréhensibles en termes psychologiques et psychodynamiques. Ils présentaient une structure voisine de celle des rêves. Cette étude analytique détaillée révéla bien vite que le LSD pourrait s'avérer un outil sans égal pour les diagnostics profonds de personnalité pour autant qu'on comprenne ses effets spécifiques et son langage symbolique.

Je me suis aussi efforcé de déterminer si ces séances, dépourvues de but thérapeutique explicite, produisaient quelque effet décelable sur les symptômes cliniques des patients. Seuls trois patients sur soixante-douze connurent une amélioration notoire et durable de leur état clinique après cette exposition unique au LSD. On enregistra chez beaucoup d'autres des degrés d'amélioration très divers ; cependant, ces bénéfices n'étaient que temporaires. Après quelques jours — voire quelques semaines dans les meilleurs cas — les symptômes et les comportements réapparaissaient. Quelques individus présentaient, en revanche, une intensification de leur psychopathologie et une aggravation de leur état clinique. Pour la plupart des patients, les transformations furent insignifiantes, temporaires et le plus souvent limitées aux 24 heures suivant la séance ; elles se traduisaient par des sentiments de malaise et de fatigue, une certaine somnolence, une tendance à la distraction ou encore des sentiments de calme et de détente incroyables. On ne constata guère de différence entre l'état clinique avant et après la séance.

Avec certains patients participant à cette étude préliminaire, nous ne limitions pas la procédure LSD à une seule séance ; d'autres étaient prévues à une date ultérieure, tantôt à la demande même du patient qui avait apprécié l'expérience et la jugeait positive, tantôt à celle du thérapeute qui avait observé certaines réactions valant la peine d'être approfondies. Ainsi, pour l'une ou l'autre raison, quelques individus participèrent, en plusieurs mois, à cinq voire à huit séances. L'analyse des rapports de ces séances « en série » mit en évidence des faits très intéressants représentant un pas décisif et crucial vers une compréhension plus profonde de l'expérience LSD et indiquant la direction que devrait prendre ensuite la recherche. L'étude du matériau des séances LSD d'une même personne montra qu'il existait réellement une continuité entre elles. Leur contenu empirique n'était pas hasardeux. Il dévoilait — semblait-il — des niveaux toujours plus profonds de l'inconscient. Il était courant qu'un ensemble assez similaire de visions, d'émotions et de symptômes physiques se manifeste au cours de ces séances successives. Les patients éprouvaient souvent le sentiment de retourner constamment vers une région empirique et de l'explorer toujours plus avant. *Après plusieurs séances*, les divers éléments fusionnaient, amenant le sujet à revivre des souvenirs traumatisants. Ensuite, ces résurgences étaient assimilées et les phénomènes récurrents précédents disparaissaient au profit d'autres. Il était évident que cette observation aurait d'importantes implications pour la pratique et la théorie de la psychothérapie dynamique. La répétition de séances LSD avec un nombre limité de sujets s'avérait soudain beaucoup plus riche d'enseignements que l'étude de séances uniques avec un nombre important d'individus.

Cette séquence d'observations constitua la base sur laquelle je développai, indépendamment d'autres thérapeutes européens, le concept d'une série thérapeutique de séances LSD, connu sous le nom de thérapie *psycholytique.* * Ces découvertes préliminaires nous permirent d'entreprendre une nouvelle étude exploratoire en nous concentrant, cette fois, sur l'investigation systématique du potentiel thérapeutique de séances LSD en série dans le cadre d'une psychothérapie à orientation psychanalytique. L'idée de base de cette approche était la suivante : des séances successives permettraient peut-être aux patients de découvrir divers niveaux de leur inconscient et de résoudre des conflits sous-jacents responsables de leurs symptômes psychopathologiques.

* L'expression « thérapie psycholytique » fut inventée par Ronald A. Sandison, un thérapeute de l'école jungienne et un pionnier de la recherche LSD clinique. La racine *lusis* suggère une dissolution ou plus exactement une libération des tensions et des conflits présents dans l'esprit humain.

Plusieurs principes directeurs influençaient la sélection des éventuels candidats pour cette procédure. En premier lieu, il était important que toutes les grandes catégories diagnostiques se trouvent représentées dans l'échantillon : les désordres dépressifs, les psychonévroses, les maladies psychosomatiques, les désordres caractériels, les cas indéterminés, les psychoses bien définies telles que la manie dépressive et la schizophrénie. La raison en était que nous désirions non seulement isoler les différences spécifiques de réponse thérapeutique de patients souffrant de différents désordres affectifs, mais encore déterminer les caractéristiques de leur réaction au LSD et la nature de leurs séances. Ensuite, les patients sélectionnés devaient avoir une intelligence supérieure à la moyenne, ce qui était vérifié à la fois par leur niveau d'éducation et par leurs résultats aux tests psychologiques. Cette condition était importante et justifiée. Il est difficile de traduire par le langage le contenu d'une séance LSD. Comme nous désirions recueillir des données de qualité pour notre recherche, il était donc nécessaire que les patients possèdent un certain don pour l'introspection et jouissent d'un fonctionnement intellectuel satisfaisant. Nous accordions, de plus, une nette préférence aux patients dont le pronostic clinique était peu encourageant. La plupart souffraient de désordres affectifs graves, constants depuis plusieurs années ; ils n'avaient pas réagi aux thérapies conventionnelles. Cette réserve nous fournissait une justification morale. Nous allions, en effet, entraîner ces individus dans une aventure expérimentale au cours de laquelle nous devions leur injecter à plusieurs reprises une drogue psychotonique nouvelle et encore mal connue.

Avant la thérapie LSD proprement dite chaque patient participait à une psychothérapie de plusieurs semaines sans utilisation de drogue. Durant cette période, le thérapeute explorait — avec le sujet — son historique, s'efforçant de l'aider à comprendre la nature de ses problèmes ainsi que le rapport existant entre ses symptômes et ses conditions de vie. Cette phase initiale servait un autre propos tout aussi important : elle contribuait à établir une bonne relation thérapeutique. Il était d'ores et déjà évident que la confiance accordée par le patient au thérapeute constituait le facteur le plus décisif du succès d'une thérapie LSD. Les objectifs de la phase préparatoire atteints, la procédure LSD pouvait commencer. Les séances se succédaient à raison d'une par semaine ou par quinzaine. Au début, la dose injectée était habituellement de 100 microgrammes, la quantité augmentait à chaque séance jusqu'à ce que nous ayons trouvé la dose optimum spécifique à chaque patient. Les critères la déterminant étaient les suivants : une introspection profonde, le dépassement des principales barrières psychologiques, l'émergence d'une masse suffisante de matériau inconscient et la faculté de maintenir un bon contact thérapeutique. Nous injections donc cette dose optimum à notre patient à chaque séance, sauf si des circonstances particulières justifiaient son augmentation ou sa diminution. La dose moyenne était approximativement de 200 microgrammes ; toutefois, selon les sujets, nous utilisions des doses de 400 ou 500 microgrammes. Les patients hystériques très sensibles à l'effet du LSD réagissaient à des doses très faibles, contrairement aux névropathes atteints de compulsion obsessionnelle dont les résistances psychologiques étaient très fortes.

Le nombre de séances vécues par un sujet variait de quinze à cent.

Lors des séances, le thérapeute consacrait plusieurs heures à son patient, lui dispensant réconfort, assistance et conseils professionnels tout en veillant au respect des normes de sécurité. Durant la phase initiale de cette recherche, l'approche de toutes les situations thérapeutiques rappelait fortement les techniques de la psychothérapie à orientation psychanalytique. En revanche, durant les séances LSD, elle s'apparentait plus aux méthodes appliquées par Frieda Fromm-Reichmann à la psychothérapie des patients psychotiques. *

Nous apprîmes par la suite à mieux comprendre l'état LSD et ses caractéristiques spécifiques ; ces constatations nous amenèrent à revoir nos techniques. Les modifications les plus essentielles furent : un recours au contact physique direct, l'introduction de diverses techniques empi-

* Frieda Fromm-Reichmann : *Principles of Intensive Psychotherapy* (Chicago, University of Chicago Press, 1950).

riques, l'écoute de musique stéréophonique et, plus particulièrement, la pleine appréciation du potentiel thérapeutique de la dimension mystique et religieuse de l'expérience LSD. Il en résulta un programme de traitement unique se démarquant considérablement de notre modèle psychanalytique original.

Le thérapeute discutait avec le patient des événements les plus importants de la journée et l'aidait à intégrer la séance dès que l'activité de la drogue diminuait. Le sujet rejoignait ensuite les autres patients qui étaient, eux aussi, familiers de l'état LSD. Des infirmières spécialisées en psychiatrie les prenaient en charge. Ayant participé à des séances de sensibilisation, elles connaissaient la nature de l'expérience LSD. Une règle explicite ayant force de loi dans notre équipe voulait qu'une personne ayant vécu une expérience LSD ne soit à aucun moment livrée à elle-même pendant vingt-quatre heures.

Le thérapeute rencontrait les patients dans le cadre d'interviews sans drogue entre les séances LSD. Ils discutaient et analysaient le matériau et tous les problèmes de transfert mis à jour. Chacun d'eux conservait des rapports détaillés sur les expériences suscitées par les séances LSD, ainsi que sur les événements et les développements significatifs se produisant durant les périodes intermédiaires. L'objectif de base consistait à identifier des modèles typiques et des séquences empiriques caractéristiques, puis à les relier à la personnalité du patient, à ses problèmes cliniques ainsi qu'à ses progrès thérapeutiques.

Notre exploration ne visait pas seulement à déterminer le contenu et le déroulement des séances mais aussi à découvrir les lois dynamiques régissant les transformations « post-séances » — qu'il s'agisse des spectaculaires améliorations cliniques fréquemment observées ou des répercussions négatives tout aussi énigmatiques telles que les réactions prolongées, les « flashbacks » et les autres complications.

A l'issue d'une thérapie psycholytique avec un patient, tout le matériau collecté était analysé de manière rétrospective. Nous nous efforcions de comprendre ce qui s'était produit durant la procédure de traitement et d'identifier le cadre conceptuel approprié. A l'Institut de Recherches psychiatriques, je travaillais avec les Dr Julia Sobotkiewicz et Zdenek Dytrych. Cinquante-deux patients relevant de la psychiatrie bénéficièrent de ces séances LSD en série. Les rapports de cette thérapie psycholytique constituent la plus importante source de données sur laquelle je me suis appuyé pour élaborer les hypothèses et spéculations théoriques présentées dans cet ouvrage.

Entre 1967 et 1973, je poursuivis ma recherche aux Etats-Unis, au Spring Grove de Baltimore. Là, je rejoignis un groupe de psychiatres et de psychologues conduisant des études de contrôle de la psychothérapie LSD. L'emploi thérapeutique de la drogue dans ces études différait considérablement du traitement psycholytique évoqué précédemment. Les chercheurs ne s'intéressaient pas à l'émergence progressive du matériau issu de différents niveaux de l'inconscient. Ils s'efforçaient de favoriser la manifestation d'expériences religieuses et mystiques profondes, fut-ce aux dépens de zones de conflits annexes au niveau psychodynamique. Les données cliniques indiquaient que ces expériences avaient un potentiel thérapeutique unique dans le traitement de plusieurs désordres affectifs. Les modifications étaient souvent si spectaculaires qu'elles paraissaient justifier une exploration systématique du matériau mis à jour. Les doses utilisées dans cette approche étaient relativement fortes — de 300 à 500 microgrammes. Les patients étaient invités à demeurer dans une position inclinée pendant la plus grande partie de la séance, les yeux bandés ; ils écoutaient de la musique stéréophonique, un casque sur les oreilles. Le thérapeute et une infirmière spécialement formée ou une co-thérapeute * restaient près du patient pendant toute la durée de l'activité de la drogue (de douze à seize heures). Le nombre de séances était limité à trois en raison de la procédure de recherche et d'autres facteurs particuliers. Durant la phase préparatoire sans drogue qui durait en général de quinze à vingt-cinq heures, le thérapeute explorait l'historique du patient, l'aidait à comprendre ses symptômes et discutait avec lui de ses convictions philosophiques et spirituelles. Il l'informait des effets du LSD et lui expliquait la raison d'être du traitement. Plu-

* Il était important que l'équipe soit mixte.

sieurs entretiens succédaient à la séance LSD, au cours desquels le rapport de l'expérience rédigé par le patient était étudié point par point. Le but essentiel de ces discussions était de favoriser l'intégration de l'expérience vécue à la vie quotidienne du patient. Cette forme de psychothérapie assistée par LSD est généralement appelée *thérapie psychédélique.* * Au Spring Grove, nous explorions systématiquement l'efficacité de ce traitement avec des patients alcooliques, névropathes, intoxiqués à l'héroïne ou atteints d'un cancer terminal.

Mon expérience clinique du LSD se fonde sur plus de deux mille cinq cents séances LSD que je conduisis personnellement ou auxquelles je participai pendant un minimum de cinq heures. Je dispose également de plus de mille trois cents rapports de séances dirigées par mes collègues tant en Tchécoslovaquie qu'aux Etats-Unis. La plupart des sujets participant à ces séances souffraient des désordres les plus divers : des psycho-névroses graves, des maladies psychosomatiques, des psychoses indéterminées, différentes formes de schizophrénie, des déviations sexuelles, une intoxication à l'alcool ou aux narcotiques. Une autre catégorie de sujets comprenait des volontaires « normaux » : psychiatres, psychologues, étudiants et infirmières dans un but de formation ; peintres, sculpteurs et musiciens en quête d'inspiration artistique ; philosophes et scientifiques de diverses disciplines intéressés par les perceptions intuitives émergeant souvent à la faveur des séances ; ainsi que des prêtres et des théologiens désireux d'explorer les dimensions mystiques et religieuses des expériences psychédéliques. Un petit nombre de séances furent conduites avec des patients atteints d'un cancer terminal et confrontés à la certitude d'une mort imminente. Avoir pu administrer pendant dix-sept ans du LSD à des sujets très différents, dans des circonstances et des cadres tout aussi variés me permit de mesurer pleinement la complexité de l'expérience LSD et de ses principales variables. Cette prise de conscience m'aida à cristalliser mes idées quant à la nature de

* Le terme *psychédélique* fut inventé par Humphrey Osmond, l'un des pionniers de la recherche LSD. Il signifie littéralement : l'esprit manifestant ou révélant la psyché.

l'effet LSD et à développer une théorie plus générale de la psychothérapie LSD et de l'inconscient humain.

VALEUR HEURISTIQUE * DE LA RECHERCHE LSD

Avant d'aborder la discussion des implications théoriques de la recherche LSD, il est nécessaire de justifier la valeur heuristique de cette substance comme outil d'exploration de l'inconscient humain ainsi que le bien-fondé de la démarche visant à tirer des conclusions plus générales de son étude. De nombreux professionnels ont discrédité les expériences provoquées par les séances LSD. Ils les considéraient comme des manifestations d'une altération du fonctionnement cérébral (psychose toxique) ayant peu de signification pour la compréhension de l'esprit humain fonctionnant dans des circonstances naturelles. Cette objection fondamentale est des plus graves. Elle mérite donc une attention et une considération particulières. Dans ce contexte, la question essentielle est la suivante : le LSD possède-t-il des propriétés invariantes, constantes de nature purement pharmacologique, sans rapport avec la personnalité du patient et communes à tous les sujets sans exception pour autant qu'ils aient absorbé une dose suffisante de drogue ?

Les phénomènes rencontrés durant les séances LSD sont, nous l'avons vu, extrêmement variés. Il n'existe pratiquement aucune manifestation perceptive, affective ou psychosomatique qui n'ait été observée et décrite comme faisant partie de l'expérience LSD.

La diversité et la variabilité interindividuelles spectaculaires de l'état LSD sont renforcées par sa variabilité intraindividuelle tout aussi frappante. Un même individu ingérant à plusieurs reprises du LSD connaîtra des séances très différentes les unes des autres, tant sur le plan du contenu, que du caractère général ou encore du déroulement. Cette instabilité s'inscrit en faux contre l'idée selon laquelle la réaction LSD aurait des déterminants chimiques et physiologiques simples. L'importance des facteurs extra-pharma-

* Qui contribue à la découverte.

cologiques dans l'expérience LSD est intéressante en soi et capitale à un niveau conceptuel.

La recherche d'effets pharmacologiques types et constants représente un aspect essentiel de mon travail analytique. Ma conclusion fut pour le moins surprenante. Après avoir étudié plus de trois mille huit cents rapports de séances, je ne découvris pas le moindre symptôme susceptible d'être considéré comme un composant absolument constant, comme un invariant réel. Les modifications de la perception visuelle sont généralement présentées comme une manifestation caractéristique de l'état LSD. Il était donc logique de voir en elles un éventuel invariant pharmacologique. Il est vrai que cette réaction apparaît fréquemment dans les rapports ; je constatai toutefois que dans un certain nombre de séances à forte dose on n'avait enregistré aucune altération du champ optique. Les phénomènes visuels cédaient parfois la place à des expériences sexuelles intenses ou quelquefois à une somatisation * massive se manifestant dans diverses parties de l'organisme par des sentiments de malaise et de maladie physique ou encore par des douleurs insupportables. Nous rencontrions généralement ces séances sans modification optique lors des phases avancées de traitement psycholytique et dans certaines expériences psychédéliques. Les sujets décrivaient alors un complexe empirique biologique brut et primitif. Ils revivaient leur naissance ou des expériences transcendantales au cours desquelles ils éprouvaient la sensation paradoxale d'être vides tout en renfermant l'ensemble de l'univers.

Les manifestations physiques de l'état LSD méritent une attention particulière du fait que dans les premiers rapports elles furent considérées comme de simples effets pharmacologiques résultant de l'activation chimique directe des centres végétatifs du cerveau. L'observation minutieuse d'un grand nombre de séances et l'analyse des rapports infirment cette hypothèse. Le spectre des prétendus « symptômes végétatifs » est très vaste et excède celui de toute drogue connue à l'exception de certaines autres substances psychédéliques. Très curieusement, ces symptômes comprennent des phénomènes tant sympathiques que para-

* Consiste à rendre physique un trouble psychique.

sympathiques et apparaissent par groupes présentant diverses combinaisons. Ces dernières varient considérablement d'une séance à l'autre. Elles sont pratiquement indépendantes de la dose utilisée ; aucune relation dose/effet n'ayant été démontrée. Les manifestations physiques étaient purement et simplement absentes dans nombre de séances à fortes doses. Il arrivait également qu'elles se présentent par intermittence en relation étroite avec un matériau inconscient pénible et bien protégé. Un autre aspect de ces symptômes valant la peine d'être mentionné ici est leur sensibilité inhabituelle à divers facteurs psychologiques. Il est très souvent possible de les modifier et même d'y mettre fin au moyen d'influences externes et d'interventions psychothérapeutiques spécifiques. La dilatation des pupilles (mydriase) est l'une des manifestations physiques de la réaction LSD qui suscita notre intérêt. Elle est si courante que de nombreux thérapeutes s'y fient pour déterminer si un individu est toujours sous l'influence de la drogue. Il n'est donc pas étonnant que pendant longtemps, la mydriase fut considérée comme un autre invariant possible de l'effet LSD. Cependant, mes investigations me permirent d'assister à des séances — d'aucunes très spectaculaires — au cours desquelles les pupilles des patients se contractaient ou oscillaient rapidement entre une dilatation et une contraction. L'étude des manifestations physiques brutes (tension musculaire, tremblements, contractions, crispations...) donna les mêmes résultats que celle des symptômes végétatifs. Aucune ne paraissait suffisamment constante et prévisible pour être considérée comme un effet pharmacologique spécifique du LSD. Il ne faut pas en déduire que le LSD en soi n'a pas d'effets physiologiques spécifiques. Ils ont d'ailleurs été démontrés par des expériences animales utilisant des doses de loin supérieures. Mes observations indiquent cependant que, dans la limite des doses couramment utilisées avec les êtres humains ou en thérapeutique, les manifestations physiques ne résultent pas d'une stimulation pharmacologique directe du système nerveux central. Elles manifestent plutôt l'activation des matrices psychodynamiques de l'inconscient et présentent une structure similaire à celle des conversions

Ce tableau reflète la mobilisation soudaine des barrières psychologiques contre l'apparition d'un matériau inconscient traumatisant, dans une séance LSD. Le sujet se sent totalement sobre et l'environnement lui apparaît « plus réel » qu'à l'ordinaire. Les objets, dans la pièce, sont nettement détachés les uns des autres et leurs contours sont renforcés.

hystériques, des phénomènes organo-névrotiques ou des symptômes des désordres psychosomatiques.

Le contenu de la réaction LSD comme son intensité sont imprévisibles. Les réponses à une même dose varient considérablement d'un individu à l'autre. Mon expérience montre que le degré de sensibilité ou de résistance au LSD dépend plus de facteurs psychologiques complexes que de variables de nature constitutionnelle, biologique ou métabolique. Les sujets qui, dans leur vie quotidienne, ressentent la nécessité de préserver constamment leur maîtrise de soi et connaissent des difficultés à se détendre, à « s'abandonner » résistent parfois à des doses très fortes (300 à 500 microgrammes). Il est impossible de déceler chez eux des modifications notoires. Ils agissent ainsi pour défier le thérapeute, se mesurer à lui, démontrer leur « force » tant à eux-mêmes qu'aux autres, pour le plaisir de résister ou pour bien d'autres raisons. Ces rationalisations superficielles masquent, en général, des mobiles inconscients plus révélateurs. Une forte résistance à l'effet de la drogue peut être due à l'insuffisance de la préparation et de l'instruction, à un manque de confiance dans la relation thérapeutique ou au fait que le sujet n'ait pas pleinement accepté d'accorder sa collaboration. La réaction LSD ne connaîtra alors son plein épanouissement que lorsque les mobiles de la résistance auront été analysés et compris. Parfois un « dégrisement » soudain intervient, et cela à n'importe quel moment de la séance. Il correspond alors à une brusque mobilisation des défenses contre la résurgence d'un matériau traumatisant. Parmi les patients relevant de la psychiatrie, ceux souffrant de compulsion obsessionnelle grave sont les moins sensibles à l'effet du LSD. Ils résistent à des doses supérieures à 500 microgrammes, ne trahissant que de faibles signes de détresse physique ou psychologique. Dans les cas extrêmes, plusieurs dizaines de séances LSD à forte dose sont nécessaires avant que ne s'abaissent les barrières psychologiques de ces individus. A ce moment, ils vivent des épisodes de régression vers l'enfance et découvrent l'existence du matériau inconscient à traiter. Voici un exemple clinique illustrant la résistance excessive des patients souffrant de compulsion obsessionnelle :

Erwin, un étudiant de vingt-deux ans, nous fut adressé après avoir subi, sans succès, quatre ans de thérapie. Il souffrait d'une compulsion obsessionnelle grave. Au fil des années, il avait développé un système très élaboré de pensées obsessives qui le préoccupaient tant qu'elles paralysaient toutes ses autres activités. Il était contraint d'imaginer une structure géométrique avec deux axes coordonnés et de situer dans ce système tous les problèmes et obligations qu'il lui fallait assumer dans sa vie quotidienne. Il consacrait parfois des heures à rechercher l'endroit exact où situer certains aspects de son existence et toujours en vain. Avant son admission, il éprouvait le sentiment que le centre de gravité de son système se déplaçait vers la gauche. Ceci le perturbait considérablement créant en lui tension, appréhension, anxiété, insécurité et dépression. Erwin souffrait, de plus, de divers symptômes psychosomatiques et avait tendance à les interpréter de manière hypocondriaque. Tous les traitements qu'il avait subis (tranquillisants, antidépresseurs, psychothérapie) s'étant avérés infructueux, on lui conseilla de suivre une thérapie psycholytique. Erwin opposait une résistance spectaculaire aux effets du LSD. Après une préparation psychologique de deux semaines, il entreprit une procédure LSD régulière, sur la base d'une séance par semaine. La dose initiale de 100 microgrammes fut augmentée tout d'abord à raison de cinquante microgrammes par séance, puis de cent. Sa réaction était toujours aussi insignifiante. En définitive, nous lui fîmes une injection intramusculaire de 1 500 microgrammes dans l'espoir qu'une telle dose aurait raison de sa résistance. Entre la deuxième et la troisième heure de la séance — moment où l'effet LSD culmine généralement — Erwin se plaignit d'avoir faim et de s'ennuyer. Il nous assurait que rien ne se passait, ce que nous pouvions constater en observant les manifestations externes. Il paraissait parfaitement maître de lui à tel point qu'il fut autorisé à se rendre en compagnie d'un thérapeute dans la kitchenette de l'équipe pour se préparer un sandwich. Ensuite, il exprima le désir d'aller jouer aux échecs afin de rompre la monotonie de cette expérience.

Il fallut trente-huit séances à fortes doses avant qu'Erwin n'abaisse son système de barrières psychologiques et qu'il commence une régression dans son enfance, revivant des expériences traumatisantes de son passé.

De telles observations révélèrent qu'une forte résistance psychologique au LSD ne pouvait être vaincue par une simple augmentation des doses. Les défenses tombaient progressivement par une répétition de l'expérience. Le LSD semble avoir un point de saturation se situant entre 400 et 500 microgrammes. Si le sujet ne réagit pas à cette dose, il ne sert à rien de l'augmenter.

Ceci étant posé, quels sont les effets réels du LSD ? Selon mon expérience, ils sont relativement non spécifiques et ne peuvent être décrits qu'en termes très généraux. On enregistre chez la plupart des sujets une tendance aux modifications perceptives dans diverses modalités sensorielles. La conscience est généralement altérée qualitativement et possède une certaine qualité onirique. La réactivité affective est en principe fortement accrue et les facteurs affectifs jouent un rôle important dans la détermination de la réaction LSD. Un aspect caractéristique de l'effet LSD est une inténsification prononcée de tous les processus mentaux et nerveux ; cette remarque s'applique à des phénomènes d'une nature et d'une origine différentes. Des symptômes psychogéniques préexistants et récents aussi bien que d'autres remontant à l'enfance sont susceptibles d'être amplifiés, extériorisés au cours d'une séance LSD. Des expériences négatives ou positives appartenant au passé et ayant une puissante charge affective sont activées, extraites de l'inconscient et revécues de manière complexe. De même, des matrices dynamiques de différents niveaux de l'inconscient individuel et collectif resurgissent et sont alors vécues consciemment. Il arrive que des phénomènes neurologiques soient intensifiés et se manifestent durant les séances ; il s'agit alors de douleurs associées à de l'arthrite, une dislocation des disques vertébraux, des processus inflammatoires ou des modifications postopératoires ou post-traumatismales. Certains sujets revivent des sensations associées à des blessures ou à des opérations passées. D'un point de vue théorique, il est intéressant de noter que des sujets sous l'influence du LSD ressentent des douleurs ou des sensations qu'ils ont autrefois éprouvées sous anesthésie générale. La propension du LSD à amplifier certains processus neurologiques est si forte que plusieurs neurologues tchèques l'ont utilisé avec succès comme outil diagnostique pour l'extériorisation de paralysies latentes et d'autres dommages organiques subtils du système nerveux central. L'inconvénient de cette propriété du LSD est qu'elle peut déclencher des crises chez des patients souffrant d'épilepsie ou ayant une tendance latente à cette maladie.

L'analyse de mes données ne m'a pas permis de découvrir chez les êtres humains d'effet pharmacologique du LSD pouvant être considéré comme constant, invariant et spécifique. Je le considère, à l'heure actuelle, comme un puissant catalyseur des processus biochimiques et physiologiques du cerveau. Il paraît créer une situation d'activation indifférenciée facilitant l'émergence d'un matériau inconscient caractéristique de divers niveaux de la personnalité. La richesse ainsi que la variabilité inter- et intra-individuelle inhabituelle de l'expérience LSD sont donc explicables par l'intervention décisive de facteurs extra-pharmacologiques tels que la personnalité du sujet et la nature de son inconscient, la personnalité du thérapeute ou de l'assistante, les circonstances et le cadre dans toute leur complexité. Le LSD et d'autres drogues psychédéliques extériorisent des phénomènes et des processus invisibles autrement ; ceux-ci peuvent dorénavant être appréhendés scientifiquement. Ces substances s'avèrent des instruments diagnostiques jouissant d'un potentiel unique ainsi que des outils de recherche pour l'exploration de l'esprit humain. Il ne paraît donc pas hors de propos, ni même exagéré, de comparer leur importance potentielle pour la psychiatrie et la psychologie à celle du microscope pour la médecine ou du télescope pour l'astronomie.

Dans les prochains chapitres, je m'efforcerai de décrire la cartographie de l'inconscient humain telle qu'elle s'est dessinée au cours des séances LSD des expérimentateurs, patients ou volontaires. J'ai été très encouragé de constater que dans divers secteurs de la culture humaine il existait de nombreuses indications suggérant que les cartes de la psyché émergeant de mon travail sur le LSD étaient parfaitement compatibles avec d'autres systèmes. Nous trouvons des exemples de cette confirmation dans la psychologie analytique de C. G. Jung, la psycho-synthèse de Roberto Assagioli et les études des expériences paroxystiques de Abraham Maslow, ainsi que dans les écoles religieuses et mystiques de diverses cultures et époques. Nombre de ces cadres ne se fondent pas sur l'emploi de drogues psychédéliques mais sur des techniques très puissantes d'altération des états de conscience. Ce parallèle entre les expériences LSD et tout un ensemble de phénomènes produits sans support chimique fournit une évidence supplémentaire en faveur de l'effet non spécifique et catalyseur du LSD.

La description du nouveau modèle de l'inconscient reposant sur la recherche LSD comporte d'énormes difficultés. Ce modèle reflète un continuum multidimensionnel de phénomènes se recoupant et s'influençant mutuellement. Pour des raisons de clarté, l'objet de la discussion se doit d'être disséqué et ses éléments isolés de leurs contextes plus vastes. Toute tentative pour communiquer ce modèle sous une forme linéaire implique nécessairement une simplification excessive de la réalité et un certain artifice. Bien conscient des inconvénients et des limites d'une telle entreprise, il nous est cependant possible de délimiter quatre niveaux, ou types principaux d'expériences LSD avec leurs zones correspondantes de l'inconscient humain :
1° — les expériences abstraites et esthétiques ;
2° — les expériences psychodynamiques ;
3° — les expériences périnatales ;
4° — les expériences transpersonnelles.

2. LES EXPÉRIENCES ABSTRAITES ET ESTHÉTIQUES

Les phénomènes décrits dans ce chapitre se manifestent habituellement au cours des phases initiales de la procédure LSD avec des doses faibles ou moyennes. On les enregistre aussi au début des premières séances à fortes doses, alors que la drogue n'a pas encore atteint son paroxysme. L'incidence et l'intensité de ces expériences diminuent, semble-t-il, au fil des séances. Elles deviennent exceptionnelles vers la fin de la procédure. Selon que la séance se déroule les yeux ouverts ou fermés, les phénomènes abstraits présentent des différences spécifiques. C'est la raison pour laquelle nous envisageons séparément les réactions inhérentes à cette situation. Si le sujet ferme les yeux, le premier changement indiquant le déclenchement de la réaction LSD est bien souvent une animation distincte du champ visuel et une augmentation des phénomènes entoptiques *. Le sujet perçoit des taches riches et inhabituelles, en perpétuelle mouvance. Un aspect assez caractéristique des expériences abstraites est la persistance des images. Si l'individu fixe un objet durant un certain temps, puis qu'il ferme les yeux, le « spectre » et parfois même l'image précise de l'objet persisteront plusieurs minutes. Ces « visions » sont en général très dynamiques. Elles apparaissent et disparaissent en se fondant dans la

* Entoptique : se dit des sensations lumineuses nées dans la rétine. (Dictionnaire des termes techniques de médecine — Maloine Editeur) N.d.T.

gamme des couleurs complémentaires. Ces phénomènes sont d'autant plus remarquables que les perceptions originales sont riches de contrastes et de radiations : le soleil, un chandelier aux bougies allumées, une fenêtre ouvrant sur le ciel... Dans certains cas, la mosaïque colorée et dynamique du champ entoptique est assimilée à des images vagues et floues à des scènes fantastiques et exotiques : des jungles mystérieuses, des îles tropicales, des taïgas sibériennes, des forêts sous-marines et des récifs coraliens.

Il arrive fréquemment que le champ visuel soit envahi par des figures géométriques abstraites ou par des motifs architecturaux présidant à toutes les modifications dynamiques de couleurs. Les personnes mentionnant ces séquences évoquent souvent des intérieurs de temples, des nefs de cathédrales gothiques, des coupoles de mosquées ou des arabesques stylisées des palais maures. Ces visions sont parfois comparées aux abstractions de certains peintres tels que Piet Mondrian et Vassili Kandinsky. D'autres décrivent d'extraordinaires spectacles kaléidoscopiques, des fontaines magiques, des *jeux d'eau* * ou des feux d'artifices féeriques.

En règle générale, les sujets sont fascinés et totalement absorbés par la beauté de ces expériences ; certains découvrent spontanément des moyens de les accentuer : ils intensifient la pression « intra-oculaire » en comprimant spasmodiquement leurs yeux ou leurs pupilles, en produisant une hyper-ventilation et/ou en retenant leur respiration.

Les yeux ouverts, les couleurs brillent, explosent ; les radiations et les contrastes lumineux sont aveuglants. Fixer un objet est difficile, ses contours paraissant flous. Toute chose semble onduler et les objets inanimés prennent vie. L'ornementation et la géométrisation des visages, des animaux et des objets constituent une modification spectaculaire de la perception. Certains individus comparent ces impressions aux tableaux de Seurat ou de Van Gogh, affirmant que le LSD les a aidés à pénétrer l'univers de ces artistes, à comprendre leur art et leur sensibilité. Les allusions à l'école fauviste sont également fréquentes, en

* En français dans le texte. N.d.T.

Transformation illusoire d'un coin de la salle de traitement durant une séance LSD de type esthétique. L'air semble saturé d'étranges vibrations et de courants magiques ; les plis de la serviette de toilette évoquent, pour le sujet, un elfe.

particulier à Henri Matisse pour son emploi des figures décoratives dans les portraits et les natures mortes. On cite aussi Gustav Klimt * et les artistes de l'Ecole dissidente de Vienne qui intégraient dans leurs œuvres des motifs figuratifs, des mosaïques et des éléments décoratifs. Pour certains sujets, la géométrisation et la désintégration progressives de la réalité des couleurs et des formes évoquaient les célèbres chats de Louis Wain **. Tous ces changements sont bien plus extraordinaires si l'expérimentateur immobilise son regard sur un segment particulier de l'environnement. Son champ visuel s'assombrit et se restreint progressivement. La zone fixée perd ses relations spatiales et logiques avec l'univers environnant et devient un microcosme empirique autonome. Le phénomène des « visions persistantes » n'est pas réservé aux sujets ayant les yeux fermés. La persistance des perceptions antérieures contribue également à l'enrichissement de l'expérience esthétique des sujets ayant les yeux ouverts. Ceci est évident lorsque l'individu observe sa main ouverte qui se déplace lentement devant ses yeux. La « vision persistante » se caractérise alors par la perception simultanée de différents stades du mouvement. L'effet d'ensemble suggère une décomposition cinématographique du mouvement ou encore l'effet produit par une lumière stroboscopique.

Les modifications perceptives les plus intéressantes dans cette catégorie sont sans doute les illusions optiques. Les objets les plus divers perdent leur forme habituelle, vibrent dans un curieux état d'instabilité et de fluidité. Au cours de ce processus, ils semblent souvent être disproportionnés, tordus, transformés. Le corps du sujet et celui des personnes présentes prennent des formes grotesques ; cer-

* Gustav Klimt (1862-1917) peintre autrichien fondateur et président de l'Ecole dissidente de Vienne. Il est surtout connu pour ses muraux gigantesques représentant des personnages humains sous forme de silhouettes et pour avoir juxtaposé des surfaces planes et des motifs ornementaux.

** Louis Wain (1860-1939) peintre anglais qui traversa une période psychotique vers sa vingt-cinquième année. Les modifications perceptives spectaculaires associées à ce processus sont clairement illustrées par une série de tableaux de chats montrant toutes les transitions existant depuis la reproduction fidèle de ces animaux jusqu'à leur représentation non figurative.

tains détails anatomiques sont miniaturisés, d'autres sont magnifiés ou allongés.

L'environnement subit une mutation telle qu'il présente des ressemblances étonnantes avec les tableaux de célèbres peintres cubistes : Pablo Picasso, Georges Braque, Fernand Léger ou Marcel Duchamp. L'imagination se développe souvent dans des proportions considérables ; cette nouvelle faculté ne manque pas de renforcer d'autant les modifications perceptives. Des surfaces inconsistantes, la texture des objets et des taches sur le sol ou les murs représentent des animaux fantastiques, des visages grotesques ou des scènes exotiques. L'élément optique des expériences esthétiques est parfois si impressionnant et si riche que certains sujets l'assimilent à une « orgie visuelle ».

L'aspect visuel s'accompagne fréquemment de modifications comparables du champ auditif. L'hypersensibilité aux bruits est courante ; les sujets perçoivent des sons subliminaux qu'ils ne remarqueraient pas dans des circonstances normales. La capacité à différencier les sons est altérée, ce qui engendre des illusions acoustiques ; des stimuli monotones, tels un robinet qui coule, un appareil électrique qui bourdonne, etc., deviennent une mélodie suave. On constate que des stimuli sensoriels provoquent des réponses dans des récepteurs inappropriés ; par exemple, un sujet « verra la musique » ou « entendra les couleurs ». Les impulsions suscitent dans ce cas des réponses claires et distinctes dans d'autres domaines sensoriels. On parle alors de *synesthésie* *.

Il arrive que les distorsions perceptives de l'environnement soient très faibles ; c'est alors sur le plan affectif que le sujet l'interprète de manière inhabituelle. Il est incroyablement beau, sensuel, séduisant, ou comique ; on lui attribue très souvent une qualité magique ou féerique. Ces remarques sont valables tant sur le plan visuel qu'auditif. Certains sujets découvrent qu'une musique possède des dimensions qu'ils n'avaient jamais perçues auparavant. Au cours des séances LSD, l'individu écoute de la musique avec tout son corps ; l'approche est totalement nouvelle. Les

* C'est-à-dire : trouble de la perception sensorielle.

a

Série de dessins réalisés par l'auteur au cours d'une de ses premières séances LSD. Ils montrent les phases successives de la transformation illusoire de l'horloge d'une tour. Ce phénomène se produisit vers la fin de la séance. Le premier croquis représente la tour telle que perçue dans un état normal de conscience ; les croquis suivants traduisent les distorsions optiques du même objet sous l'influence d'une dose de 10 microgrammes de LSD.

b

c

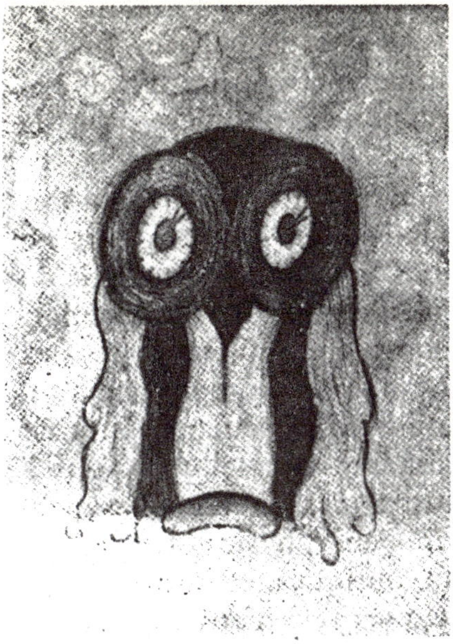

d

e

f

g

sons résonnent dans diverses parties du corps créant des émotions puissantes. Dans les rapports de séances on retrouve souvent la déclaration suivante : « Aujourd'hui, j'ai *vraiment* écouté de la musique pour la première fois de ma vie. »

Les expériences esthétiques n'en constituent pas moins le niveau le plus superficiel de l'expérience LSD. Elles ne révèlent pas l'inconscient du sujet et sont dépourvues de signification psychodynamique. Les aspects les plus importants de ces expériences sont compréhensibles en termes physiologiques comme le résultat d'une stimulation chimique des organes sensoriels reflétant leur structure interne et leurs caractéristiques fonctionnelles. Il est intéressant à cet égard de préciser que certains de ces phénomènes peuvent être provoqués par divers moyens physiques. Une stimulation électrique des circuits optiques entraîne la visualisation de figures géométriques et d'autres visions élémentaires. Une pression mécanique sur le globe oculaire ou une exposition prolongée à une lumière stroboscopique ont le même résultat. Certains sujets ont également insisté sur la similitude existant entre ces expériences et les perturbations de signaux émis par des appareils électroniques défectueux (télévision, transistor...).

Les visions géométriques et décoratives ou encore les illusions acoustiques élémentaires présentent parfois quelque connotation affective spécifique. Le sujet éprouve le sentiment que les configurations abstraites suggèrent le monde doux, chaud, sensuel que connaît l'enfant satisfait. D'autres les jugent dégoûtantes et répugnantes, dangereuses et agressives, sensuelles et séduisantes ou encore lascives et obscènes. Ces réactions marquent une transition entre les niveaux abstrait et psychodynamique de l'expérience LSD. Les émotions altérant et colorant les fantasmes abstraits appartiennent, alors, au matériau biographique du sujet et s'avèrent significatives. Les éléments abstraits et figuratifs s'organisent parfois en des images complexes ; le caractère transitionnel de ce phénomène est particulièrement évident. Voici, pour illustrer cette affirmation, l'extrait d'un rapport de séance concernant un psychiatre participant au programme de formation LSD :

Une illusion optique intéressante produite lors d'une séance riche de symbolisme sexuel. Le sujet observant la paume de sa main la voit se transformer en un groupe de femmes nues. Ce phénomène peut être dû à des sentiments négatifs vis-à-vis d'une forte tendance à la masturbation.

J'évoluais littéralement dans un univers abstrait. Des formes géométriques et des couleurs exubérantes tourbillonnaient plus brillantes et plus radieuses que tout ce que j'avais vu auparavant. J'étais fasciné, hypnotisé par cet incroyable spectacle kaléidoscopique.

A un certain moment, les structures géométriques se stabilisèrent ; elles s'organisèrent et prirent la forme tarabiscotée d'un encadrement de miroir. Le décor baroque représentait un entrelacs de branches et de riches feuillages sculptés dans le bois. Le miroir se divisait en cinq ou six « tableaux » irréguliers, séparés par des ramifications du cadre.

A ma grande surprise, alors que je regardais ces « tableaux », ils s'animèrent. Les personnages étaient très stylisés et faisaient quelque peu songer à des marionnettes. L'atmosphère générale qui s'en dégageait était plutôt amusante, comique mais avec un je-ne-sais-quoi de secret, de mystérieux et d'hypocrite. Je compris brusquement que j'assistais à une satire symbolique de mon enfance passée dans un petit village de province parmi la *petite bourgeoisie* *.

Le miroir était peuplé de personnages caractéristiques : la « crème » de la société locale. Les adultes se rencontraient en diverses occasions ; leurs jugements et leurs comportements étaient absolument inconséquents. Ils colportaient toute sorte de ragots, se livraient à d'interminables jeux sociaux ridicules et mesquins et échangeaient de petits « secrets » de nature sexuelle à voix basse (« comme ça, les enfants n'entendront pas et ne sauront pas »). J'étais à la fois un participant et un observateur dans ces scènes grotesques ; j'étais curieux, excité mais le plus souvent confus. Toutes les émotions de cette période de ma vie émergeaient de mon inconscient profond. Elles redevenaient réelles et vivaces.

* En français dans le texte. N.d.T.

3. LES EXPÉRIENCES PSYCHODYNAMIQUES

Les expériences psychodynamiques trouvent leur origine dans différentes zones de l'inconscient individuel ainsi que dans les régions de la personnalité accessibles durant des états habituels de conscience. Elles sont liées à des souvenirs marquants, à des problèmes émotionnels, à des conflits irrésolus et à un matériau occulté correspondant à diverses époques de la vie de l'individu. La majorité des phénomènes se produisant à ce niveau peuvent être interprétés et compris en termes psychodynamiques. Le décryptage de ces expériences implique deux réquisits * :
1° — une connaissance des principes de base de la dynamique inconsciente tels que décrits par Freud (en particulier, les mécanismes du rêve) ;
2° — une familiarité avec certaines caractéristiques spécifiques de l'état LSD et avec son langage symbolique. Les expériences psychodynamiques les moins complexes revêtent la forme de véritables reviviscences d'événements émotionnels significatifs ou de souvenirs soit traumatisants soit très agréables remontant à la prime enfance, à l'enfance ou à d'autres périodes de la vie. On recense dans cette catégorie des phénomènes plus complexes tels que : une concrétisation picturale de fantasmes, une dramatisation de nos rêves intimes et des rapports ambigus entre fantasmes et réalités. Les séances à dominante psychodynamique permettent au sujet d'appréhender des expériences ren-

* Eléments indispensables et essentiels.

fermant un important matériau inconscient présenté de manière hermétique sous forme de symboles, d'allusions métaphoriques.

Les expériences psychodynamiques caractérisent plus particulièrement la thérapie psycholytique des patients relevant de la psychiatrie et les séances LSD non surveillées d'individus souffrant de sérieuses difficultés affectives. Elles sont beaucoup plus rares chez les personnes équilibrées ayant eu une enfance relativement calme. Dans les phases initiales du traitement psycholytique, les expériences psychodynamiques prédominent parfois durant plusieurs séances avant que le matériau inconscient sous-jacent soit révélé et intégré et que le patient puisse évoluer vers le stade suivant. Dans la thérapie psychédélique, un tel matériau biographique se manifeste généralement au début et à la fin de la séance. Certaines séances psychédéliques à fortes doses accordent une large part aux expériences psychodynamiques. Cependant, la préparation particulière, l'utilisation de fortes doses, les circonstances et le cadre de cette thérapie LSD concourent à produire des expériences émanant de niveaux plus profonds de l'inconscient. Il s'agit des phénomènes périnatals et transpersonnels que je décrirai plus avant.

La phénoménologie des expériences psychodynamiques rencontrées au cours des séances LSD est, en grande partie, en accord avec les concepts de base de la psychanalyse classique. Si les séances psychodynamiques constituaient le seul type d'expérience LSD, les observations tirées de la psychothérapie LSD fourniraient une démonstration en laboratoire des prémisses freudiens. La dynamique psychosexuelle et les conflits fondamentaux de la psyché humaine tels que décrits par Freud sont illustrés avec une clarté et une précision inhabituelles au cours des séances LSD. Cette remarque vaut même dans le cas de sujets n'ayant jamais été psychanalysés, n'ayant jamais lu d'ouvrages psychanalytiques et n'ayant jamais été exposés à d'autres formes — implicites ou explicites — d'endoctrinement. *

* Cette remarque ne paraîtra guère convaincante à un lecteur français qui est littéralement « noyé » sous l'information psychanalytique. Il me paraît donc important de préciser qu'en raisons de circonstances

Sous l'influence du LSD de tels sujets régressent vers leur enfance et même leur prime enfance, ils revivent divers traumatismes psychosexuels et diverses sensations liées à la sexualité infantile. Ils se retrouvent confrontés à des conflits concernant des activités propres à plusieurs zones libidinales. Ils doivent affronter et assimiler certains problèmes psychologiques décrits par la psychanalyse, tels que le complexe d'Œdipe, le complexe d'Electre, l'angoisse de la castration et l'envie du pénis.

Malgré cette correspondance et cette conformité d'une grande portée, les concepts freudiens s'avèrent incapables d'expliquer certains phénomènes des séances psychodynamiques. Un nouveau principe doit être introduit dans la pensée psychanalytique si l'on veut acquérir une compréhension plus complète de ces séances et de leurs conséquences pour l'état clinique du patient ainsi que de la structure de sa personnalité. Les phénomènes LSD intervenant à ce niveau sont compréhensibles et parfois même prévisibles si nous pensons en termes de constellations de souvenirs spécifiques. J'ai créé à cet égard l'expression « systèmes COEX » (systèmes d'expériences condensées). * Ce concept est né des analyses de la phénoménologie des

particulières les sujets tchèques n'étaient que peu exposés aux idées psychanalytiques. Lors de l'occupation de la Tchécoslovaquie par les Allemands, en 1939, les ouvrages de psychanalyse firent l'objet d'un autodafé. Les Nazis considéraient que l'œuvre de Freud représentait un dangereux outil d'« endoctrinement juif-bolchévique-maçonnique ». Après la guerre, ces ouvrages eurent à nouveau droit de cité dans les bibliothèques. Mais, après le putsch communiste de 1948, la littérature psychanalytique fut reléguée dans des sections spéciales réservées aux *libri prohibiti.* Seuls les philosophes marxistes écrivant des critiques de la doctrine freudienne y avaient accès. Les idéologues soviétiques tenaient la psychanalyse pour un produit dangereux de la « propagande capitaliste, bourgeoise et réactionnaire » visant à asservir la classe ouvrière. Un seul psychanalyste survécu à la Seconde Guerre mondiale, en Tchécoslovaquie, et assura la continuité de la formation et de l'enseignement.

* L'existence de systèmes dominants comme principes importants pour la compréhension de la dynamique de la thérapie psycholytique LSD fut par ailleurs découvert et décrit par H. Leuner (in *Die experimentelle Psychose.* Berlin, Göttingen, Heidelberg : Springer Verlag, 1962.)[11]. Il les baptisa du nom de « systèmes dominants transphénoménaux dynamiques » (*transphenomenale dynamische Steurungs-systeme-tdysts*). Ce concept du *tdyst* présente bien des similitudes avec celui du système COEX. La différenciation terminologique doit cependant être maintenue à cause des implications propres au concept du « système COEX » dans le cadre de la théorie exposée dans cet ouvrage.

séances LSD en série, au début de ma recherche à Prague. Il s'est avéré particulièrement utile pour la compréhension des expériences psycholytiques induites par la drogue durant les phases initiales de la thérapie psycholytique avec des patients relevant de la psychiatrie.

LES SYSTÈMES COEX (SYSTÈMES D'EXPÉRIENCE CONDENSÉE)

Un *système* COEX est une constellation spécifique de souvenirs formés d'expériences condensées (et de fantasmes) de différentes périodes de la vie de l'individu. La structure dynamique d'un système COEX particulier est telle que des souvenirs ayant un thème fondamental similaire ou impliquant des éléments semblables ou encore possédant une charge émotionnelle voisine sont stockés dans la même zone. Les couches les plus profondes de ce système sont représentées par des souvenirs vivaces et colorés d'expériences remontant à l'enfance ou à la prime enfance. Les couches plus superficielles comprennent, elles, des expériences semblables mais plus récentes. Chaque système COEX ou « banque de mémoire » à un thème fondamental qui caractérise toutes ses couches : c'est leur dénominateur commun ; la nature de ces thèmes varie considérablement d'une constellation COEX à une autre. Les différentes couches d'un système particulier regroupent par exemple les souvenirs de tous les événements humiliants et dégradants ayant nui à l'estime qu'un individu se porte à lui-même. En d'autres circonstances, le dénominateur commun est l'angoisse liée à des sentiments choquants ou effrayants, à des sensations de claustrophobie ou d'étouffement suscitées par diverses situations oppressives et contraignantes. L'individu n'avait alors aucune possibilité de réagir, de se défendre ou de fuir. Il s'agit parfois d'un sentiment de culpabilité ou d'échec moral, d'un manque ou d'un refus d'affection à certaines périodes du développement de la personnalité. D'autres thèmes fréquents sont ceux présentant l'acte sexuel comme « quelque chose » de dangereux ou de dégoûtant. Sans oublier les constellations de souvenirs impliquant l'agression ou la violence. Les systèmes COEX les plus importants sont ceux qui résument et condensent les confrontations avec des situations mettant en danger la survie, la santé et l'intégrité physique du sujet. La charge émotionnelle excessive attachée aux systèmes COEX semble due à l'addition des émotions appartenant à tous les souvenirs d'un type particulier. Ceci est confirmé par l'abréaction * souvent puissante accompagnant le dévoilement de ces systèmes durant les séances LSD.

Les systèmes COEX individuels entretiennent des relations fixes avec certains mécanismes de défense et sont liés à des symptômes cliniques spécifiques. Les relations détaillées entre les éléments et les aspects individuels des systèmes COEX sont, le plus souvent, en accord avec la pensée freudienne. L'élément nouveau, d'un point de vue théorique, est le concept d'un système dynamique organisé intégrant les composants en une unité fonctionnelle distincte. La structure de la personnalité renferme, en général, un nombre important de système COEX. Leur caractère, leur nombre total, leur étendue et leur intensité varient considérablement d'un individu à l'autre.

Compte tenu de la qualité fondamentale de la charge émotionnelle, nous pouvons différencier des *systèmes COEX négatifs* (condensant des expériences désagréables) et des *systèmes COEX positifs* (condensant des expériences plaisantes et des aspects agréables de la vie d'un individu). Des systèmes COEX distincts sont capables de fonctionner de manière relativement autonome bien qu'il existe certaines interdépendances et certains regroupements. Ils influencent, par une interaction ambiguë avec l'environnement, la perception que le sujet a de lui-même et du monde, ses sentiments et ses idéations et même certains processus somatiques.

Pour illustrer le concept des systèmes COEX, je vais maintenant utiliser plusieurs exemples cliniques extraits de thérapies psycholytiques. Tous font référence à des systèmes COEX négatifs, plus fréquents et plus variés — dans

* Abréaction : réapparition à la conscience d'une émotion passée oubliée ou maintenue dans le subconscient par des barrages psychiques. (Dictionnaire des termes techniques de médecine — *op. cit.*) N.d.T.

a

b

Dessins réalisés, au cours d'une séance LSD psychodynamique, par un patient souffrant de compulsion obsessionnelle. Il explorait son manque d'assurance, sa soumission et son rôle de « mari-mené-par-le-bout-du-nez ».
Le dessin (a) est une représentation symbolique de sa conception du rôle masculin. L'image condensée porte les cornes d'un bœuf et les oreilles d'un âne ; deux animaux évoquant souvent la stupidité. La barbe est stylisée et évoque un poisson, suggérant l'incapacité masculine à s'affirmer verbalement face à une femme. La composition générale présente cependant la forme d'un diable et révèle l'agressivité réprimée du patient.
Le dessin (b) reflète la conception du rôle féminin, selon le même patient. La beauté, caractéristique essentielle de la féminité, est symbolisée par une rose. Les épines, les gouttes de sang et divers animaux dangereux — un scorpion, un serpent et une scolopendre — au niveau du périanthe exprimant le danger masqué par cette beauté.

cette forme de traitement — que les systèmes COEX positifs.

Peter, un maître assistant de trente-sept ans, avait fait l'objet de nombreuses hospitalisations dans notre département au cours des deux années précédant sa thérapie psycholytique. Une psychothérapie et une pharmacothérapie intensives n'avaient produit qu'un soulagement superficiel et passager de sa psychopathologie grave. Ses problèmes principaux, à cette époque, provenaient de symptômes combinant des éléments masochistes à ceux d'une compulsion obsessionnelle. Il se sentait continuellement poussé à trouver un homme correspondant à une physionomie bien particulière et, de préférence, habillé en noir. Son intention était d'établir le contact avec lui, de lui raconter sa vie et, en définitive, de lui avouer son désir profond d'être enfermé dans une cave obscure, attaché et soumis à diverses tortures physiques et mentales diaboliques. Incapable de détourner ses pensées de son obsession, il errait dans les rues, les parcs publics, les gares, les toilettes publiques et les cafés à la recherche de celui « qui ferait l'affaire ». Il parvint à plusieurs reprises à convaincre ou à soudoyer les individus qu'il avait sélectionné. L'ennui, c'est qu'au moment où ces hommes passaient aux actes, Peter n'éprouvait jamais aucun plaisir. Il était paniqué et n'avait qu'une envie : échapper aux tortures. Il avait, malheureusement, le don de tomber sur des sadiques. Il passa deux fois à côté de la mort, fut gravement blessé à plusieurs reprises et, un jour, son partenaire l'attacha et lui vola son argent. Peter souffrait, en outre, de dépressions suicidaires, de tensions, d'angoisses, d'impuissance et de crises épileptiques.

Une analyse rétrospective révéla que ses symptômes remontaient à la Seconde Guerre mondiale. Peter avait été déporté en Allemagne au titre de travailleur obligatoire. Deux officiers nazis l'avaient contraint, arme au poing, à se soumettre à leurs pratiques homosexuelles. La guerre terminée, il découvrit que ces expériences avaient développé en lui une préférence pour le rôle homosexuel passif. Son fétichisme pour les hommes en noir n'apparut que quelques années plus tard. Cette tendance évolua progressivement jusqu'à prendre la forme obsessionnelle décrite ci-dessus.

Au cours d'une série de quinze séances psycholytiques, un système COEX très intéressant et très important se manifesta par séquence. Les couches les plus superficielles étaient formées des souvenirs de ses rencontres traumatisantes avec des partenaires sadiques. En diverses occasions, des hommes l'avaient attaché avec des cordes, enfermé dans une cave sans nourriture ni boisson et torturé par strangulation et flagellation. Un de ses complices sadiques le ligota dans une forêt, l'assomma avec une grosse pierre et s'enfuit avec son portefeuille. Un autre lui promit de l'enfermer dans la cave de sa maison de campagne. Ils prirent donc le train ensemble. Peter était intrigué par l'étrange sac de son compagnon Profitant d'un moment où il s'était absenté, Peter en examina le contenu. Il eut sous les yeux la panoplie complète du petit assassin organisé : un revolver, un grand couteau de boucher, une scie utilisée en chirurgie pour pratiquer des amputations et une hachette récemment affûtée. Terrorisé, Peter sauta du train en marche. Il se blessa gravement mais demeura convaincu que ce geste lui avait sauvé la vie. Au cours des premières séances LSD, Peter revécut ces épisodes dramatiques et bien d'autres encore. Les thèmes sadiques s'exprimaient aussi sous des formes symboliques.

Une couche plus profonde de ce même système condensait les expériences de Peter sous le troisième Reich. Au cours des séances LSD influencées par cette partie de la constellation COEX, il revécut en détail ses aventures avec les officiers nazis homosexuels, y compris l'ambiguïté des sentiments liés à ces épisodes. D'autres souvenirs de guerre traduisant l'atmosphère de la tyrannie nazie émergeaient de son inconscient. Il voyait des drapeaux portant la svastika, des défilés pompeux de militaires SS, les gigantesques salles du Reichstag, des aigles mais aussi des prisonniers squelettiques dans des camps de concentration, des descentes de la Gestapo dans des maisons et les victimes des chambres à gaz.

Les expériences centrales du même système étaient liées à l'enfance de Peter. En régressant, il revécut les punitions que lui infligeaient ses parents. Sa mère l'enfermait régulièrement dans une cave sombre où il passait de longues heures sans nourriture. Son père, quant à lui, exprimait son despotisme en le frappant cruellement avec une lanière en cuir. Le patient réalisa alors que ses désirs masochistes étaient la synthèse de ces deux formes de punitions.

Lors de la reviviscence de ces souvenirs, on assista à une amélioration de l'état de Peter mais son problème majeur ne disparut pas de manière définitive. En fin de compte, il revécut l'expérience angoissante du traumatisme de sa naissance dans toute sa brutalité biologique. En tirant les conclusions de sa thérapie, il déclara qu'il avait trouvé les éléments précis qu'il cherchait désespérément à obtenir par les traitements sadiques : un espace fermé et sombre, une restriction de tous les mouvements du corps et une torture physique et mentale extrême. Après avoir revécu sa naissance biologique, Peter se débarrassa de ses symptômes si complexes.

La reviviscence du traumatisme de la naissance dépasse le cadre des expériences psychodynamiques telles qu'on les comprend généralement en psychothérapie traditionnelle. Je l'ai toutefois reprise dans le cas ci-dessus afin de le présenter dans son ensemble. Ce phénomène appartient, en fait, au niveau suivant de l'expérience LSD qui sera discuté dans le cadre du chapitre prochain.

Une comparaison du cas clinique précédent et du suivant montre que, malgré les importantes différences sur le plan du contenu, divers systèmes COEX présentent des parallèles profonds dans leurs structures dynamiques formelles. Des événements traumatisants de même nature appartenant à des périodes différentes de la vie du patient, semblent être enregistrés dans les banques de souvenirs en relation étroite avec la plus ancienne expérience du genre qui constitue donc le traumatisme primaire. Le plus ancien événement forgeant le modèle prototype forme le noyau de la constellation COEX — l'« expérience centrale » du système. Les souvenirs ultérieurs se greffent sur ce noyau ; l'ensemble de la constellation est généralement relié à une facette particulière du processus de la naissance biologique (cf. la discussion des matrices périnatales, p. 117).

Rénata, une ménagère de trente-deux ans, était régulièrement hospitalisée dans des institutions psychiatriques pour cancérophobie grave, une idéation et un comportement relevant de la compulsion obsessionnelle, des dépressions suicidaires sérieuses, une tendance à l'automutilation et des symptômes psychotiques indéterminés. Depuis l'enfance, elle souffrait d'un ensemble de problèmes névrotiques mais ses symptômes majeurs n'apparurent que quelques années avant le début de sa thérapie LSD. Tout commença le jour où son gynécologue lui annonça qu'elle présentait une ulcération du col de l'utérus. Dès ce jour, elle fut obsédée par la peur du cancer, les doutes hypocondriaques alternant avec les convictions. Elle se rendait à toutes les consultations extérieures des cliniques et des hôpitaux, insistant avec empressement et détermination pour être soumise à tous les examens et tests de laboratoire possibles et imaginables. Elle ne tarda pas à être considérée comme une « menace » par le personnel hospitalier. Durant plusieurs années, sa cancérophobie fut invariable alors que les zones atteintes par le processus pathologique variaient considérablement : les organes sexuels, le cerveau, la cavité orale et pharyngée, les bronches et les poumons, l'estomac et la colonne vertébrale. Ses peurs la poussaient fréquemment à pratiquer des interventions et des manipulations douloureuses et dangereuses. Ainsi, lorsque les tumeurs suspectes étaient censées se localiser sur sa muqueuse buccale, elle se saisissait d'une paire de ciseaux et taillait sa langue et ses gencives afin d'éliminer les « excroissances ». Ce genre de pratiques déclencha, à plusieurs reprises, des hémorragies justifiant son hospitalisation immédiate. En d'autres occasions, elle manipulait les médecins qui, devant son insistance angoissée, lui prescrivaient des interventions et procédures diagnostiques inutiles. Un jour où les organes suspects étaient les poumons, elle obligea les phtisiologues à pratiquer quatre bronchoscopies successives (une procédure relativement douloureuse consistant à introduire un long tube métallique muni d'un système optique dans le conduit trachéo-bronchique).

Rénata rencontrait également de considérables problèmes dans sa vie sexuelle. Elle éprouvait des difficultés sérieuses à établir des relations intimes. Ses rapports avec les hommes étaient plutôt traumatisants et confus. Elle avait été victime de violences et de tentatives de viol. Jamais, elle n'avait connu d'orgasme. Toute excitation sexuelle déclenchait en elle des sentiments de panique, une peur intense de la mort et une accentuation de sa cancérophobie. En revanche, toute situation angoissante, qu'il s'agisse des raids aériens de la Seconde Guerre mondiale ou de scènes effrayantes d'un film d'horreur, produisait chez elle une stimulation sexuelle.

Au cours de sa thérapie psycholytique, un système COEX très fort et très important, intimement lié à ses problèmes psychopathologiques principaux, fut mis à jour, revécu et intégré en un certain nombre de séances LSD consécutives. Ce thème essentiel était une identification de l'élément mâle à la brutalité, au sadisme et au danger. Dans ce contexte, il existait un lien étroit entre le sexe, les menaces, les maladies insidieuses (cancer, maladies vénériennes, lèpre) et la mort.

Les couches les plus superficielles de ce système COEX comprenaient des souvenirs d'expériences traumatisantes assez récentes s'étant produites durant sa vie conjugale et professionnelle. Elle avait épousé un homme faible, timide, inhibé, sans expérience sexuelle et auquel elle se sentait intellectuellement supérieure. Dans ces conditions, la situation ne lui paraissait nullement menaçante, puisqu'elle en avait le contrôle. La vie sexuelle du couple était irrégulière et conflictuelle. Plusieurs mois s'écoulèrent avant que leur mariage ne soit consommé ; les contacts sexuels entre Rénata et son mari furent ensuite très espacés. Après quelques années de mariage, elle refusa toute relation sexuelle ; cette décision coïncida avec la découverte de son ulcération cervicale. Son mari, incapable de trouver une échappatoire à sa sexualité frustrée, montra de plus en plus d'impatience à l'égard de cette situation anormale. Il commença à malmener Rénata, il abusa d'elle physiquement et tenta de la violer. A la même époque, Rénata devait affronter une situation similaire sur son lieu de travail. Plusieurs de ses collègues — indépendamment l'un de l'autre — commencèrent à lui faire des avances. Ces agressions sexuelles l'effrayaient, l'étonnaient et l'irritaient. Ce sont les réminiscences de toutes ces agressions qui formaient les couches les plus accessibles de ce système COEX.

Les couches plus profondes étaient liées à des expériences remontant à son adolescence et à sa postadolescence. A cette époque, elle eut plusieurs relations érotiques qui suivaient toutes le même schéma. Elle était, affectivement, très attachée à son partenaire ; elle avait tendance à l'idéaliser. Elle aimait les longues promenades, discuter de questions sans rapport avec leur relation ou encore échanger des manifestations superficielles et non compromettantes de sympathie. Mais, à chaque fois que son petit ami osait la plus innocente approche sexuelle telle que la toucher, l'embrasser ou l'enlacer, elle était envahie par la terreur. Elle avait la conviction qu'il se transformait physiquement et prenait les allures d'un animal. Elle s'enfuyait en proie à une vive angoisse et refusait de le revoir. Au cours des séances LSD elle revécut nombre de ces épisodes, se remémorant les moindres détails quant au lieu, à ses impressions, à ses sensations et à ses émotions.

Après bien des efforts et bien des angoisses, Rénata réussit finalement à surmonter ses barrières psychologiques et

Dessin d'une vision symbolique montrant la relation étroite entre la sexualité et la mort dans l'inconscient de Rénata. Il représente une colonne célèbre de Prague ; elle fut érigée pour protéger les habitants de la ville des épidémies de peste. Des spermatozoïdes évoluent le long de la colonne. Pour la patiente, la lèpre, le cancer et les maladies vénériennes sont les punitions infligées à ceux qui se livrent à des activités sexuelles.

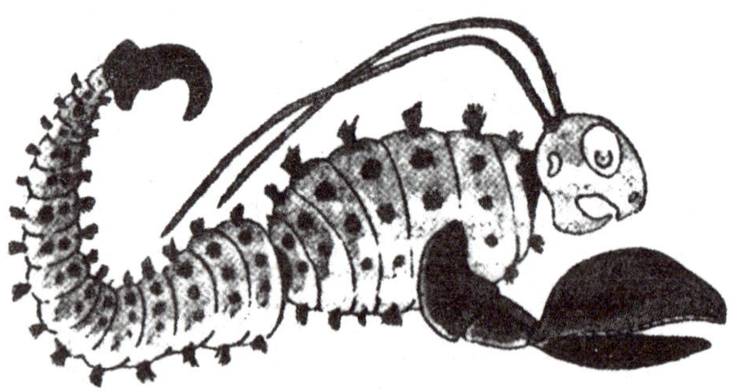

Cette vision d'un animal fantastique, perçu par Rénata au cours d'une de ses séances LSD, est une représentation symbolique de sa cancérophobie. L'analyse révèle que cette composition présente une structure très intéressante ; tous les détails ne sont que des allusions symboliques aux expériences traumatisantes vécues par Rénata avec son beau-père et ayant contribué à la psychogénèse de ce symptôme.

à affronter l'expérience centrale de ce système. Il fallut plusieurs séances pour qu'une curieuse mosaïque émerge. Elle revécut divers fragments et facettes d'une histoire compliquée. Ces éléments s'agencèrent au fur et à mesure pour former un tout cohérent. Selon la reconstruction finale, il s'avéra que l'expérience centrale se résumait ainsi. Alors que Rénata était âgée de sept ou huit ans, sa mère se rendit au théâtre un samedi soir avec une amie. Rénata était restée à la maison avec son beau-père qu'elle aimait beaucoup. Ils jouaient souvent ensemble et, dans leur jeu, entrait une bonne part de contacts physiques. Sa mère avait épousé cet homme alors qu'il était déjà d'un certain âge (cinquante-cinq ans). Avant cela, il avait mené la vie aventureuse et dangereuse des globe-trotters. Il y avait une différence d'âge considérable entre les époux. Les séances LSD révélèrent que, ce soir-là, son beau-père était dans la salle de bains ; il tuait une oie pour le déjeuner du lendemain. Cette activité sanglante réveilla sa nature sadique et l'excita sexuellement. Il invita Rénata à le rejoindre dans la salle de bains et commença à se comporter d'une étrange manière. Il la déshabilla, la toucha et suça diverses parties de son corps ; il caressa son sexe et la déflora avec ses doigts. En fin de compte, il se dévêtit et introduisit son pénis dans la bouche de la petite fille. Il lui demanda de le sucer et de le lécher lui promettant qu'elle le verrait grandir et durcir. Rénata fit ce qu'il lui demandait et fut totalement sidérée lorsqu'il éjacula. Un des éléments importants de cette scène était la modification de l'expression de son beau-père. Il ne ressemblait plus à l'homme qu'elle connaissait ; ses yeux luisaient fiévreusement et les traits de son visage étaient envahis par la bestialité. Certains composants de cette expérience centrale remontaient encore plus loin ; à un épisode qui se situait alors qu'elle n'avait que quatre ans. Elle jouait au lit avec son beau-père ; il saisit sa main et l'entraîna vers sa région pelvienne où la petite Rénata découvrit son pénis en érection.

L'épisode de la salle de bains avait eu une suite inquiétante. Son beau-père l'avait emmenée à la cave, battue et menacée afin qu'elle garde le silence sur sa conduite. Il l'avait obligée à jurer qu'elle ne parlerait jamais de cette histoire à sa mère. Au cas où elle ne tiendrait pas son engagement, il lui avait promis de l'enfermer à la cave pour toujours après lui avoir coupé la langue, ou même de la tuer.

Lorsque le système COEX décrit ci-dessus fut revécu au cours des séances LSD, Rénata révéla en premier lieu les expériences traumatisantes les plus récentes — celles concernant son mari et ses collègues de bureau — puis les épisodes faisant intervenir ses ex-petits-amis pour en arriver finalement au cœur même de l'expérience. Les thèmes essentiels du système furent également représentés par une série de métaphores symboliques et d'allusions à des livres, des films, des tableaux et des récits mythologiques traitant de la violence, du viol, de la sexualité et de la mort, des meurtres sexuels, des abus d'enfants, de la grossesse et des maladies vénériennes. Une fois l'expérience traumatisante revécue et intégrée, Rénata comprit combien ses symptômes névrotiques et son comportement irrationnel étaient liés à l'expérience centrale. Elle découvrit des parallèles entre sa cancérophobie et sa conception infantile de la grossesse — qu'elle avait redoutée après la scène de la salle de bains. Ses sensations hypocondriaques qu'elle attribuait à un cancer avaient pour origine les impressions qu'elle avait éprouvées lors de son expérience avec son beau-père. Elle identifia son besoin de consulter des médecins à un désir inconscient de revivre la scène de la salle de bains. Durant les examens physiques, elle se déshabillait et on l'auscultait. Il y avait le toucher de la région génitale durant les examens gynécologiques, l'obscurité durant les investigations aux rayons X, et l'introduction brutale d'un instrument phallique durant la bronchoscopie.

Ces éléments rappelaient, sous une forme plus ou moins déguisée, la scène de la salle de bains et de la cave. Rénata reconnut également qu'elle avait une part de responsabilité importante dans l'attitude des hommes à son égard. Elle mêlait très souvent le flirt anodin et un comportement séducteur à la résistance et au rejet ; cette combinaison avait un puissant effet de stimulation sexuelle sur son mari et sur ses collègues de bureau. Ils en arrivaient donc à la molester et à l'agresser.

Cette reviviscence (et les sentiments qu'elle engendra) modifia et réduisit considérablement les symptômes de Rénata. La résolution du système COEX et de son expérience centrale ne les fit malheureusement pas disparaître. Comme Peter, Rénata découvrit une source plus profonde à sa psychopathologie résidant dans les énergies profondes et destructives associées au traumatisme de la naissance. Les aspects fondamentaux de ses symptômes — l'angoisse, une sensation de menace physique, une agressivité dirigée tant vers l'intérieur que vers l'extérieur, des difficultés respiratoires (associées à son « cancer des poumons » et aux bronchoscopies), diverses sensations somatiques étranges, un mélange de sentiments sexuels et agressifs et la confusion de la sexualité et de la mort — font partie intégrante de l'expérience de la naissance. Ayant acquis une perception intuitive de ce niveau, Rénata découvrit que le contenu détaillé et la dynamique de sa cancérophobie, qui étaient apparus comme résultant de son expérience avec son beau-père, étaient également liés de manière logique et systématique aux événements se produisant au niveau périnatal.

Le dernier exemple montre que les systèmes COEX ne sont pas forcément constitués de souvenirs de traumatismes n'impliquant que des êtres humains. On rencontre parfois dans la constellation COEX des éléments non humains jouant un rôle très important : des événements traumatisants faisant intervenir des animaux ou d'autres éléments non humains, des accidents que l'on a provoqué soi-même, des maladies et d'autres situations mettant en danger la survie et l'intégrité physique de l'individu.

Richard était un étudiant de vingt-six ans. Depuis plusieurs années, il souffrait de dépression chronique et avait tenté six fois de se suicider. En une occasion, il avait absorbé de la mort aux rats ce qui, selon ses propres mots, reflétait ses sentiments à son égard : son peu d'estime de soi. Il souffrait, en outre, de fréquentes crises d'angoisse vague, de maux de tête abominables, de douleurs et de palpitations cardiaques pénibles ainsi que d'insomnie. Il attribuait la plupart de ses symptômes aux désordres de sa vie sexuelle. Il entretenait de nombreuses relations amicales avec des femmes mais était incapable de favoriser une situation pouvant déboucher sur une expérience sexuelle. Il essaya de réduire sa tension sexuelle excessive en recourant à la masturbation. Cet exutoire fit malheureusement naître en lui un sentiment de culpabilité. Il s'adonnait régulièrement à des activités homosexuelles dans lesquelles il tenait toujours un rôle « passif ». Il atteignait ainsi une satisfaction sexuelle momentanée mais les sentiments de culpabilité et les remords de conscience qui en découlaient étaient encore plus violents que ceux associés à la masturbation. Dans un état de profond désespoir accentué par son incapacité à maîtriser ses pulsions sexuelles, il essaya de se « castrer » en avalant des quantités importantes d'œstrogènes. Il commença une thérapie psycholytique après avoir suivi en vain plusieurs autres méthodes conventionnelles.

Un des plus importants systèmes COEX mis à jour durant la thérapie LSD de Richard était lié à sa passivité, à son désarroi et au rôle de victime qu'il assumait dans diverses situations. Le thème essentiel de ce système était la rencontre avec une force externe imposante qui abusait de lui et le mettait en danger sans lui donner la moindre chance de se défendre ou de s'échapper. Les couches les plus superficielles de cette constellation COEX étaient liées à un matériau traumatisant relativement récent. Richard avait été renvoyé de l'université pour des motifs politiques, il devait ses ennuis à ce qu'on a appelé le « culte de la personnalité stalinien ». Au cours d'une des premières séances LSD, il revécut ces événements et éprouva de violents sentiments d'injustice et d'impuissance propres à un individu confronté aux puissantes forces destructrices sociales et politiques d'un régime totalitaire.

Une couche plus profonde du même système contenait des souvenirs condensés des expériences de Richard avec son père brutal, despotique et autocrate, alcoolique chronique qui avait l'habitude de maltraiter notre patient ainsi que sa mère avec une cruauté rare. Au cours des séances LSD, Richard revécut plusieurs épisodes de violence physique de manière complexe et réaliste. Le plus grave de ces incidents s'était terminé par des blessures corporelles. Dans une crise d'éthylisme, son père l'avait frappé avec une violence telle qu'il avait été projeté à travers une fenêtre. Richard présenta des contusions graves et perdit beaucoup de sang ; il avait été conduit d'urgence à la section « soins intensifs » de l'hôpital le plus proche où le chirurgien de service avait suturé ses blessures. Cet épisode particulier — et bien d'autres encore — fut vécu pendant les séances avec une vivacité inhabituelle et une émotion intense.

Outre ces reviviscences, Richard expérimenta de nombreuses scènes symboliques liées à son « conflit avec le père ». Lors d'une séquence, il fut, lui-même, transformé symboliquement en une carpe évoluant dans un étang. Son père apparaissait sous les traits d'un pêcheur. Richard-carpe fut pêché, sorti de l'eau et tué d'un violent coup de poing.

La couche suivante de ce système COEX renfermait, elle aussi, divers souvenirs traumatisants de son enfance. Le premier remontant à ses sept ans ; un jour, il avait exploré l'intérieur du poste de radio familial et avait reçu une forte décharge électrique. Le deuxième était lié à une maladie infantile grave ; en le revivant, il eut le sentiment d'être enveloppé de linges et de tousser pour essayer de se libérer de pseudo-membranes diphtériques qui le faisaient suffoquer. Au cours du troisième, il se noyait dans une baignoire, sa mère l'ayant délaissé un instant pour aller surveiller le repas.

L'expérience centrale de ce système était vraiment inhabituelle et intéressante. En dépit de la terreur sincère qu'éprouva Richard en le revivant, cet épisode ne manquait pas d'une certaine touche comique. Pendant les moments qui précédèrent la reviviscence complète de ce souvenir, divers éléments rustiques et agricoles se manifestèrent selon diverses modalités sensorielles. Il voyait des faux, des faucilles et des râteaux, du blé mûr se balançant dans le vent, des vaches et des chevaux occupés à paître, des champs de fleurs se découpant sur un ciel bleu, des miches de pain et des cruches de lait — un repas typique de fermiers au travail dans les champs. Tout cela était accompagné des bruits des outils et des animaux domestiques (hennissements, meuglements, aboiements et caquètements). Il sentait la brise soufflant sur les terres et l'odeur des grains mûrs, du pain frais, de l'herbe et des fleurs sauvages. Les concomitances émotionnelles de ces expériences apparemment idylliques paraissaient pour le moins hors de propos ; Richard se sentait angoissé, déprimé et désemparé. Au cours d'une séance, il régressa brusquement dans son enfance et se retrouva âgé d'un an emmailloté et reposant dans l'herbe d'un pré alors que les adultes moissonnaient. Une vache s'approcha de lui et se mit à brouter juste à côté de son visage qu'elle lécha ensuite de son énorme langue râpeuse. Alors qu'il revivait cette scène, la vache lui apparaissait gigantesque au point de remplir la pièce où se déroulait la séance. Richard contemplait avec effroi et impuissance la gueule baveuse de l'animal et sentait sa salive couler sur son visage. Cet incident avait connu un dénouement heureux, les adultes s'aperçurent de ce qui se passait et se précipitèrent au secours de l'infortuné bébé. Après avoir revécu cet événement, Richard éprouva un vif soulagement et un besoin impérieux d'action. Un grand éclat de rire le secoua pendant plus de cinq minutes et il fut même capable de plaisanter au sujet de sa rencontre traumatisante avec la vache.

Richard découvrit, lors d'une séance ultérieure, une profonde relation fonctionnelle entre le thème fondamental de ce système COEX et l'expérience de la naissance biologique. Il en conclut que le traumatisme de la naissance était le prototype même de toutes les situations dans lesquelles il se sentait absolument désemparé et à la merci d'une force externe destructrice.

Après les expériences périnatales, des sentiments extatiques occupèrent désormais de longues périodes des séances de Richard. Ils favorisèrent une importante amélioration de son état clinique. Ses dépressions, ses angoisses et ses symptômes psychosomatiques disparurent totalement et il se sentait plein de vigueur et d'optimisme. Son image de soi s'améliora, elle aussi, considérablement et il fut, enfin, capable d'établir une relation saine avec une femme ayant ainsi sa première expérience hétérosexuelle.

Des systèmes COEX semblables à ceux décrits dans les trois exemples ci-dessus sont courants chez les patients relevant de la psychiatrie au cours de traitements psycholytiques. Ces systèmes paraissant avoir une grande importance pour la compréhension des expériences psychodynamiques amorcées au cours des séances LSD, il me semble nécessaire de discuter plus en détail des problèmes de leur origine, de leur dynamique et de leur manifestation durant la procédure LSD.

ORIGINE ET DYNAMIQUE DES SYSTÈMES COEX

La reviviscence d'expériences constituant les différents niveaux des systèmes COEX est l'un des phénomènes les plus couramment observés en psychothérapie LSD appliquée à des patients relevant de la psychiatrie. Elle se caractérise par le réalisme, la violence et la complexité, facteurs divers indiquant la régression du sujet à l'âge où il vécut réellement l'événement en question. Le fait que l'image du corps correspond toujours à ce qu'elle devait être à l'âge évoqué en atteste. Ainsi, les sujets revivant des souvenirs de leur prime enfance éprouvent toujours des sentiments de disproportion entre la taille de leur tête et celle de leur corps. Si les souvenirs remontent à l'enfance et sont empreints d'une connotation sexuelle, les sujets sont surpris par la taille de leur pénis qui leur paraît « ridiculement petit » ; ils s'étonnent de ne pas avoir de poils pubiens ou d'avoir une poitrine insuffisamment développée. Ils expriment aussi fréquemment une perception naïve du monde, un manque de cadre de référence et des émotions primaires typiques de l'âge auquel le patient a régressé.

On peut encore mentionner à cet égard d'autres facteurs plus objectifs tels que certains éléments des dessins réalisés durant les périodes de régression ou la présence de réflexes neurologiques typiques des stades de développement primaires (le réflexe de Babinski, le réflexe de succion...). D'importantes séquences appartenant au passé sont revécues avec toutes les caractéristiques physiologiques, sensorielles, émotionnelles et idéationnelles de la réaction originale et le plus souvent avec une représentation réaliste du lieu.

Certains patients participant à une thérapie psycholytique vivent une régression profonde dès la première séance LSD et avec une dose relativement faible. C'est, en particulier, le cas des hystériques. Toutefois, dans la majorité des cas, plusieurs séances LSD à dose moyenne sont nécessaires avant de pouvoir observer une régression plus profonde vers l'enfance. Il arrive exceptionnellement qu'un nombre important d'expositions à la drogue s'avèrent indispensables avant que le sujet ne revive vraiment des souvenirs de son enfance. Une telle résistance aux effets du LSD est typique des patients souffrant de compulsion obsessionnelle grave.

La gamme des expériences traumatisantes spécifiques des éléments centraux des systèmes COEX est très vaste ; elle couvre un ensemble impressionnant de situations menaçant la sécurité et la satisfaction de l'enfant. Les expériences centrales les plus anciennes sont liées à la phase primaire de la petite enfance, la période de succion. On rencontre souvent des frustrations orales liées à un horaire de tétées trop rigide, à une alimentation insuffisante ou encore à la tension, l'angoisse, la nervosité et le manque d'amour d'une mère incapable de créer une atmosphère chaleureuse, paisible et protectrice. Les autres expériences traumatisantes de la prime enfance sont tout aussi fréquentes : une exposition au froid ou à d'autres sensations déplaisantes, des interventions médicales douloureuses, des

Une régression profonde dans la prime enfance ; le sujet revit la détresse et les expériences désagréables engendrées par les mauvais soins qu'on lui dispensait. Le dessin est une représentation symbolique de la « Mauvaise Mère ».

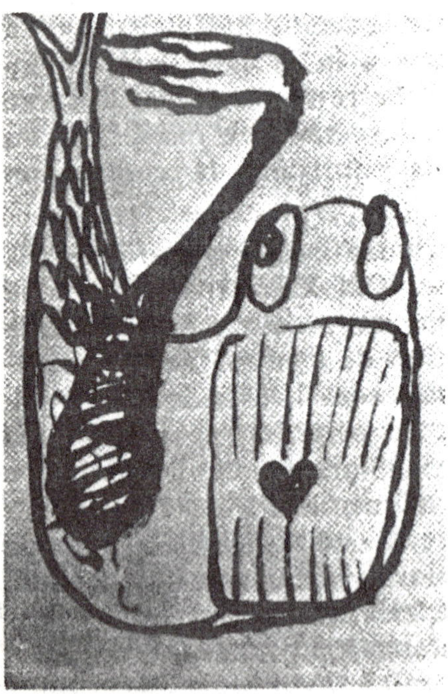

Dessin traduisant l'ambivalence des sentiments éprouvés par le patient ayant régressé à un stade oral primaire. Le repas est perçu à la fois comme une destruction de l'objet (stylisée par les grandes dents) et comme une union amoureuse (symbolisée par le cœur).

souffrances physiques durant les maladies infantiles, une ingestion ou une administration forcée de liquides écœurants (huile de foie de morue, médicaments divers), des sons menaçants, des impulsions que l'enfant n'est pas capable d'assimiler, des soins insouciants et un manque d'affection. Certains patients se souviennent que des adultes ou d'autres enfants les ont laissé choir, qu'ils ont glissé d'une table, qu'ils sont tombés d'un lit ou qu'ils ont dévalé des escaliers. Un ensemble d'expériences déplaisantes caractéristiques sont liées au sevrage et aux sensations désagréables éprouvées lors du passage à l'alimentation artificielle : le contact froid et dur de la cuillère, le goût désagréable de la viande, la nourriture trop chaude ou l'impatience de la personne qui les nourrissait. D'autres revivent les problèmes liés à la percée des dents alors qu'ils essayent de mordre et de mâcher, accentuant de ce fait leur souffrance.

Les événements mettant la vie de l'enfant en danger en entravant sa respiration sont d'une importance toute particulière. Parmi ces situations, on trouve : la suffocation après l'aspiration de liquides ou de corps solides, le risque de noyade durant le bain, des affections telles qu'une diphtérie, la coqueluche, la pneumonie, des végétations adénoïdes gênant la respiration et la peur d'être étouffé sous la poitrine de la mère endormie.

Les expériences de l'enfance jouant souvent un rôle capital dans les systèmes COEX négatifs sont les problèmes urinaires et de défécation et les conflits avec l'autorité parentale pour des questions de propreté. Parmi les autres souvenirs traumatisants souvent évoqués, on recense l'observation de l'acte sexuel entre adultes (en particulier la scène primale au sens freudien du terme, lorsque les personnes impliquées sont les propres parents du sujet), la découverte des différences anatomiques entre les sexes associée à la peur de la castration et à l'envie du pénis, les rapports sexuels avec d'autres enfants, un éveil prématuré de la sexualité résultant d'une agression par des adultes et le fait d'assister à un accouchement soit humain soit animal. Des expériences très importantes appartenant à la même catégorie sont celles liées à la masturbation ; elles s'accompagnent de craintes irréalistes, de sentiments de culpabilité et de la peur d'être puni si d'aventure des adultes découvraient cette activité.

Les résurgences traumatisantes liées à des périodes plus tardives de la vie et revécues en association étroite avec les expériences centrales sont, en général, aussi nombreuses que diverses. Je ne mentionnerai donc que les plus courantes : des rejets affectifs de toute sorte, des événements choquants et effrayants, un traitement cruel entraînant une souffrance psychologique et physique. Signalons également une préférence des parents pour d'autres enfants provoquant des sentiments de rivalité fraternelle ; des parents, des enseignants qui abusent des techniques d'éducation négative telles que les critiques, les reproches, les comparaisons défavorables, l'humiliation, la dérision et la dépréciation. Parmi les situations souvent décrites, notons encore celles caractérisées par des modèles compliqués d'interaction familiale (en particulier l'élément de la *double contrainte* dans le sens où l'entend Gregory Bateson) ; le comportement irresponsable d'adultes importants : la négligence, la trahison, le mensonge, le non-respect de promesses ; et l'observation de scènes ébranlant l'autorité des parents et engendrant l'insécurité.

Les événements de la prépuberté apparaissent rarement dans les expériences centrales. Les exceptions s'expriment néanmoins par des épisodes choquants occultés ayant trait à la sexualité : un viol, une tentative de séduction perpétrée par des parents ou des beaux-parents et l'observation de scènes sexuelles violentes ou répugnantes. Ces souvenirs se manifestent habituellement dans les couches plus superficielles des systèmes COEX présentant des expériences centrales liées à la prime enfance.

La liste des souvenirs infantiles agréables constituant les expériences centrales de systèmes COEX positifs est beaucoup plus dépouillée que celle des événements traumatisants. On y retrouve des sentiments de sécurité et de satisfaction : le plaisir de téter, des jouissances libidinales et sensuelles, des sensations d'excitation et d'aventure liées à l'environnement naturel ou à des animaux intéressants et des jeux avec d'autres enfants.

L'authenticité et l'objectivité des souvenirs infantiles tels qu'ils sont revécus dans les séances LSD est un problème qui demeure ouvert. Dès mes toutes premières observations, j'ai considéré qu'il s'agissait d'une question théorique intéressante. Je me suis toujours efforcé de recourir à tous les moyens disponibles pour obtenir la vérification objective de ces informations. Vous comprendrez aisément que les circonstances n'ont pas systématiquement favorisé cette démarche. Je me heurtais régulièrement à la mémoire déficiente des témoins vivants (parents, frères et sœurs aînés, relations et médecins de famille, enseignants, etc.) et à une absence de données objectives. Certains témoins étaient décédés ou il m'était impossible de les rencontrer. Il n'était pas rare que les problèmes rendant toute vérification impossible fussent de nature émotionnelle. Cette remarque s'applique particulièrement à des situations dans lesquelles le « témoin » mis en question par les événements revécus devait reconnaître avoir eu un comportement critiquable et inacceptable tant sur le plan personnel que social. Fort heureusement, la fidélité de la mémoire de certains et des circonstances spécifiques permirent l'obtention de données concrètes contribuant à éclairer le problème de l'authenticité de quelques reviviscences suscitées par les séances LSD.

Dans ces cas très particuliers, les entrevues avec les témoins vivants et les autres types d'investigations, révélaient souvent l'exactitude surprenante des souvenirs. Nous acquîmes ainsi la certitude que les événements de la prime enfance et de l'enfance pouvaient être re-vécus au cours de séances LSD avec une fidélité incroyable, même sur des points de détail. Le patient prenait parfois lui-même l'initiative de rassembler les preuves nécessaires ; on imagine aisément que celles-ci avaient, dans ces circonstances, de fortes chances d'être dénaturées. Le plus souvent, toutefois, ces preuves étaient collectées par des professionnels qui évitaient systématiquement et minutieusement tout risque d'influence de la part des sujets ou des témoins afin de prévenir toute altération des données. Les difficultés et les controverses auxquelles se heurtèrent les chercheurs investigant ce domaine seront beaucoup mieux illustrées par une série d'exemples cliniques. Je les ai choisis parmi plusieurs dizaines de rapports semblables accumulés pendant une décennie de travail psycholytique à Prague.

Dana, une patiente présentant une symptomatologie névrotique grave et complexe, revécut lors d'une séance LSD un épisode traumatisant de son enfance. Elle le situa vers la fin de sa première année. Elle décrivit dans les moindres détails l'intérieur de la pièce où se déroula cet événement et dessina même le motif compliqué de la broderie du dessus de lit et de la nappe. Nous invitâmes, par ailleurs, la mère de Dana à nous décrire à son tour la pièce en question. Lorsqu'elle eut en mains les déclarations et les dessins de sa fille, elle fut abasourdie par la précision du récit concernant l'événement traumatisant ainsi que par la description des lieux. Comme de nombreux parents confrontés à de tels reviviscences, elle jugea surprenante et embarrassante l'idée que sa fille puisse avoir aussi facilement accès à sa prime enfance. Elle en éprouva de vifs sentiments de culpabilité et un pressant besoin de se justifier. Elle ne comprenait pas par quel mécanisme ces souvenirs anciens étaient réveillés. La description de la pièce était « photographiquement » exacte dans ses plus infimes détails et son authenticité était incontestable en raison du caractère pour le moins inhabituel du mobilier. Il y avait au mur un miroir décoré de manière extraordinaire, le crucifix était une véritable œuvre d'art et les broderies comme le mobilier présentaient des caractéristiques très spécifiques. Il paraissait impossible que la jeune fille ait pu bénéficier d'une autre source d'information que sa propre mémoire. La famille avait quitté cette maison (abattue peu de temps après) avant que la fillette ait deux ans. La mère de Dana s'était dessaisie d'une bonne partie de l'ancien mobilier lors du déménagement. Il n'existait aucune photographie de cette pièce et la mère ne se souvenait pas d'en avoir jamais parlé en présence de sa fille.

Le second exemple concerne un souvenir beaucoup plus sujet à caution. Ce n'était pas tant l'époque de l'événement qui paraissait incroyable que sa nature même. Le matériau résurgent était à ce point étrange que le thérapeute estima qu'il ne s'agissait probablement que d'un fantasme. Des observations ultérieures devaient lui donner tort.

Eva participait à une thérapie psycholytique afin de résoudre ses nombreux symptômes névrotiques de nature principalement hystérique. Au cours d'une séance LSD, elle revécut un événement de son enfance pour le moins surprenant et dramatique. Elle le situait vers l'âge de neuf ans. La reconstruction de la séquence originale se présentait comme suit : Eva avait un frère plus jeune d'un an. A cette époque, leur intérêt pour les questions d'ordre sexuel s'éveillait ; ils parlaient ensemble des problèmes de la conception, de la grossesse et de l'accouchement. Ils ne comprenaient pas comment un homme et une femme participaient au processus de reproduction. Leurs réflexions personnelles ne leur apportant pas de conclusions satisfaisantes, ils décidèrent, un jour, d'interroger leur père. Celui-ci pensa que le meilleur moyen d'éduquer ses enfants était encore de leur donner une démonstration pratique. Il appela sa femme et l'obligea à se déshabiller. En dépit de ses objections et de sa résistance, elle dut lui céder et ils firent l'amour devant leurs enfants. Le père utilisa un préservatif dont il expliqua le fonctionnement et les avantages à Eva et à son frère. *Post coitum*, il ouvrit la petite porte du poêle et jeta le préservatif dans les flammes.

Après avoir revécu cet épisode, Eva éprouva un vif soulagement émotionnel. Une fois l'expérience assimilée, elle comprit que ce souvenir expliquait en fait bon nombre de ses symptômes psychopathologiques, éclairant d'un jour nouveau son comportement irrationnel en particulier dans des situations à caractère sexuel. Il clarifiait également sa préoccupation obsessive pour les poêles. Eva avait ressenti en diverses occasions un urgent besoin de s'installer à proximité d'un poêle, de regarder danser les flammes et de fouiller parmi les braises incandescentes, visiblement à la recherche de « quelque chose ».

Cet incident paraissait hautement improbable quoique le père d'Eva fût incontestablement un individu perturbé. C'était un alcoolique chronique présentant de nombreux traits de caractère psychopathes et sadomasochistes. Sa femme et ses enfants devaient parfois fuir la maison ou s'enfermer au grenier parce qu'il les poursuivait un couteau ou une hache à la main en menaçant de les tuer. Ces scènes ne demeurèrent pas longtemps un secret de famille ; elles prenaient de telles proportions que les voisins étaient parfois contraints d'intervenir. Ils étaient, en outre, consternés par le traitement sadique qu'il réservait aux animaux, en particulier aux chats. Il avait conçu des pièges à chats et à chaque fois qu'il en capturait un, il le clouait sur la porte de la grange et le laissait agoniser au soleil. Tout cela traduisait bien la psychopathologie sérieuse du père ; pourtant, l'idée de faire l'amour devant ses enfants pour assurer leur éducation sexuelle était par trop outrée pour être prise au sérieux. Nos doutes à l'égard de l'authenticité de cette expérience étaient encore renforcés par le fait que les fantasmes sexuels sont courants chez les hystériques.

Environ deux ans après cette séance, le père d'Eva se suicida au cours d'une de ses « virées » éthyliques. Son jeune frère fut le premier à découvrir le cadavre et aidé par un voisin il le ramena à la maison. Il réagit à cette situation par une dépression psychotique aiguë. Il fut saisi de panique et se mit à voir et à entendre le fantôme de son père. Fidèle à son habitude, le vieil homme le pourchassait en menaçant de le tuer. Poussé par une peur inhumaine, le frère d'Eva s'enfuit de la maison et alla passer plusieurs jours dans le sud du pays. Il errait dans la région des lacs et dormait dans les forêts. C'est là qu'il fut découvert, identifié et hospitalisé. En fin de compte, il fut confié à notre programme LSD expérimental et participa, lui aussi, à un traitement psycholytique. Au cours d'une de ses séances, il revécut, à la grande surprise du thérapeute, le même incident que sa sœur deux années plus tôt. Les deux récits étaient scrupuleusement semblables jusque dans les moindres détails, y compris quant à la période à laquelle l'événement réel avait dû se produire. Il paraissait évident que frère et sœur avaient refoulé cet épisode. Jamais, ils n'en avaient parlé avant leur traitement et Eva n'avait pas évoqué les résultats de ses séances thérapeutiques devant son frère.

La plupart des expériences considérées par un sujet LSD comme des reviviscences de faits réels et non comme de simples produits symboliques ou fantasmatiques paraissent plausibles, ou du moins possibles, à un observateur extérieur. Une fois reconnues, ces expériences aident à expliciter tous les symptômes du patient ainsi que certains éléments apparemment irrationnels de son comportement. La reviviscence de ces événements s'accompagne également de modifications spectaculaires de son état clinique. Chacun des événements revécus semble ajouter un chaînon manquant à la compréhension psychodynamique des symptômes psychopathologiques du patient. La totalité du matériau inconscient révélé forme alors une *gestalt* * relativement complète, une mosaïque plus ou moins satisfaisante présentant une structure logique et globale. Ceci rappelle

* Gestalt, c'est-à-dire qualité irréductible d'une unité aux parties qui la composent.

le phénomène qualifié par Sigmund Freud de « principe du puzzle » lorsqu'il discutait de la cohésion logique du matériau obtenu au cours de la psychanalyse de patients névrotiques [6].

Dans quelques cas très rares, les expériences revécues sont si étranges et comportent tellement d'éléments incroyables qu'il est difficile de penser qu'il s'agit effectivement de souvenirs. La pratique m'a appris que les sujets partagent souvent les doutes du thérapeute quant à l'authenticité de tels événements.

L'un des exemples les plus frappants dans cet ordre d'idées nous est fourni par les observations faites au cours du traitement psycholytique de George. Il présentait une névrose caractérielle grave et était intoxiqué par toute une série d'analgésiques, de psychotoniques et d'hypnotiques. Les déviations de son comportement touchaient à la psychose. Il était régulièrement hospitalisé dans un état comateux suite à un abus de diverses drogues. Georges « revécut » durant plusieurs séances LSD consécutives six scènes différentes de son enfance : il voyait son père assassiner de manière sadique des petites filles. Ces meurtres s'accompagnaient de sévices sexuels complexes culminant dans un viol et un assassinat bestial. Il était, en outre, capable de décrire les scènes des meurtres dans leurs moindres détails ainsi que les actions criminelles perpétrées. Il revivait, par ailleurs, de nombreuses scènes impliquant des activités perverses et incestueuses entre des membres de sa famille, des proches et des domestiques de la maison. Dans certaines, il était un simple observateur et dans d'autres, la victime des sévices. Tout cela paraissait fortement improbable ; pourtant les aspects formels et le mécanisme de ces reviviscences, ainsi que l'abréaction émotionnelle et motrice, ne pouvaient être distingués des expériences réelles et vérifiées d'autres patients. Enfin, les conséquences de ces séances sur l'état clinique de Georges jouaient en faveur de la véracité de ses expériences.

L'attitude de George à l'égard de ces « souvenirs » oscilla longtemps entre l'acceptation de l'éventualité que son père fût un meurtrier sadique et la conviction que ces « reviviscences » n'étaient que le produit de sa propre imagination. Il se trouva finalement confronté, au cours d'une séance, à la brutalité de la naissance biologique ; il montra alors une attitude très critique à l'égard de l'authenticité des reviviscences et proposa une interprétation psychodynamique différente. Selon sa propre conclusion, ces pseudo-souvenirs représentaient vraisemblablement des produits de sa résistance désespérée à affronter les expériences de la naissance : une réaction permettant de retarder leur apparition. Dans les violentes scènes de meurtres, un adulte de sexe masculin (son père) tuait des petites filles ; dans l'expérience de la naissance, un adulte de sexe féminin (sa mère) tuait un petit garçon (George). Le caractère brutal et sanglant de la naissance était préservé et reproduit dans les fantasmes meurtriers. Ses barrières psychologiques visant à l'empêcher de revivre la menace de mort que constituait le traumatisme de la naissance inversait le sexe des protagonistes et modifiait le rôle de George qui, de victime, devenait observateur. A ce stade, George comprit que le contenu de ses « souvenirs » satisfaisait aussi son désir de vengeance à l'encontre de l'élément féminin qui lui avait infligé une telle souffrance durant l'accouchement. Il supposait que des mécanismes et des motivations semblables devaient opérer dans les cas de meurtres sadiques réels.

M'étant régulièrement retrouvé confronté à de telles observations, j'ai compris que j'avais, en fait, affaire à une réplique moderne du vieux problème de la réalité objective des souvenirs réveillés au cours d'une psychanalyse. Dans ses premières études, Freud découvrit que tous ses patients hystériques avaient été victimes d'une séduction sexuelle pendant leur enfance. Il en conclut qu'un tel traumatisme représentait le facteur étiologique * principal dans le développement d'une névrose hystérique [5]. Lorsqu'il lui apparut que certains de ces événements ne s'étaient jamais produits que dans les fantasmes de ses patients, il en éprouva un tel découragement qu'il faillit abandonner ses investigations psychanalytiques. Il transcenda fort heureusement ce problème en comprenant que ces phénomènes avaient une réalité psychique pour le patient, quelle qu'ait pu être la réalité objective. Nous pouvons adopter l'attitude de Freud à l'égard des reviviscences suscitées par les séances LSD. Qu'il s'agisse de souvenirs réels ou de fantasmes puissants engendrés par des mécanismes encore mal compris, ces expériences sont significatives du point

* L'étiologie est l'étude des causes des maladies.

de vue de la psychopathologie du patient ainsi que de la psychodynamique de la thérapie LSD.

La reviviscence d'expériences infantiles s'accompagnant d'une puissante abréaction émotionnelle est un phénomène fréquent et régulier en psychothérapie LSD. De nombreux thérapeutes à travers le monde en font état. Bien que la reviviscence finale prenne habituellement la forme d'un événement traumatisant unique situé par le sujet dans son enfance ou sa prime enfance, des observations systématiques de séances consécutives révèlent que la situation est, en réalité, beaucoup plus complexe. Plusieurs faits cliniques semblent supporter le concept des systèmes COEX tels que je les ai décrits ci-dessus : ces expériences de l'enfance représentent les couches centrales ou les plus profondes de constellations de souvenirs complexes fonctionnant comme des systèmes directeurs dynamiques.

C'est l'intensité de la charge affective qui doit tout d'abord faire l'objet d'une abréaction avant que les souvenirs individuels de l'enfance ne puissent être pleinement revécus. La masse d'émotions libérées paraît disproportionnée face à la gravité et à l'importance des événements traumatisants concernés. L'écart est considérable entre la « cause et l'effet », même si l'on prend en considération la spécificité biologique, physiologique et psychologique des premiers stades de développement ainsi que la grande vulnérabilité de la psyché de l'enfant. Il serait plus exact d'envisager la charge émotionnelle en question comme le résultat d'une somme de plusieurs situations traumatisantes de même nature étant intervenues à diverses périodes de la vie du sujet.

Ensuite, la reviviscence d'expériences traumatisantes de l'enfance est souvent suivie de modifications importantes de la symptomatologie clinique, du comportement, des valeurs et des attitudes. Le puissant effet transformateur de la reviviscence et de l'intégration de tels souvenirs suggère l'existence d'un principe dynamique plus général.

La troisième et la plus importante raison pour penser en termes de constellations de souvenirs plutôt qu'en termes de souvenirs individuels se fonde sur le contenu de l'analyse de séances consécutives d'une thérapie psycholytique. Avant que le sujet ne puisse approcher et revivre un souvenir traumatisant de sa prime enfance (expérience centrale), il doit généralement affronter et assimiler diverses situations plus récentes de sa vie présentant un thème semblable et impliquant les mêmes éléments essentiels. Elles sont associées à des émotions de même qualité et à des mécanismes de défense identiques. Leurs reviviscences s'accompagnent des mêmes symptômes somatiques tels que des maux de tête, des nausées et des vomissements, des douleurs dans diverses parties du corps, des sensations de suffocation, des spasmes musculaires, des tremblements et des crispations. Une, voire plusieurs, de ces manifestations physiques est souvent un élément constant et répétitif du contenu de diverses couches d'un système COEX particulier. Il est utile de préciser, ici, une observation intéressante de la thérapie psycholytique : chez certains sujets, des organes jouent un rôle très particulier durant la procédure LSD. Ces organes semblent avoir attiré et accumulé — pour des raisons encore mal connues — les tensions nées dans l'organisme en réponse à un certain nombre de situations traumatisantes liées à divers stades du développement personnel. Au cours d'une thérapie psycholytique, le processus inverse se produit ; on assiste au soulagement des tensions de ces organes « cibles ». Les parties du corps les plus fréquemment concernées par ce processus sont les muscles, le système cardiovasculaire, les intestins et l'appareil urogénital.

Comme je l'ai signalé plus tôt, les systèmes COEX semblent avoir une signification fondamentale pour la compréhension des séances LSD à contenu psychodynamique. Qui plus est, du fait de l'action non spécifique du LSD, la connaissance de ces systèmes tirée de la recherche LSD est directement applicable à la dynamique de l'inconscient dans des conditions ne faisant pas appel aux drogues et au fonctionnement de la personnalité humaine tant en période de santé que de maladie. Il n'est donc pas inutile d'utiliser le matériau de la psychothérapie LSD pour tenter de comprendre l'origine de ces systèmes et de reconstruire leur dynamique.

La partie la plus importante des systèmes COEX semble être l'expérience centrale. Il s'agit de la première expérience d'un type particulier à avoir été enregistrée par le cerveau et sur laquelle reposent les fondements d'un système COEX spécifique. L'expérience centrale constitue donc un prototype, une matrice pour l'enregistrement des événements d'un type similaire dans les banques de la mémoire. Il n'est pas aisé d'expliquer pourquoi certains types d'événements ont un impact si puissant sur l'enfant qu'ils influencent son développement psychodynamique pendant de nombreuses années, voire des décennies. Les psychanalystes incriminent habituellement des facteurs constitutionnels et héréditaires de nature inconnue. La recherche LSD semble indiquer que cette sensibilité spécifique aurait des déterminants importants dans des niveaux plus profonds de l'inconscient, dans des matrices fonctionnelles de nature innée et transpersonnelle. Certains de ces facteurs, ramenés à la conscience au cours d'une psychothérapie LSD prennent la forme de souvenirs ancestraux, raciaux ou phylogéniques, de structures archétypes voire de résurgences d'incarnations passées. Une autre donnée factuelle qui pourrait s'avérer importante est la similitude dynamique entre un certain incident traumatisant de l'enfance et une certaine facette du traumatisme de la naissance (ou « trauma » périnatal). L'impact d'un choc émotionnel ultérieur serait alors dû à la réactivation d'un certain aspect du souvenir psychobiologique de la naissance. Il serait prématuré de discuter des facteurs transpersonnels et périnatals avant d'avoir décrit les niveaux correspondants de l'inconscient dans le cadre d'une psychothérapie LSD.

J'aurai l'occasion de revenir sur ces points mais, pour l'instant, je limiterai notre discussion aux facteurs opérant au niveau psychodynamique. De ce point de vue, une autre variable au potentiel significatif serait l'existence de phases critiques dans le développement de l'enfant comparables à celles révélées chez les animaux par les observations et les expériences éthologiques.* Au cours d'une phase critique, l'enfant serait particulièrement vulnérable à des expériences d'un type précis qui ne l'auraient pas, ou peu, influencé au cours d'un stade de développement ultérieur ou antérieur.

* Relatifs aux comportements des espèces animales dans leur milieu naturel.

L'atmosphère affective régnant au sein de la famille et entre ses membres est un facteur décisif. Un seul événement traumatisant aura un grand retentissement s'il intervient dans le contexte d'une structure familiale dysfonctionnelle spécifique. Il semble également que l'interaction pathogénique quotidienne avec les autres membres de la famille, s'étalant sur des mois et des années, soit continuellement enregistrée dans les banques de mémoire, condensée pour constituer en définitive un foyer pathologique comparable à celui résultant d'un macrotraumatisme. L'expérience centrale revécue dans les séances LSD représente dans ce dernier cas une sorte d'expérience *pars pro toto* (une expérience unique représentant la totalité des événements similaires). Il est intéressant de noter que les patients eux-mêmes identifient généralement la propriété synthétique de telles expériences même lorsqu'elles se présentent sous forme d'un événement traumatisant apparemment unique.

Une combinaison des données factuelles (et vraisemblablement d'autres variables encore inconnues à ce jour) permet à un certain événement de la vie d'un enfant de devenir le centre d'un système COEX. Une fois que l'expérience centrale est « enregistrée », elle sert de « matrice de mémoire » ou viendront se greffer toutes les expériences similaires ultérieures. Cette assimilation résulte finalement en une constellation de souvenirs dynamiques spécifique : le système COEX. La formation des couches périphériques implique bien évidemment deux mécanismes dynamiques différents. L'addition de nouveaux souvenirs se produit parfois de façon presque mécanique. La vie quotidienne provoque des chocs émotionnels importants qui, d'une manière ou d'une autre, rappellent l'expérience centrale. Grâce au travail analytique et synthétique de la mémoire, ces expériences sont intégrées dans des systèmes COEX sur base de composants identiques ou de similitudes générales. L'analyse détaillée des rapports de la thérapie psycholytique suggère, cependant, l'intervention d'un mécanisme dynamique capital. Durant les premiers stades de son développement, l'enfant est une victime plus ou moins passive de l'environnement et ne joue, en principe, pas un rôle actif dans les expériences centrales qui vaudraient la peine d'être prises en considération. Cette situation se modifie par la suite. L'individu participe de plus en plus à la structuration de ses relations interpersonnelles et aux expériences générales de sa vie. L'existence d'un système COEX semble influencer le sujet quant à sa perception de l'environnement et du monde, ses attitudes et son comportement. Sous l'influence de l'expérience centrale, il développe des espérances spécifiques et de puissantes anticipations à l'égard de certaines catégories d'individus et de certaines situations. Celles-ci respectent le schème de l'expérience centrale et peuvent être déduites en toute logique de son contenu particulier. Ainsi, un événement traumatisant précoce ou des expériences répétitives développeront chez l'enfant le sentiment qu'il est impossible de faire confiance aux gens ; en conséquence, il sera constamment « sur ses gardes » et considérera tout nouveau venu comme un agresseur ou un ennemi potentiel. Un autre type d'expériences traumatisantes engendrera la conviction qu'un engagement affectif implique toujours un risque de déception ou de blessure et qu'il s'agit donc d'une faiblesse à éviter à tout prix. De même, une expérience infantile spécifique amènera l'individu à penser que les expériences sexuelles sont dangereuses, révoltantes ou humiliantes. De telles convictions atteignent parfois un haut degré de généralisation. En raison d'expériences infantiles négatives, un homme s'imaginera que toutes les femmes sont faibles et indignes de confiance, capricieuses, irrationnelles et inconséquentes, ou encore lascives et séductrices. Dans le même ordre d'idées, une femme pensera que les hommes sont fondamentalement des brutes et des sadiques, ou qu'ils sont volages et infidèles et que leur vie sexuelle est dominée par des pulsions instinctuelles basses. De tels *a priori* dénaturent le comportement du sujet à l'égard de toute nouvelle personne. La nature de l'expérience centrale (ou système COEX) oblige le sujet à percevoir les individus comme les représentants symboliques du groupe dans lequel son inconscient les aura catalogués et il les aborde et les traite selon ces critères. Il est donc incapable d'instaurer de nouvelles relations interpersonnelles intelligentes. L'intégration de nouveaux venus dans notre univers exige que nous soyons aptes à adopter une attitude relativement neutre, ouverte et disponible jusqu'à ce qu'un contact mutuel et une interaction interpersonnelle fournisse une information suffisante à une estimation plus objective et plus réaliste. Plus on dispose d'informations concrètes et objectives, plus la nature de la relation nouvelle penche du côté positif ou négatif. L'individu abordant les relations humaines dans cet esprit traite les autres non seulement par rapport à ce qu'ils représentent pour lui mais par rapport à ce qu'ils sont en réalité. L'influence de puissants systèmes COEX négatifs marquant le comportement social d'un individu, celui-ci a des contacts viciés avec ses contemporains. Une attitude reposant sur des *a priori* engendre une réponse équivalente due à la réciprocité des relations humaines. La constellation résultante représente alors une réplique approximative de la situation originale de l'expérience centrale.

Les exemples cités précédemment en attestent. Sous l'influence de l'expérience centrale de son système COEX, Peter recherchait des individus sadiques d'un type bien particulier et son attitude déterminait leur réaction. Il participait donc à la création de situations reproduisant les traumatismes originaux de son enfance. Rénata était incontestablement une victime passive dans la situation traumatisante originelle. Sans doute y avait-elle contribué par féminité enfantine, mais il est indéniable que ce fut son beau-père qui tint le rôle principal dans l'élaboration du système. Cependant, elle structura ensuite inconsciemment ses relations avec les hommes en fonction du vieux modèle et joua un rôle actif important dans les nombreuses répétitions traumatisantes ultérieures : agressions sexuelles et tentatives de viol. Leur fréquence dépasse certainement de loin les probalités statistiques et indique que sa collaboration a été essentielle. Chez Richard, la puissance de son système COEX paralysait son activité et sa capacité à se défendre efficacement mais entraînait de surcroît un comportement lui valant l'hostilité du monde extérieur. Durant ses études universitaires, par exemple, il attira l'attention des autorités par ses prises de position et devint un bouc émissaire alors que nombre de ses condisciples, qui n'en partageaient pas moins ses opinions politiques, s'arrangèrent pour survivre sans collaborer et sans se compromettre.

A une expérience centrale succèdent donc de nombreuses situations accidentelles ou provoquées de même nature. Cette activation et ce renforcement continus de la constellation pathogénique * originale expliquerait l'intensité de la charge émotionnelle attachée aux systèmes COEX individuels. Ce mécanisme expliquerait également comment ces systèmes réussissent à influencer le comportement d'un individu et justifierait les effets thérapeutiques souvent spectaculaires suivant leur réduction, leur abréaction et leur intégration.

Le principe de l'accumulation des charges émotionnelles attachées aux diverses couches du système COEX n'est qu'une explication de l'énorme masse d'énergie affective devant généralement être libérée avant que l'expérience centrale ne soit mise à jour pour que le système soit « démonté » et intégré. Une autre source d'énergie puissante se situe au niveau des matrices périnatales sous-jacentes. La similitude entre l'expérience de la naissance et certains événements traumatisants ultérieurs pourrait expliquer la libération d'énergies émotionnelles et instinctives profondes liées à ce traumatisme plus fondamental de la vie humaine à une époque où un système COEX émerge au cours d'une séance LSD (cf. le chapitre « Les Expériences Périnatales »).

Le développement progressif des systèmes COEX par le mécanisme du feedback positif ** justifierait la période de latence ou d'« incubation » entre les événements traumatisants originaux et les futures dépressions névrotiques ou même psychotiques. Des symptômes psychopathologiques évidents se manifestent au moment où les systèmes COEX atteignent une ampleur critique et où les répétitions traumatisantes envahissent des secteurs importants de la vie du patient et interfèrent avec la satisfaction de ses besoins

* Qui peut causer une maladie.

** Le terme « feedback positif » est utilisé, ici, dans son sens cybernétique et non dans le sens où on l'entend fréquemment dans une psychothérapie individuelle ou de groupe. Le feedback interpersonnel que l'individu reçoit dans des situations humaines influencées par un puissant système COEX, tend à renforcer l'erreur ou la déviation originale plutôt qu'à la corriger.

essentiels. Ce concept est en parfait accord avec les multiples observations de patients relevant de la psychiatrie durant une thérapie psycholytique. L'analyse détaillée de la dynamique de leurs symptômes révèle des parallèles profonds entre le contenu des expériences centrales de leurs systèmes COEX et les modèles de leur interaction interpersonnelle lors de la manifestation de la symptomatologie clinique. Les nombreuses répétitions des thèmes fondamentaux d'un ou de plusieurs systèmes COEX dans des segments importants du champ interpersonnel semblent souvent précéder la première manifestation du désordre émotionnel ou psychosomatique. En outre, les symptômes sont perçus comme une expression symbolique de l'expérience centrale. Ceci est parfaitement illustré par le cas de Rénata. L'apparition de sa cancérophobie coïncida avec les tentatives de viol de son mari et de plusieurs de ses collègues et avec un examen gynécologique qui révéla une ulcération du col de l'utérus. Comme nous l'avons vu, sa cancérophobie et son comportement symptomatique étaient symboliquement liés à l'expérience centrale.

MANIFESTATION DES SYSTÈMES COEX

L'activation d'un puissant système COEX négatif au cours d'une séance LSD et son émergence dans le champ empirique ont des conséquences caractéristiques sur son contenu et son déroulement. Le flux précédemment continu d'images, d'émotions, d'idées et de sensations physiques est brusquement perturbé ; la logique interne, la cohérence sont brisées en même temps que se manifestent des phénomènes annonciateurs de l'émergence d'un système COEX.

Les visions perçues dans cet état deviennent confuses, désordonnées et fragmentées. Les sujets les comparent fréquemment à une inondation ou à un tourbillon ; ils qualifient ces séquences de « carrousel » ou simplement de chaos. Ils différencient toutefois dans cet imbroglio amorphe des parties de corps d'hommes ou d'animaux, des fragments de paysage, des éléments de mobilier, des jouets d'enfants ou encore des objets de la vie quotidienne. Cet état est souvent assimilé à un délire ou à un cauchemar fiévreux. Par la suite, lorsque l'expérience centrale est revécue et que son contenu est clairement précisé, on identifiera rétrospectivement certains des fragments sensoriels comme étant des éléments du choc original et des variations symboliques et métaphoriques sur ce thème fondamental.

Un autre indice caractéristique de l'émergence d'un système COEX est la dissociation entre l'émotion et le contenu. Bien des aspects des expériences psychodynamiques paraissent, de prime abord, totalement absurdes et incompréhensibles ; ils ne deviendront compréhensibles que rétrospectivement lorsque l'ensemble du système sera connu. Ainsi, par exemple, la vision d'un objet usuel tel qu'un robinet, une cruche, une poupée ou une broderie provoquera une peur panique, une réaction violente, une excitation sexuelle, une dépression suicidaire ou une sensation de dégoût s'accompagnant de nausée et de vomissement. Une reconstitution ultérieure montrera que ce rapport apparemment absurde et paradoxal possède, en réalité, sa logique intrinsèque. Lorsque l'expérience centrale est entièrement révélée, il devient évident que la qualité de la réaction émotionnelle est liée à la nature du traumatisme original. Le lien entre l'émotion et les objets banals témoigne de leur présence au moment où s'est déroulé l'événement traumatisant. Des humeurs inexplicables et non motivées de grande intensité indiquent aussi l'émergence de systèmes COEX. Des sentiments d'isolement et de solitude, des sentiments de culpabilité ou d'infériorité irrationnels, un désarroi enfantin, des sentiments de perversité morale ou physique, une puissante excitation sexuelle, une haine de soi ou une tension agressive générale ; toutes ces manifestations incompréhensibles à première vue s'avèrent par la suite des éléments logiques et pertinents des systèmes COEX concernés.

Des manifestations physiques et motrices spectaculaires anticipent souvent l'émergence d'un système COEX. Certains de ces symptômes somatiques suggèrent une forte activation du système nerveux autonome. Parmi ceux-ci citons les nausées et les vomissements, les difficultés respiratoires, diverses douleurs cardiovasculaires, une salivation

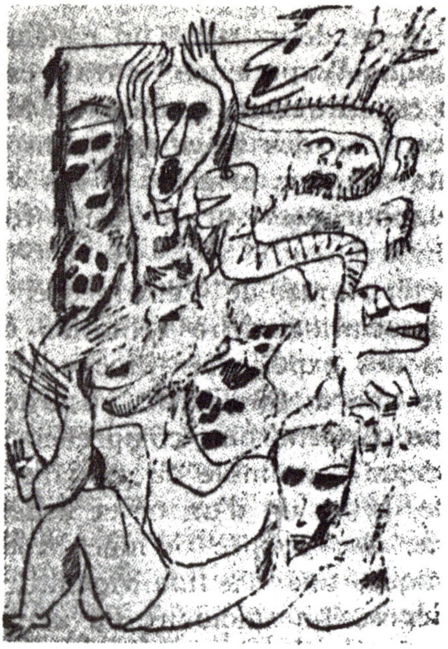

Dessins représentant les visions accompagnant l'émergence d'un souvenir infantile au cours d'une séance LSD de type psychodynamique. La mosaïque chaotique est constituée d'éléments de l'événement traumatisant original et de diverses variations symboliques sur le même thème.

ou une transpiration abondante et de soudaines diarrhées. On rencontre aussi très fréquemment des sensations de souffrances intenses dans diverses parties du corps telles que la tête, les muscles du cou, l'estomac, les intestins, la vessie, l'utérus et les testicules. Les manifestations motrices caractéristiques de cette catégorie sont une tension musculaire locale ou généralisée, des tremblements, des crispations, des convulsions, des contractions et une excitation ou une stupeur catatonique. Les phénomènes répétitifs en particulier les verbigérations paraissent avoir une grande valeur indicative. Il n'est pas rare qu'avant l'émergence au niveau conscient des éléments d'un système COEX puissant, le patient se mette à tenir inlassablement le même discours. Cette répétition a habituellement un aspect mécanique évoquant un enregistrement en boucle. J'ai repris ci-dessus l'ensemble des symptômes somatiques accompagnant habituellement la résurgence d'expériences traumatisantes. L'observation thérapeutique permet d'avancer qu'ils ne se produisent jamais simultanément. On constate le plus souvent une combinaison typique de certains symptômes, quelquefois même la présence d'un symptôme unique.

Le fait que tous les phénomènes avertissant de l'imminence de l'émergence de systèmes COEX soient vécus avec une intensité extrême au cours de séances pendant lesquelles les sujets revivent le traumatisme de leur naissance, paraît être plus qu'une coïncidence. Il est probable que l'ensemble de sensations et d'innervations associées au processus de la naissance soit la matrice la plus profonde de ces manifestations.

Durant toute la période où les éléments d'un système COEX pénètrent dans la conscience et dominent le champ empirique, ce système assume une fonction directrice et détermine la nature et le contenu de la séance LSD. La perception que le sujet a de lui-même et de son environnement est déformée afin de correspondre aux composants fondamentaux de la constellation COEX émergente. Les transformations illusoires des personnes présentes visent à reproduire la physionomie des protagonistes des expériences revécues et les modifications spécifiques de la pièce où se déroule la séance ou encore de l'environnement physique visent quant à elles à reproduire la disposition de l'endroit où se produisit l'incident original. Elles représentent aussi, parfois, des variations sur le thème, les personnes et le lieu. La fonction directrice du système COEX n'est pas, cependant, limitée à des changements perceptifs. Les autres éléments influencés sont : le climat émotionnel général et l'humeur spécifique, la nature et le contexte des processus de pensée, la réaction à l'environnement ainsi que le comportement individuel. La fonction déterminante des systèmes COEX activés pour le contenu des séances LSD ressort des exemples cités précédemment.

Confronté aux couches les plus superficielles du système COEX décrit, Peter vit le thérapeute se transformer en l'un de ses partenaires sadiques ou en personnages symbolisant l'agression : un boucher, un assassin, un bourreau, un grand Inquisiteur, un cow-boy avec un lasso. Le stylo du thérapeute devenait quant à lui une dague orientale qui le menaçait. Lorsqu'il remarqua sur la table un coupe-papier au manche en corne, l'assistant se transforma en un chasseur à l'aspect agressif. Peter demanda en diverses occasions à être torturé et exprima le désir de souffrir « pour le médecin » en retenant ses envies d'uriner. La salle de traitement et l'environnement extérieur devenaient régulièrement le théâtre de ses aventures avec ses partenaires sadiques. Lorsque se manifesta la couche plus ancienne remontant à la Seconde Guerre mondiale, le thérapeute lui apparut successivement comme Hitler, plusieurs autres dirigeants nazis, des commandants de camp de concentration, des SS et des officiers de la Gestapo. Sur le plan auditif, Peter entendait l'écho sinistre des bottes des soldats parcourant les couloirs, la musique des défilés fascistes à la Porte de Brandebourg et l'hymne national de l'Allemagne nazie. La salle de traitement se transformait en une pièce du Reichstag couverte d'aigles et de svastikas, un barraquement dans un camp de concentration, une prison aux fenêtres garnies de solides barreaux et même une tombe. Lorsque émergèrent enfin les expériences de son enfance, le thérapeute prit les traits sévères de ses parents ; Peter montrait à son égard des comportements très anachroniques caractéristiques des relations qu'il avait entretenues avec son père et sa mère. La salle de traitement devenait tour à tour diverses pièces de la maison de son enfance, en particulier la cave sombre dans laquelle sa mère l'enfermait.

Une dynamique similaire fut observée durant les séances

LSD de Rénata. Alors qu'elle découvrait les couches les plus superficielles du système COEX décrit, le visage du thérapeute prenait souvent les traits de son mari. Elle avait le sentiment que, tout comme celui-ci, le thérapeute affichait de l'hostilité à son égard et n'attendait que le moment propice pour l'agresser. En d'autres occasions, elle imaginait une expression lubrique sur son visage et était convaincue qu'il s'apprêtait à la violer. Durant ce transfert, elle adoptait des attitudes typiques à sa situation conjugale. Lorsqu'elle revécut la couche liée à sa post-adolescence, le thérapeute devint successivement plusieurs de ses anciens petits amis de l'époque. L'environnement reproduisait les lieux où elle les retrouvait : des jardins publics, le dortoir d'une école et divers endroits situés à la campagne. L'expérience centrale de son système COEX étant dévoilée, le thérapeute fut assimilé au beau-père ; il avait la même expression sur le visage et les mêmes grandes mains poilues couvertes de taches de rousseur. Il portait le même costume, la même chemise et la même cravate. En d'autres occasions, l'assistant se transformait en un célèbre sadique tchèque qui avait assassiné plusieurs enfants. Les éléments de l'expérience centrale influençaient aussi fortement la relation de transfert. Rénata oscillait entre la peur panique d'être victime des déchaînements sexuels du thérapeute et une attirance sexuelle démesurée qui la poussait à se jeter sur lui. Ses désirs étaient principalement de nature orale ; l'idée de pratiquer la fellation l'obsédait. La plupart des autres phénomènes manifestés au cours de ces séances étaient des représentations symboliques ou allusives de l'expérience centrale. Il arrivait que le beau-père prenne la forme d'un animal dangereux tel qu'un python ou un lézard géant et terrifiant. De nombreuses scènes décrivaient des sévices sur enfants et des violences sexuelles ; les références à des pièces de théâtre, à des films et à des livres traitant ces thèmes étaient courantes. La vision récurrente d'une tour à diverses phases de son effondrement fut une séquence intéressante. Selon les descriptions de Rénata, chaque stade de la destruction servait d'indicateur ou de « baromètre » des progrès thérapeutiques. Elles renfermaient une signification symbolique complexe et reflétaient en outre les modifications progressives du système de défense et du degré de résistance de Rénata à affronter l'expérience centrale. J'ai repris, dans cet ouvrage, l'ensemble de ces dessins en raison de leur valeur particulièrement représentative.

Lorsque Richard se trouva confronté aux couches les plus

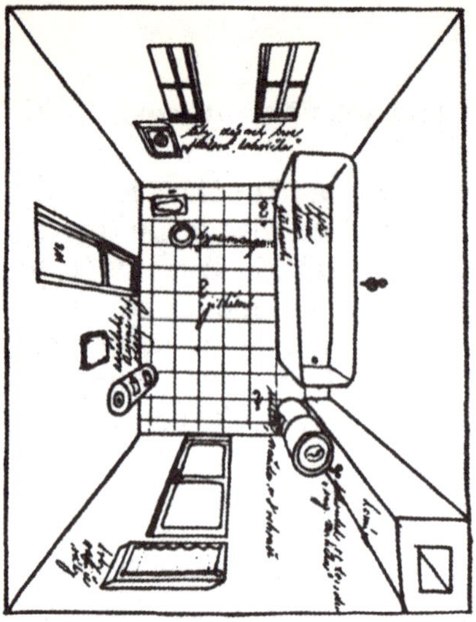

(a) *Vision d'une tour réalisée par Rénata lorsque la scène de la salle de bains commença à émerger de son inconscient. Les murs de la tour représentent les défenses qui l'empêchent d'identifier l'événement traumatisant. Ainsi que l'indique l'inscription, la tour est la source de l'angoisse; la scène de la salle de bains s'y déroule. Les flèches représentent les attaques du LSD.*

(b) *Vision de la même tour au cours d'une séance ultérieure. Les attaques ont déjà sérieusement endommagé les murs, mais la tour a été consolidée à l'aide de plaques métalliques. L'endroit où une flèche avait pénétré a été recouvert de bandes de sparadrap croisées. (Le symbole est ambigu parce qu'il dépeint simultanément un élément de la scène traumatisante originale — la croix rouge sur la boîte à pharmacie accrochée au mur de la salle de bains.)*

(c) *La vision de Rénata à l'issue d'une immersion profonde dans la reviviscence du souvenir traumatisant. La tour s'effondre ; le sang s'écoulant des fissures évoque la mise à mort de l'oie et la défloration manuelle de Rénata par son beau-père.*

(d) *Cette vision succède immédiatement à l'expérience décrite en (c). Sur le côté gauche on voit la maison familiale avec la salle de bains dans le grenier. La haute cheminée de l'usine s'incurve au-dessus de la rue jusqu'à toucher celle, moins élevée, de la maison. Dans le même champ visuel on remarque une cible percée en son centre d'une flèche. (« C'est là, nous y voici ! ») Rénata découvrit par elle-même le symbolisme sexuel de cette vision.*

(e) *Au cours d'une séance suivante, la tour n'était plus qu'une ruine. Des herbes et des arbres poussaient entre les pierres représentant la perspective d'une vie nouvelle. La plaque commémorative suggère un écran de télévision sur lequel la scène de la salle de bains pourrait être observée avec grande précision.*

(f) *De la reviviscence complète de l'événement traumatisant résulte une désintégration temporaire de l'ego. Celle-ci a été symbolisée par une gigantesque explosion dans laquelle la tour et Rénata furent démantelées.*

(g) Ce dessin représente la scène qui suivit immédiatement la destruction totale. Le thérapeute rassemblait gentiment les différentes parties du corps de Rénata. Il la tenait dans ses bras et un arc-en-ciel couronnait le tableau symbolisant l'espoir et l'optimisme promis par l'avenir.

(h) Dans ce dessin réalisé au cours d'une séance LSD ultérieure, il ne reste plus que quelques pierres de la tour originale. Elles sont disposées en cercle et entourent un foyer. Une nouvelle tour, plus petite, apparaît symbolisant la reconstitution de barrières psycho logiques à un niveau inférieur.

(i) Dans le dessin de l'expérience suivante, Rénata est assise près du foyer dans lequel elle a fait griller le thérapeute pour le manger ; elle est représentée sous les traits d'une « sauvage ». Le fait qu'elle « ronge » un fémur a une signification symbolique faisant allusion à la fellation de la scène originale. Surprise par son propre cynisme, Rénata dessina, à titre de comparaison, une scène symbolisant son attitude envers le thérapeute un an auparavant.

(j) Dessin montrant un développement ultérieur et une modification de la petite tour. Elle est dorénavant dotée d'un escalier en spirale. De son sommet Rénata voit avec précision ce qui se passa dans la salle de bains. En observant la situation, elle considère l'horizon avec une perspective élargie.

(k) Au cours d'une séance ultérieure, un terrier apparaît au lieu et place de la tour originale. Cette modification coïncide avec le processus de transformation de l'angoisse en sentiments libidineux et avec la prise de conscience par Rénata de sa féminité.

(l) Le terrier est plus profond et plus large ; le casque de soldat à l'intérieur de la galerie symbolise le mariage de Rénata et certaines expériences appartenant à son passé.

(m) Dessin montrant un développement ultérieur du terrier ; il s'est enfoncé plus profondément dans le sol grâce à un mouvement de vrille. Rénata découvrit sans peine la signification sexuelle de cette vision.

(n) Voici la dernière vision de la « série de la tour ». La structure originale solide réapparaît comme un mirage dans un désert chaud. La chaleur torride symbolise la libido libérée de Rénata ; la base de la tour (tour Eiffel) suggère le contact bucco-génital (« French kiss »*) qui à ce stade dominait les fantasmes et les rêveries de Rénata.*

récentes de son système COEX liées à la persécution politique dont il faisait l'objet, le fauteuil rouge qui se trouvait dans la pièce se transforma en un monstre terrifiant et insatiable avec une gueule énorme qui menaçait de le dévorer. Cette vision représentait pour lui la « terreur rouge » à laquelle il avait été exposé toute sa vie. Un tableau accroché au mur devint un tract diffusé par les propagandistes nazis en Tchécoslovaquie durant la Seconde Guerre mondiale et mettant en garde contre les périls de l'expansion soviétique. Elle représentait une gigantesque main rouge aux griffes sinistres s'abattant sur le château de Prague. L'affiche était ainsi légendée : « Si elle vous attrape, vous périrez. »

A ce stade de la séance, Richard craignait que le thérapeute fût un membre du parti communiste ; il ne savait pas s'il devait ou non lui accorder sa confiance. Avant de revivre l'expérience au cours de laquelle Richard fut soumis à une série d'électrochocs, le thérapeute se transforma en un robot de science-fiction formé d'éléments complexes, de condensateurs, de transformateurs, de solénoïdes, de relais et de cables. Des étincelles électriques indiquant une haute tension jaillissaient du robot et une lumière rouge clignotait sur sa tête avertissant de l'imminence d'un danger. Richard redoutait qu'une décharge électrique émane du corps du thérapeute et vienne le frapper. Il exprimait également une peur intense à l'égard de tout le matériel électrique de la pièce. Au cours des séances durant lesquelles Richard revécut les expériences traumatisantes liées à son père, il soupçonnait le thérapeute d'être ivre. Celui-ci prenait les traits de divers personnages : un alcoolique chronique, une prostituée, un noceur puis enfin, son père. Il s'attendait donc à être négligé, rejeté et martyrisé par le thérapeute. L'expérience centrale commençant à émerger, le thérapeute devint un fermier ; la pièce prit des allures rustiques, les sons et les odeurs évoquaient une journée d'été aux champs.

Concernant la manifestation des systèmes COEX au cours des séances LSD, voici une autre observation intéressante. A chaque fois que l'événement traumatisant implique une situation interpersonnelle, il semble que le sujet doive, en la revivant, assumer seul les rôles de tous les protagonistes. Ainsi, si le thème fondamental représente une agression dont il fut victime, il doit être tour à tour « la victime et le bourreau » ; il éprouve les sentiments et les sensations de l'un comme de l'autre. * Si le sujet ne fut que le témoin d'une scène, il doit assumer les trois rôles. Ainsi, la reviviscence totale de la « scène primale » freudienne par excellence implique l'identification successive à l'agresseur-mâle, à la victime-femelle et à l'observateur.

INTERACTION DYNAMIQUE ENTRE LES SYSTÈMES COEX ET LES STIMULI ENVIRONNEMENTAUX

Une étude détaillée du contenu et de la dynamique des séances LSD dans le cadre d'une thérapie psycholytique révèle des interrelations très étroites entre les systèmes COEX et les facteurs environnementaux. Cette constatation est confirmée par l'analyse à long terme des modifications de la symptomatologie clinique et de la vie du patient entre les séances. Ces observations semblent avoir une telle importance fondamentale qu'elles méritent une attention toute particulière. Nous venons de voir comment un système COEX activé au cours d'une séance LSD détermine la nature de l'expérience du patient et sa manière de percevoir l'environnement. Ceci est très régulièrement associé à une forte tendance à extérioriser le contenu d'une couche particulière de la constellation COEX, à la « vivre » durant le traitement et à façonner les circonstances réelles de la séance en fonction du thème fondamental. En analysant la dynamique de ce phénomène, nous découvrons un mécanisme sous-jacent des plus captivants. Il est apparemment très difficile et très perturbant de percevoir un désaccord profond entre ses sentiments et les sensations liées au milieu ambiant. Il est de loin préférable de ressentir des émotions déplaisantes en sachant qu'elles constituent une réaction appropriée à des circonstances réelles et temporaires de la réalité objective que d'avoir le sentiment qu'il s'agit d'éléments incompréhensibles et inexplicables produits par son être profond. Un sujet LSD assailli, en cours de séance, par des sentiments de culpabilité irra-

* Cette situation est une représentation psychodramatique analogue à ce que Anna Freud décrivit dans son ouvrage *The Ego and the Mecanisms of Defense* comme étant l'identification à l'agresseur[4].

tionnels pourra très bien attaquer le thérapeute, l'offenser ou se comporter d'une manière qu'il juge lui-même totalement hors de propos ou encore violer certaines règles fondamentales de la thérapie. Les sentiments de culpabilité sont alors rattachés à la situation réelle et paraissent donc adaptés aux circonstances. Dans le même ordre d'idées, des sentiments d'angoisse et la conscience d'une menace grave prenant leur origine dans l'inconscient engendreront des manœuvres destinées à provoquer l'hostilité du thérapeute. L'angoisse irrationnelle se transforme alors en peur concrète et familière telle que la crainte de perdre le soutien du thérapeute et de mettre en péril la suite de la thérapie. Ces situations créées artificiellement ayant, en principe, un impact moindre que les traumatismes originaux, il est permis de supposer que la tendance à extérioriser les systèmes COEX représente un mécanisme de défense très efficace visant à s'opposer à l'émergence du matériau inconscient. Voici un incident qui se déroula au cours de la thérapie psycholytique de Rénata et qui illustre à merveille notre propos.

> Durant plusieurs séances consécutives, Rénata insista pour quitter la salle de traitement à chaque fois qu'elle se sentait nauséeuse et craignait de vomir. Plusieurs bassins hygiéniques se trouvaient pourtant dans la pièce. Le thérapeute comprit bien vite que ce comportement faisait intervenir quelques mécanismes de défenses inhabituels, il souleva donc franchement le problème. Rénata expliqua qu'elle agissait ainsi afin de protéger la relation thérapeutique essentielle à la poursuite du traitement. Elle était convaincue que le thérapeute serait profondément dégoûté s'il la voyait commettre un acte aussi « répugnant » que vomir. Il aurait sûrement envie de mettre fin à sa thérapie. Le thérapeute lui assura qu'il était très fréquent que des patients vomissent durant une séance ; qu'il était coutumier du fait et que cela ne le rendait pas malade. Il lui affirma qu'ii était très important qu'elle affronte cette situation et qu'un vomissement abréactif, sous influence LSD, avait souvent des conséquences thérapeutiques très positives. L'attitude de Rénata fut assimilée à une résistance et à un « sabotage » inconscient du processus thérapeutique. Durant la séance qui suivit cette discussion, Rénata vomit en acceptant l'aide, l'encouragement et le feedback émotionnel positif du théra-

peute. Ceci s'accompagna de la pleine reviviscence d'une scène humiliante de son enfance : un jour, elle avait été très malade dans un autobus alors qu'elle était avec sa mère. Elle avait vomi et souillé les vêtements d'un passager. Sa mère avait été terriblement embarrassée et fâchée. Elle avait fait un drame de l'incident. Par la suite, elle avait souvent rappelé à Rénata cet événement « honteux et choquant » et son comportement « impossible ».

La tendance à extérioriser le matériau inconscient est parfois d'une force peu commune, ce qui engendre des situations difficiles et éprouvantes pour le thérapeute. Elles constituent un véritable défi du point de vue de la dynamique transfert-contretransfert. Il est essentiel pour le bon déroulement de la thérapie que le thérapeute ne se laisse pas manipuler, n'accepte pas de tenir les divers rôles correspondant au thème du système COEX qui reproduiraient les éléments traumatisants de la situation originale. Sa tâche est des plus complexes. Il doit s'impliquer totalement dans le processus et dispenser toute la chaleur humaine nécessaire mais il doit également préserver son rôle thérapeutique qui lui permettra d'être suffisamment détaché pour reconnaître ces manœuvres d'extériorisation, les interpréter et approcher le patient de manière à favoriser une expérience émotionnelle correctrice.

Le mécanisme décrit ci-dessus a sa contrepartie dynamique ; il s'agit de la tendance des stimuli externes à activer des systèmes COEX correspondant et à favoriser leur manifestation au cours des séances. Cette situation survient si des influences externes spécifiques telles que des éléments du cadre physique, de l'environnement interpersonnel ou thérapeutique, présentent une ressemblance avec les scènes traumatisantes originales ou contiennent des composants identiques. Cette clé permet de comprendre l'importance extraordinaire des divers facteurs extra-pharmacologiques pour la dynamique des séances LSD. Le milieu physique et interpersonnel, le comportement du thérapeute (ou des autres personnes présentes) ainsi que les incidents se produisant en cours de séance ont alors une importance considérable sur le contenu, le déroulement et le dénouement de la séance. J'illustrerai cette activation d'un système COEX par des stimuli externes spécifiques introduits accidentellement dans la situation thérapeutique par une séquence d'une séance LSD de Peter :

> Un jour Peter avait été enfermé par sa mère dans une cave sombre ; il avait, en outre, été privé de nourriture alors que sa famille festoyait gaiement. Ce souvenir s'avéra être l'une des expériences centrales importantes révélées par sa thérapie LSD. La reviviscence de cet épisode fut provoquée accidentellement par les aboiements d'un chien sous la fenêtre de la salle de traitement. L'analyse de cet événement révéla une relation intéressante entre le stimulus externe et le souvenir activé. Peter se rappela que le soupirail de la cave où il avait été enfermé donnait sur le jardin du voisin. Ce dernier avait un berger allemand qui aboyait constamment.

Au cours d'une psychothérapie LSD, les patients manifestent souvent des réactions apparemment inappropriées et excessives à divers stimuli environnementaux. De tels débordements sont sélectifs et spécifiques ; ils sont compréhensibles par rapport à la dynamique des systèmes COEX directeurs. Ainsi, les patients sont particulièrement sensibles à ce qu'ils considèrent être une attitude désintéressée, froide et « professionnelle » lorsqu'ils sont sous l'influence de constellations de souvenirs faisant intervenir des situations de privation, de rejet ou de négligence que leurs parents ou d'autres personnages marquants de leur enfance leur ont imposées. Les patients, confrontés à des problèmes de rivalité fraternelle, cherchent à monopoliser le thérapeute, désirent être leur seul patient ou, au moins, leur préféré. Ils éprouvent les pires difficultés à admettre que le thérapeute ait d'autres patients ; ils se montrent très irrités s'il s'intéresse à quelqu'un d'autre. Des patients qui en d'autres circonstances apprécient d'être laissés seuls en cours de séance, ne supportent pas que le thérapeute s'éloigne alors qu'ils revivent des souvenirs liés à leur solitude d'enfant. Il y a dans le même ordre d'idées un autre mécanisme dynamique essentiel à la compréhension des diverses complications intervenant au cours d'un traitement LSD ; en particulier, les réactions prolongées et les « flashbacks ». Lorsqu'un système COEX puissant est activé mais n'est pas résolu par la reviviscence de l'expérience centrale à l'issue de la séance, le sujet demeure sous son influence pendant une période indéterminée. Dans ce cas, l'interaction dynamique réciproque décrite précédemment joue également en dehors du contexte de la séance. Un tel sujet connaît une intensification des symptômes cliniques associés à ce système et expérimente une déformation de son environnement. Il manifeste, en outre, une tendance à extérioriser le thème général du système ou ses éléments constitutifs dans divers secteurs de son activité quotidienne. Il réagit parfois de manière excessive à certaines situations et est hyper-sensible en des circonstances très spécifiques. Il a recours à des manœuvres psychologiques compliquées qui tendent à provoquer un comportement identique et des attitudes réciproques précises chez ses proches. La situation qui en résulte est, en quelque sorte, une réplique de l'événement traumatisant toujours occulté et non résolu par la séance précédente. L'observation de telles interrelations dynamiques conduit à la formulation de l'hypothèse concernant l'origine et la dynamique des systèmes COEX (cf. p. 80). Elles se sont avérées importantes pour la reconnaissance du processus d'« auto-renforcement » de ces systèmes et pour celle du concept d'apposition de nouvelles couches à différentes périodes de la vie de l'individu au moyen du mécanisme de « l'auto-accomplissement d'une prophétie ».

Jusqu'à présent, notre discussion s'est essentiellement concentrée sur des systèmes COEX négatifs. Il est toutefois possible de démontrer l'existence d'une dynamique semblable dans le cas de systèmes positifs. Cette remarque a des implications décisives pour la technique de la psychothérapie LSD et pour l'intégration des modifications thérapeutiques. L'introduction d'éléments positifs dans les circonstances et le cadre tend à favoriser la manifestation de systèmes COEX positifs. Cette observation fournit vraisemblablement une explication et une justification théorique à l'importance de variables telles que la confiance dans la relation avec le thérapeute, un environnement agréable, sécurisant et confortable, la diffusion d'une musique douce vers la fin de la séance, le recours au contact physique, etc. Ces éléments sont souvent partie intégrante de constellations COEX positives émergeant spontanément ; réciproquement, lorsqu'ils sont introduits volontairement dans une séance LSD, ils ont tendance à favoriser l'apparition d'expériences positives. Une personne sous l'influence d'un système COEX positif durant la phase finale d'une séance LSD dégage, les jours suivants, un optimisme foncier et perçoit le monde et les êtres humains comme essentiellement bons et amicaux. Cette manière plus ouverte d'aborder les gens dans le contexte social individuel entraîne généralement des réponses de même nature et contribue à une reformulation positive progressive des relations interpersonnelles.

Des séances LSD psychodynamiques en série constituent un processus de développement évolutif, d'abréaction et d'intégration de divers niveaux de systèmes COEX négatifs : une brèche menant à des systèmes positifs. La résurgence d'un système COEX infléchit tous les aspects de l'expérience. Après la reviviscence et l'intégration de l'expérience centrale, un système COEX spécifique perd définitivement sa fonction directrice et ses éléments constitutifs ne se manifestent plus jamais dans les séances ultérieures. Un autre système lui succède et domine le champ empirique. On note fréquemment que différents niveaux de deux ou plusieurs systèmes COEX remplissent à tour de rôle une fonction directrice dans une séance particulière ou dans une série de séances.

Les séances LSD provoquent de profondes modifications dans la dynamique et les interrelations des systèmes COEX ainsi que des glissements spectaculaires de leur influence sélective sur l'ego du sujet. La compréhension de ce processus est essentielle au travail psychothérapeutique avec le LSD sur le plan psychodynamique.

J'ai déjà eu l'occasion de signaler que l'activation d'un système COEX particulier résultait parfois d'une séance LSD. Si le matériau inconscient n'est pas assimilé, le sujet restera sous l'influence de ce système après la séance, en dépit du fait que l'action de la drogue se soit dissipée. En d'autres occasions, la résolution s'avère incomplète et l'équilibre émotionnel en est perturbé ; par la suite, divers facteurs affaiblissant le système de défense tels que le manque de sommeil, l'épuisement, le jeûne, l'alcool, la marijuana ou une maladie physique risquent alors de déranger cet équilibre précaire et de susciter une réémergence du matériau inconscient non résolu. Cet équilibre est aussi à la merci d'un stress émotionnel, en particulier lorsque les problèmes affrontés sont de nature similaire à ceux demeurés irrésolus au cours de la dernière séance. Ceci constitue le mécanisme des récurrences différées d'expériences rappelant celles du LSD, et appelées « flashbacks ». En revanche, si la reviviscence d'un système COEX important est complète et n'est pas suivie par l'émergence d'une autre constellation de souvenirs négatifs, la fin de la séance est extrêmement positive et libre de toute tension. Si un système COEX positif s'impose au début de la séance, il domine parfois. Le sujet revit alors des séquences de souvenirs positifs de sa vie. Dans les deux derniers cas, l'intervalle entre cette séance et la suivante est souvent caractérisé par une amélioration clinique notoire. Dans certaines séances on assiste à une « transmodulation COEX » ; c'est-à-dire, à un glissement de l'hégémonie d'un système négatif vers un autre. Il en résulte alors une modification qualitative remarquable de la symptomatologie clinique. Cette transformation est parfois si spectaculaire que le patient passe dans une catégorie diagnostique totalement différente.

Le temps nécessaire à la résolution de différents systèmes COEX présente une grande variabilité inter- et intraindividuelle. Un système COEX mineur et relativement délimité est parfois condensé, revécu et intégré en une seule séance. Ce processus demande en principe plus longtemps, en particulier chez les patients sérieusement perturbés relevant de la psychiatrie. Un système très fort, très étendu et très ramifié gouverne exceptionnellement le champ empirique pendant quinze à vingt séances consécutives. Il existe une variabilité semblable quant à la masse totale du matériau psychodynamique devant être vécu et intégré grâce à une thérapie LSD. Chez certains sujets, les problèmes freudiens prédominent pendant de nombreuses séances successives ; d'autres explorent assez rapidement des niveaux plus profonds de l'inconscient. Quels que soient la durée et le nombre des séances nécessaires, tôt ou tard les éléments de l'inconscient individuel tendent à disparaître et chaque individu suivant une thérapie psycholytique entre dans le domaine des phénomènes périnatals et transpersonnels.

4. LES EXPERIENCES PERINATALES

Les caractéristiques fondamentales des expériences périnatales et leur élément central concernent les problèmes de la naissance biologique, de la souffrance et de l'angoisse physique, du vieillissement, de la maladie et de la mort. La confrontation pénible à ces aspects critiques de l'existence humaine et la prise de conscience de la fragilité et de l'impermanence de l'homme en tant que créature biologique s'accompagne inévitablement d'une terrible crise existentielle. Ces expériences révèlent à l'individu que quoi qu'il fasse dans sa vie, il n'échappera pas à l'inéluctable : il lui faudra quitter ce monde dépossédé de tout ce qu'il aura accumulé et réalisé ; ce monde auquel il s'était tant attaché. La similitude existant entre la naissance et la mort — la révélation sidérante que le début de la vie individuelle est semblable à la fin — est le principal élément philosophique accompagnant les expériences périnatales. Cette rencontre choquante tant sur le plan émotionnel que physique avec le phénomène de la mort a une autre conséquence importante. Elle dévoile de nouvelles régions d'expériences spirituelles et religieuses qui semblent faire partie intégrante de la personnalité humaine et être indépendantes du bagage culturel et religieux de l'individu. A ma connaissance, quiconque atteint ces niveaux se pénètre de la signification essentielle des dimensions spirituelles et religieuses du schème universel des choses. Même les matérialistes convaincus, les scientifiques positivistes, les sceptiques et les cyniques, les athées intransigeants et les ennemis de la religion — comme par exemple les philosophes marxistes — s'intéressent à une quête spirituelle après avoir affronté personnellement ces niveaux.

Afin d'éviter tout malentendu, il me paraît important de préciser que la rencontre avec la mort au niveau périnatal prend la forme d'une expérience profonde, « de première main », de l'angoisse terminale ; celle-ci est relativement complexe et présente des facettes émotionnelles, philosophiques, spirituelles de même que physiologiques distinctes. La conscience du fait de mourir et de la mort n'est pas suscitée par des moyens uniquement symboliques. Le contenu eschatologique spécifique des processus de pensée et les visions de mourants, de cadavres en décomposition, de cimetières, de corbillards et de convois funèbres ne sont que des éléments parallèles, des illustrations de la mort. L'essence même de cette expérience est le sentiment réel de la crise biologique ultime que les sujets assimilent bien souvent à la mort véritable. Il n'est pas rare que l'individu confronté à une telle situation perde tout sens critique, oublie qu'il participe à une séance psychédélique et soit intimement persuadé de l'imminence de sa mort.

Les indications d'une crise sérieuse ne sont, cependant pas de nature purement subjective. Les séquences de mort/re-naissance sont souvent extrêmement spectaculaires et présentent de nombreuses manifestations biologiques apparentes même pour un observateur extérieur. Le sujet connaît plusieurs heures de souffrances intenses : son visage se crispe, il doit faire des efforts pour respirer et libère une masse énorme de tension musculaire par des frémissements, des crispations, des tremblements violents et des convulsions complexes. La couleur de son visage est violacée ou d'une pâleur mortelle, son pouls s'accélère de manière excessive et sa respiration est très irrégulière ; sa transpiration est abondante, les nausées et les vomissements fréquents.

Les expériences mentionnées ci-dessus paraissent liées aux circonstances de la naissance biologique, mais au stade actuel des recherches on ignore encore comment. Les sujets LSD affirment souvent de façon explicite qu'ils ont revécu le traumatisme de leur propre naissance. Ceux qui n'établissent pas ce lien et conceptualisent leur rencontre avec la mort et l'expérience de mort/re-naissance en fonction d'un contexte purement philosophique et spirituel présentent régulièrement des symptômes physiques pouvant être interprétés comme une répétition de la naissance biologique. Ils adoptent aussi des positions et des mouvements se succédant en séquences complexes qui présentent une similitude frappante avec ceux d'un enfant durant les diverses phases de l'accouchement. En outre, ces sujets rapportent souvent des visions d'embryons, de fœtus et de nouveau-nés avec lesquels ils ont tendance à s'identifier. Tout aussi courants sont les sentiments et les comportements néo-natals et les visions de sexes féminins et de seins.

En raison de ces observations et d'autres évidences cliniques, j'ai dénommé ces phénomènes : *expériences périnatales*. Il reste cependant à établir une relation causale entre la véritable naissance biologique et les matrices inconscientes de ces expériences. Ce niveau de l'inconscient présente des analogies certaines avec la vision de Rank. A quelques détails près, le cadre conceptuel d'Otto Rank s'avère très utile à la compréhension des phénomènes en question *.

Les expériences périnatales sont une manifestation d'un niveau profond de l'inconscient incontestablement hors de portée des techniques freudiennes. Les phénomènes de cette catégorie n'ont pas été décrits dans la littérature psychanalytique pas plus qu'ils n'ont été pris en considération dans les spéculations théoriques des analystes freudiens. Qui plus est, l'analyse freudienne classique ne permet pas d'expliquer de telles expériences et n'offre pas de cadre conceptuel convenant à leur interprétation.

Au cours d'un traitement psycholytique de patients relevant de la psychiatrie, ces niveaux sont habituellement atteints après un grand nombre de séances LSD de nature psychodynamique. Cette phénoménologie périnatale se manifeste plus tôt en cours de procédure chez des patients ne présentant pas de problèmes émotionnels graves. En thérapie psychédélique (où l'on utilise de plus fortes doses de LSD et où les séances sont plus intériorisées) on a souvent

* Le psychiatre viennois, un dissident de la psychanalyse orthodoxe, s'attacha dans son ouvrage *le Traumatisme de la naissance* à la signification éminente des expériences périnatales [16].

l'occasion d'observer des éléments périnatals dès la première ou la seconde séance, quels que soient les sujets : volontaires normaux, cancéreux au stade terminal ou patients relevant de la psychiatrie. On ignore pourquoi les alcooliques et les drogués ont plus facilement accès au niveau périnatal que des individus affligés de problèmes psycho-névrotiques ou souffrant de compulsion obsessionnelle.

La psychothérapie LSD n'est pas seule à favoriser la manifestation d'expériences périnatales. Il arrive que ce niveau de l'inconscient soit activé par des forces intérieures ou extérieures à l'organisme. Les processus impliqués ne sont pas encore bien compris par la psychiatrie contemporaine. Des cliniciens se retrouvent donc confrontés à des éléments périnatals dans tout un ensemble d'états psychotiques, en particulier, la manie dépressive et la schizophrénie. On trouve cependant des expériences périnatales en dehors de tout contexte psychopathologique. De telles expériences ont, en effet, été observées et décrites par des psycho-thérapeutes d'orientations diverses utilisant des techniques empiriques avec des individus normaux et névrosés. * On rencontre, en outre, des illustrations supplémentaires dans la littérature anthropologique et ethnographique. Il existe depuis des temps immémoriaux dans nombre de cultures anciennes et « dites » primitives des procédures puissantes qui favorisent de telles expériences tant à titre individuel que collectif. Ces expériences étaient — et sont — provoquées presque exclusivement dans un contexte sacré soit à l'occasion de circonstances particulières, soit lors de rites de passage ou d'initiation, soit encore dans la pratique quotidienne de religions extatiques. Les techniques employées sont très variées : utilisation de substances psychotoniques d'origine animale ou végétale, danses favorisant la transe, jeûnes, privation de sommeil, choc, torture physique et pratiques spirituelles complexes telles que celles développées dans les traditions hindouistes et bouddhistes.

* Parmi ces techniques citons la bioénergie et d'autres approches se fondant sur la tradition reichienne : la Gestalt thérapie, les groupes de rencontre, les séances de marathon, et le marathon naturiste de Paul Bindrim.

Les expériences périnatales représentent un croisement important entre la psychologie individuelle et la psychologie transpersonnelle, soit entre la psychologie et la psychopathologie d'une part et la religion d'autre part. Si nous considérons qu'elles sont liées à la naissance individuelle, il semble que nous devions les intégrer au cadre de la psychologie individuelle. D'autres aspects, cependant, ont une nature indubitablement transpersonnelle. L'intensité de ces expériences transcende ce que l'on considère, en général, comme étant le champ d'expérience classique de l'individu. Elles s'accompagnent souvent d'une identification à d'autres personnes ou à l'humanité dans toutes ses luttes et ses souffrances. Qui plus est, d'autres types d'expériences transpersonnelles, telles que des réminiscences de phases de notre évolution, des éléments de l'inconscient collectif et certains archétypes jungiens, font fréquemment partie intégrante des matrices périnatales. Les séances LSD présentent, à ce niveau, un caractère relativement complexe, combinant des expériences très subjectives et des éléments transpersonnels.

Il est approprié de mentionner à ce propos une catégorie d'expériences représentant une phase transitoire entre le niveau psychodynamique freudien et le niveau rankien. Il s'agit de la reviviscence de souvenirs traumatisants de la vie de l'individu qui sont de nature physique plutôt que purement psychologique. Ils impliquent une menace à la survie ou à l'intégrité du corps : des opérations graves ou des blessures douloureuses et dangereuses, des maladies sérieuses — en particulier, celles liées à des difficultés respiratoires (diphtérie, coqueluche, pneumonie) — des risques de noyades et des épisodes de torture (incarcération dans un camp de concentration, lavage de cerveau et interrogatoires par les Nazis ou les Communistes, et sévices à enfants). Ces souvenirs sont incontestablement de nature individuelle ; pourtant, sur un plan thématique, ils sont étroitement liés à des expériences périnatales. La reviviscence de ces traumatismes physiques accompagne parfois des phénomènes périnatals et se présentent comme un élément plus superficiel de l'angoisse de la naissance. Des observations issues de la psychothérapie LSD suggèrent que des souvenirs de traumatismes somatiques jouent un rôle significatif dans la psychogenèse de divers désordres émotionnels tels que la dépression et le sado-masochisme. Ce concept n'est pas encore admis par les écoles actuelles de psychothérapie dynamique.

Des éléments du contenu riche et complexe des séances LSD reflétant ce niveau semblent se manifester selon quatre configurations, matrices ou modèles empiriques typiques. En recherchant une conceptualisation simple, logique et naturelle de ce fait, j'ai été frappé par les parallèles surprenants existant entre ces modèles et les différentes phases cliniques de l'accouchement. J'ai donc relié les quatre catégories de phénomènes mentionnés ci-dessus aux phases successives du processus de naissance biologique et aux expériences de l'enfant durant la période périnatale. Cette démarche s'avéra très utile tant pour les considérations théoriques que pour la pratique de la psychothérapie LSD. C'est pourquoi, dans un souci de clarté, j'ai appelé les quatre matrices empiriques principales du niveau rankien : *Matrices Périnatales Fondamentales* (MPF I à IV). Il importe de ne pas perdre de vue, qu'au stade actuel de nos connaissances, ce modèle doit être considéré comme très utile mais n'impliquant pas nécessairement une relation causale.

Les Matrices Périnatales Fondamentales sont des systèmes directeurs dynamiques hypothétiques ayant une fonction au niveau rankien de l'inconscient semblable à celle des systèmes COEX au niveau psychodynamique. Elles ont un contenu spécifique qui leur est propre : les phénomènes périnatals. Ces derniers présentent deux facettes ou composants importants : biologique et spirituel. L'aspect biologique des expériences périnatales est formé d'éléments concrets et réalistes liés aux phases individuelles de la naissance biologique. Chacune d'entre elles semble avoir un correspondant spirituel spécifique : à l'existence intra-utérine paisible correspond l'expérience d'unité cosmique ; aux prémices de l'accouchement correspondent des sentiments de fusion cosmique ; à la première phase de l'accouchement (lorsque le fœtus ressent la première contraction utérine, le col de l'utérus étant fermé) correspond l'expérience du « sans issue » ou de l'enfer ; au second stade de l'accouchement (la progression du fœtus) correspond le conflit mort/re-naissance ; et l'équivalent métaphysique de l'ultime phase de l'accouchement est l'expérience de la mort de l'ego et de la re-naissance (expérience mort/re-naissance). Outre ce contenu spécifique, les matrices périnatales fondamentales fonctionnent comme des principes organisateurs pour le matériau d'autres niveaux de l'inconscient, c'est-à-dire les systèmes COEX, ainsi que pour certains types d'expériences transpersonnelles se produisant parfois en même temps que les phénomènes périnatals comme l'archétype de la Terrible Mère ou de la Grande Mère, l'identification à d'autres individus ou groupes de personnes, l'identification à des animaux ou des expériences phylogéniques *.

Les matrices périnatales individuelles présentent des associations fixes avec certaines catégories types de souvenirs de la vie des sujets ; elles sont également liées à des aspects spécifiques des activités dans les zones érogènes freudiennes, à des syndromes psychopathologiques et à des désordres psychiatriques spécifiques (cf. le tableau synoptique pages 124-125). Le parallèle étroit entre les activités physiologiques lors des phases successives de la naissance biologique et le modèle des activités dans les diverses zones érogènes (en particulier, celles liées à l'orgasme) semble avoir une signification théorique importante. Il permet de déplacer dans la psychogenèse des désordres émotionnels, l'intérêt étiologique de la sexualité vers les matrices périnatales, sans pour autant renier ou même nier la valeur des nombreux principes freudiens essentiels. Les observations et les concepts psychanalytiques demeurent utiles pour la compréhension des manifestations sur le plan psychodynamique et de leurs interrelations, même dans un cadre aussi élargi.

Nous allons, maintenant, discuter la base biologique et obstétrique des matrices périnatales individuelles, leur contenu empirique, leur fonction en tant que principes organisateurs pour d'autres types d'expériences et leur relation spécifique à des activités dans les zones érogènes freu-

* Pour une définition et une description détaillée des expériences transpersonnelles, voir le chapitre suivant.

MATRICES PERINATALES FONDAMENTALES

MPF I	MPF II	MPF III	MPF IV
SYNDROMES PSYCHOPATHOLOGIQUES CORRESPONDANTS			
psychoses schizophrènes (symptomatologie paranoïaque, sentiments d'unité mystique, rencontre avec des forces métaphysiques mauvaises, expériences karmiques) ; hypocondrie (fondée sur des sensations physiques étranges) ; hallucinations hystériques et confusion entre fantasmes et réalité.	psychoses schizophrènes (éléments de tortures diaboliques, expérience d'un monde en « carton pâte » dépourvu de réalité), dépressions « endogènes » inhibées graves ; sentiments irrationnels d'infériorité et de culpabilité ; hypocondrie (fondée sur des sensations physiques douloureuses) ; alcoolisme et intoxication.	psychoses schizophrènes (éléments sadomasochistes et scatologiques, auto-mutilation, comportement sexuel anormal) ; dépression agitée, déviations sexuelles (sadomasochisme, homosexualité masculine, ingestion d'urine et d'excréments) ; compulsion obsessionnelle ; asthme psychogénique, tics et bégaiements ; conversion et hystérie anxieuse ; frigidité et impuissance ; neurasthénie ; névroses traumatiques ; névroses organiques ; migraines ; énurésie et encoprésie ; psoriasis et ulcère peptique.	psychoses schizophrènes (expériences mort/re-naissance, illusions messianiques, éléments de destruction et de recréation du monde, salut et rédemption, identification au Christ) ; symptomatologie maniaque ; homosexualité féminine; exhibitionnisme.
ACTIVITES CORRESPONDANTES DANS LES ZONES FREUDIENNES EROGENES			
satisfaction libidinale au niveau des zones érogènes ; sentiments libidinaux durant des mouvements de balancement ou des bains ; approximation partielle de cet état après une satisfaction orale, anale, urétrale ou génitale et après un accouchement.	frustration orale (soif, faim, stimuli douloureux) ; rétention d'excréments et/ou d'urine ; frustration sexuelle ; expériences de froid, de souffrances et d'autres sensations déplaisantes.	mastication et déglutition de nourriture ; agression et destruction orale d'un objet ; processus d'excrétion de matière fécale et d'urine ; agression anale et urétrale ; orgasme sexuel ; agression phallique ; accouchement ; érotisme stato-acoustique (ballottement, gymnastique, plongée et parachutisme).	épanchement de la faim et de la soif ; plaisir de sucer ; sentiments libidinaux après un orgasme sexuel, un accouchement et après avoir déféqué et uriné.
SOUVENIRS CORRESPONDANTS DE LA VIE POSTNATALE			
circonstances de la vie ultérieure où des besoins importants ont été satisfaits tels que des moments heureux de la prime enfance et de l'enfance (bons soins maternels, jeux avec d'autres enfants, périodes harmonieuses au sein de la famille, etc.) ; amours heureux ; voyages ou vacances dans des sites naturels merveilleux ; découverte de créations artistiques d'une haute valeur esthétique ; baignades dans l'océan et dans des lacs cristallins, etc.	situations mettant en danger la survie et l'intégrité du corps (expériences de guerre, accidents, blessures, opérations, noyades, suffocation, emprisonnements, interrogatoires illégaux et lavages de cerveau, sévices physiques, etc.) ; traumatisme psychologique grave (manque d'affection, rejet, situations menaçantes, atmosphère familiale oppressante, humiliation, etc.).	luttes, combats et activités aventureuses (participation active à des combats et à des révolutions, expériences liées au service militaire, vols aériens mouvementés, conduite automobile dangereuse, boxe) ; souvenirs particulièrement sensuels (carnavals, parcs d'attractions, nightclubs, orgies sexuelles, etc.) ; souvenirs d'avoir assisté étant enfant à des activités sexuelles entre adultes ; viol ; pour les femmes, accouchement(s) passé(s).	situations dangereuses dont on s'est sorti sain et sauf (fin d'une guerre ou d'une révolution, survie à un accident ou à une intervention chirurgicale) ; le fait d'avoir surmonté des obstacles sérieux grâce à un effort ardu ; épisodes de tension et de lutte s'étant soldés par une réussite éclatante ; scènes naturelles (le début du printemps, la fin d'une tempête, un lever de soleil, etc.).

PHENOMENOLOGIE AU COURS DES SEANCES LSD

vie intra-utérine paisible : souvenirs réalistes d'expériences intra-utérines agréables ; forme d'extase « océanique » ; expérience d'unité cosmique ; vision du Paradis ; *désordres de la vie intra-utérine* : souvenirs réalistes d'expériences intra-utérines désagréables (crise fœtale, maladie et crise émotionnelle de la mère, situation gémellaire, tentatives d'avortement), fusion cosmique ; idéation paranoïaque ; sensations physiques déplaisantes (malaises, frissons et spasmes, goûts déplaisants, dégoût, sentiment d'être empoisonné) ; association avec diverses expériences transpersonnelles (éléments archétypes, souvenirs phylogéniques et raciaux, rencontre avec des forces métaphysiques, expériences d'incarnations passées, etc.).

souffrance physique et psychologique intense ; situations insupportables et inéluctables qui « n'en finiront jamais » ; sentiments d'emprisonnement (sans issue) ; sentiments pénibles d'infériorité et de culpabilité ; vision apocalyptique du monde (horreurs de la guerre et des camps de concentration, terreur de l'Inquisition, épidémies dangereuses, maladies, vieillissement et mort, etc.) ; insignifiance et absurdité de l'existence humaine ; « monde de carton pâte » ou atmosphère de superficialité ; couleurs sombres sinistres et symptômes physiques déplaisants (sentiments d'oppression et de compression, détresse cardiaque, frissons, transpiration et difficultés respiratoires).

intensification de la souffrance à des dimensions cosmiques ; « frontière » entre la douleur et le plaisir ; forme d'extase « volcanique » ; couleurs brillantes ; explosions et feux d'artifice ; orgies sadomasochistes ; meurtres et sacrifices sanglants, engagement actif dans des combats féroces ; atmosphère d'aventures sauvages et d'explorations dangereuses ; sentiments d'orgies sexuelles intenses et scènes de harems et de carnavals ; expériences de mort/re-naissance ; religions faisant intervenir des sacrifices sanglants (Aztèques, souffrance et mort du Christ sur la croix, Dionysos, etc.) ; manifestations physiques intenses (pressions et douleurs, suffocation, tension musculaire, tremblements et crispations, nausées et vomissements, rougissements et frissons, détresse cardiaque, problème de contrôle des sphincters, sifflement dans les oreilles).

décompression énorme, expansion spatiale, visions de salles gigantesques ; lumière radieuse et couleurs merveilleuses (ciel bleu, or, arc-en-ciel, plumes de paons) ; sentiments de re-naissance et de rédemption ; appréciation d'un mode de vie simple ; intensification de l'activité sensorielle ; sentiments de fraternité ; occasionnellement activités maniaques et folie des grandeurs ; transition vers des éléments de la MPF I ; sentiments agréables pouvant être interrompus par des *crises ombilicales* : douleur aiguë dans le nombril, difficulté respiratoire, peur de la mort et de la castration, changement dans l'organisme mais pas de pressions externes.

PHASES DE L'ACCOUCHEMENT

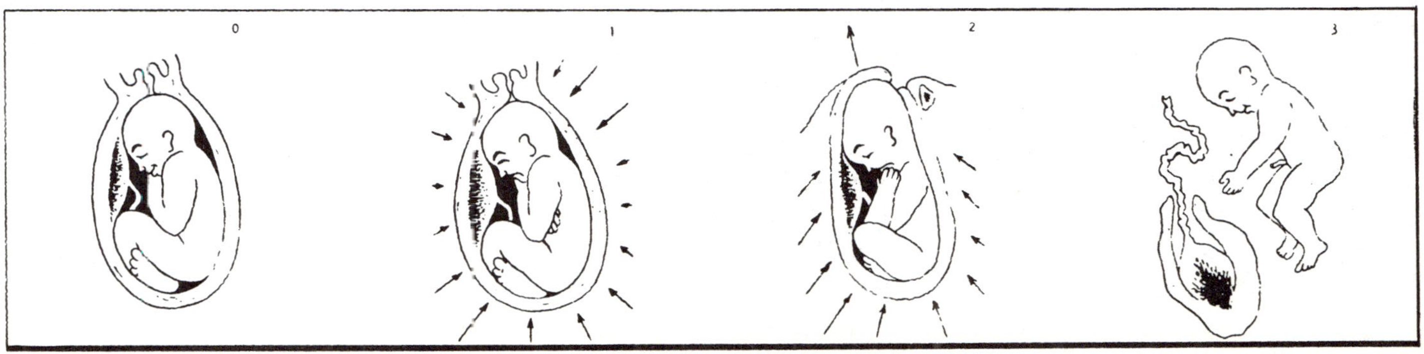

diennes. Nous discuterons ces matrices périnatales en respectant l'ordre dans lequel elles se présentent si l'on suit les phases correspondantes de la naissance biologique.

MATRICE I : UNION PRIMALE AVEC LA MÈRE (EXPÉRIENCE INTRA-UTÉRINE AVANT LE DÉBUT DU TRAVAIL)

Cette matrice est liée à l'état original de l'existence intra-utérine, durant laquelle l'enfant et la mère vivent en symbiose. A moins que des stimuli nocifs n'interfèrent, les conditions sont idéales pour l'enfant : sécurité, protection, milieu approprié et satisfaction de tous ses besoins. Ceci n'est, bien évidemment, pas toujours le cas. Ces conditions optimales peuvent connaître bien des altérations d'une grossesse à l'autre. Dans certains cas, elles ne sont perturbées qu'occasionnellement et pendant un laps de temps très court (maladies bénignes récurrentes, écarts alimentaires, consommation occasionnelle de cigarettes et d'alcool, séjour momentané dans un environnement très bruyant, examens gynécologiques, relations sexuelles durant les derniers mois de la grossesse). Dans d'autres cas, elles ne sont presque jamais satisfaites (lors d'infections graves ou de maladies endocriniennes ou métaboliques de la mère : toxicose grave ; angoisse, tension et stress émotionnel chronique ; activité professionnelle dans un milieu inapproprié avec excès de bruits et de vibrations ; intoxication chronique ; traitement cruel de la mère avec contusions répétées ; tentatives d'avortement). On n'envisage généralement ces troubles de la grossesse qu'en fonction du développement ultérieur de l'enfant. On les considère comme une source éventuelle de dommages somatiques. Des observations résultant de la psychothérapie LSD suggèrent, toutefois, que l'enfant peut également ressentir ces influences nocives à un niveau subjectif primitif. Si tel est le cas, il serait donc possible d'établir une différence entre une vie intra-utérine « positive » et « négative ». La somme des expériences intra-utérines agréables jouerait un rôle important pour la stabilité future de la personnalité.

Il est rare qu'un individu décrive des *expériences intra-utérines paisibles* au cours de ses premières séances LSD ;

par contre, cela survient fréquemment au cours des séances ultérieures. Certains sujets décrivent des souvenirs complexes très réalistes de la situation embryonnaire originale. Ils ont le sentiment d'être très petits, d'avoir une tête disproportionnée par rapport à leur corps, d'être dans un environnement liquide et de sentir le contact du cordon ombilical. Ces expériences sont associées à un état de conscience heureux, équilibré, océanique. Les éléments biologiques concrets sont souvent absents et l'activation de cette matrice se manifeste comme une *expérience d'unité cosmique.* Ses caractéristiques fondamentales sont : une transcendance de la dualité sujet/objet, du temps et de l'espace, une émotion positive exceptionnellement forte (paix, tranquillité, joie, sérénité et bonheur), une connaissance spontanée du sacré, une pure conscience d'être et la richesse d'une perception intuitive de nature cosmique. Les sujets parlent souvent de l'éternité du moment présent et affirment être en contact avec l'infini. Ils qualifient ces expériences d'ineffables et insistent sur l'impossibilité d'exprimer par des mots la nature et l'importance de cet événement. Les descriptions de cette unité cosmique fourmillent habituellement de paradoxes violant les lois fondamentales et l'essence même de la logique aristotélicienne. Ainsi, un individu parlant de cette expérience dira qu'il est sans contenu et pourtant contenant tout ce qu'il peut concevoir. Il fera référence à une perte totale de son ego mais affirmera que sa connaissance s'est étendue jusqu'à comprendre tout l'univers. Il se sent intimidé, humble, sans importance mais, simultanément, il a le sentiment d'un accomplissement et d'un épanouissement extraordinaires ; il possède la certitude de sa dimension cosmique parfois au point de s'identifier à Dieu. Il se perçoit, ainsi que le reste du monde phénoménal, comme existant et non-existant tout à la fois. Les formes des objets matériels sont vacuité et le vide est plénitude. Le sujet qui se trouve dans un tel état sent qu'il a accès à une connaissance et à une sagesse intuitives directes des questions d'importance fondamentale et universelle. En principe, ces descriptions ne s'accompagnent pas d'information concrète à propos de détails techniques spécifiques pouvant être utilisés de manière pragmatique. Il s'agit plutôt d'une intuition, d'une révélation complexe quant à l'essence de l'être et de l'existence.* Cette perception s'accompagne de la certitude qu'une telle connaissance est, en définitive, plus réelle, plus significative que tous les concepts auxquels nous nous attachons durant nos états habituels de conscience.

L'extase libre de toute tension illustrée par le sentiment d'unité cosmique pourrait être qualifiée d'« extase océanique » (par opposition à « extase volcanique » qui sera décrite plus avant — cf. MPF III). Chez un sujet ayant les yeux fermés, elle se manifeste comme une expérience complexe indépendante. En revanche, s'il a les yeux ouverts, le même individu aura le sentiment de se fondre dans son environnement, d'être à la fois en dehors et en dedans des objets perçus. Le monde est un lieu d'une splendeur et d'un lustre indescriptibles. La nécessité d'une analyse rationnelle n'est plus exigée et l'univers devient « un mystère à expérimenter et non pas une énigme à résoudre ». Il est bien difficile pour un sujet dans cet état d'esprit de discerner des aspects négatifs dans le monde et dans la structure même du dessein cosmique ; tout semble être parfait **. Le monde devient un endroit accueillant et chaleureux où il est permis d'adopter une attitude infantile, passive et dépendante en toute confiance et d'éprouver des sentiments de sécurité totale. Le mal semble être sans importance, éphémère ou inexistant. Comme nous aurons l'occasion de le voir par la suite, cette perception sélective de l'univers est en contraste flagrant avec celle d'un sujet confronté aux éléments de la MPF II.

Les sentiments d'unité cosmique décrits par les sujets LSD semblent étroitement liés aux expériences transcendantales caractérisée par les catégories mystiques de Wal-

* Plusieurs sujets « cultivés » font à ce propos allusion aux Upanishads et à la fameuse citation : « Celui qui sait Cela possède la connaissance de toute chose. »

** Cette attitude à l'égard de l'univers ne résulte pas forcément en une activité et une acceptation passive du statu quo. Elle est parfaitement compatible avec un mode de vie créatif, un effort pour se réaliser, et diverses tendances réformatrices. J'illustrerai mon propos par une citation d'une conférence de Baba Ram Dass : « Le monde est absolument parfait, y compris votre insatisfaction à son égard et vos efforts pour le modifier. » Cette déclaration faisait référence à la tradition hindouiste et non aux expériences psychédéliques de Ram Dass.

ter Pahnke[15] et celles que Abraham Maslow[13] qualifia d'« expériences paroxystiques ». Au cours des séances psychédéliques, ce phénomène représente la clé de voûte de toute une série d'expériences transpersonnelles sur lesquelles j'aurai l'occasion de revenir en détail dans le prochain chapitre. Durant le déroulement transpersonnel ultérieur du modèle empirique d'unité cosmique, la transcendance du temps et de l'espace s'exprime de manière relativement concrète et au moyen d'un certain nombre d'images spécifiques. Ainsi, un individu connaîtra une série de visions qui se prêteront à une interprétation en termes de régression dans l'Histoire. Il sera question de sensations embryonnaires, de souvenirs ancestraux, de parties de l'inconscient collectif et d'expériences évolutionnistes s'accompagnant de « flashbacks » phylogéniques et d'intuitions darwiniennes. Une transcendance des limites habituelles de l'espace se caractérisera par une identification avec d'autres personnes et groupes de personnes, avec des animaux, des végétaux et même avec des éléments de la matière inorganique. Une variation importante de ce développement est l'identification subjective du microcosme au macrocosme c'est-à-dire à l'univers physique tel que nous le connaissons, avec ses galaxies, ses systèmes solaires et ses myriades d'étoiles individuelles. Des visions de déités et d'archétypes jungiens forment une autre séquence caractéristique de l'expérience d'unité cosmique.

Les désordres de la vie intra-utérine présentent une phénoménologie spécifique au cours des séances LSD. Comme dans le cas des expériences paisibles, les individus rapportent parfois des souvenirs très réalistes de ce stade de leur existence. Ils ont le sentiment d'être un embryon et éprouvent des sensations afférentes ainsi qu'une détresse fœtale variable tant en intensité qu'en expression. On réussit parfois à identifier le type d'interférence rapporté lorsqu'on connaît la biographie du sujet : compétition avec un jumeau, maladie physique de la mère ou crise émotionnelle — telle qu'une angoisse ou une agression vive —, une tentative d'avortement ou d'autres stimuli nocifs. Ces épisodes de détresse alternent en général avec les expériences positives décrites précédemment.

Il est d'autres manifestations moins réalistes qui, elles,

traduisent l'inconfort intra-utérin. La vision d'un ciel étoilé typique des phases extatiques se voile soudain comme un mauvais film. Des perturbations semblables à des parasites apparaissent, s'accompagnant de divers symptômes somatiques déplaisants. Les plus fréquents font songer à un accès grippal : sensations de faiblesse générale, maux de tête, frissons, tremblements et crispations localisées de petits muscles. Les symptômes d'une intoxication alimentaire sont aussi courants : nausées, dégoût, dyspepsie, contractions péristaltiques et accumulation de gaz dans les intestins. Un goût désagréable dans la bouche complique ces divers malaises. Les patients lui prêtent une certaine qualité biologique (vieux bouillon, sang putréfié, ammoniaque) alliée à une matière inorganique (métal, iode, fer ou tout simplement « poison »).

Ces symptômes somatiques diffèrent absolument de ceux associés à l'expérience de naissance. On ne remarque, en principe, pas de signe objectif de suffocation, pas de comportement spectaculaire (positions étranges, contorsions, tremblements violents, contractions spasmodiques de grands groupes de muscles). L'individu n'éprouve pas de pressions externes sur la tête et le corps ni de sensations de constriction et d'oppression. Tous ces symptômes sont beaucoup plus subtils et sont ressentis de manière très consciente alors que dans les séances de « naissance » le sujet est obnubilé par le conflit mort/re-naissance. Durant les épisodes de détresse intra-utérine, l'effet du LSD se limite, dans certains cas, à cette seule symptomatologie physique ; on n'enregistre par ailleurs aucune modification sensorielle. Le sujet se plaint alors que la dose est trop faible ou que la drogue est inefficace. Lorsque l'épisode de la détresse fœtale est assimilé et intégré, la nature de la séance se transforme et il en résulte une expérience intense de fusion cosmique.

Certains facteurs semblent suggérer que les visions *de démons et de déités courroucées* aperçues durant ces séances et dont le but est apparemment de séparer le sujet de son univers heureux sont, elles aussi, étroitement liées à des désordres intra-utérins et à des crises embryonnaires. Tout comme les déités rencontrées durant les expériences intra-utérines positives, elles prennent parfois l'apparence de démons issus de diverses mythologies ou de personnages archétypes. Certains individus ne vivent pas uniquement des rencontres démoniaques et des épisodes de détresse physique ; ils connaissent en outre diverses séquences qu'ils qualifient de reviviscence de souvenirs d'incarnations précédentes. J'illustrerai la nature des expériences entrant dans cette catégorie par l'extrait d'un rapport de séance d'une thérapie psycholytique. Le sujet était un professionnel qui participait au programme de formation.

> Durant une séance, il oscilla entre des expériences « positives » et « négatives » de vie intra-utérine. Il eut le sentiment, en outre, de gagner une meilleure perception intuitive de démons de diverses cultures — Inde, Tibet, etc. Il perçut brusquement une relation frappante entre l'état d'esprit du Bouddha assis en position du lotus et plongé dans une méditation profonde et celui d'un embryon vivant une bonne expérience intra-utérine. Les démons entourant le personnage paisible du Bouddha dans de nombreuses peintures religieuses indiennes et tibétaines symbolisaient, selon lui, les diverses formes de désordres de l'existence intra-utérine. Les démons sanglants, agressifs et féroces représentaient les dangers de la naissance biologique ; les autres, plus insidieux, traduisaient les influences nocives de la vie intra-utérine. Sur un autre plan, il vécut simultanément des épisodes qui semblaient être des souvenirs d'incarnations passées. Le dynamisme d'un mauvais karma déterminait sa vie actuelle et troublait tant son existence embryonnaire que la période d'allaitement. Selon lui, les expériences de vie intra-utérine « négative » et de « mauvais allaitement » représentaient la liaison du karma au monde phénoménal régi par les lois naturelles telles que nous les connaissons.

Les sujets connaissant, au cours de leurs séances LSD, des épisodes de détresse intra-utérine décrivent souvent des déformations sensorielles et conceptuelles rappelant étrangement celles de l'univers du schizophrène. A ce stade, ceux qui connaissent des schizophrènes ou des paranoïaques s'identifient à ces malades et retirent de leur expérience une meilleure compréhension de leurs problèmes. Ce bénéfice est particulièrement intéressant pour les psychiatres et les psychologues participant au programme de formation LSD ; ayant pénétré le monde de leurs patients, ils sont plus à même de les aider efficacement. L'observation de telles séances suggère que les expériences intra-utérines paisibles sont étroitement liées à l'illumination religieuse et mystique. A l'inverse, les séquelles subjectives de désordres *in vivo* semblent être la source des expériences schizophrènes et des états paranoïaques. Le rapport étroit entre ces deux situations et la facilité de passage de l'une à l'autre expliquerait la ténuité de la frontière entre la schizophrénie et l'illumination spirituelle, ainsi que les manifestations spontanées d'expériences religieuses et mystiques chez certains individus psychotiques gravement perturbés.

En ce qui concerne la relation avec les mécanismes de la mémoire, les aspects positifs de la MPF I semblent constituer la base servant à l'enregistrement de toutes les situations ultérieures au cours desquelles l'individu sera détendu, satisfait et à l'abri de tout stimulus douloureux et déplaisant. La reviviscence de souvenirs agréables et positifs se produit en relation étroite avec les sentiments extatiques de la MPF I, soit simultanément soit successivement. Les systèmes COEX positifs associés à cette matrice évoquent des périodes heureuses de la prime enfance et de l'enfance : satisfaction de tous les besoins anaclitiques, jeux insouciants et joyeux avec d'autres enfants ou vie familiale harmonieuse. Les souvenirs des périodes plus avancées de la vie se manifestant dans ce contexte, concernent des relations amoureuses particulièrement satisfaisantes ayant apporté à l'individu un plaisir émotionnel et sexuel intense. Tout aussi importantes sont les découvertes de beautés naturelles mises en valeur, par exemple, par un lever ou un coucher de soleil : des océans et des lacs paisibles, la flore et la faune colorées de récifs de coraux et d'autres aspects du monde sous-marin, des ciels bleus ou étoilés, des îles tropicales, des jungles luxuriantes, des montagnes enivrantes, des fleuves romantiques, des paysages bucoliques ou des grottes ornées de stalagmites. Les créations humaines de grande valeur esthétique jouent également un rôle capital dans ce cadre. Des peintures, des sculptures, des objets et des joyaux somptueux ainsi que des églises, des temples, des châteaux et des palais que le sujet a vu par le passé, reviennent régulièrement à la surface en relation étroite avec le sentiment extatique associé à la MPF I. L'association d'une musique et d'une danse particulière à cette matrice périnatale paraît avoir une importance toute particulière. Il en va de même de baignades dans des torrents, des chutes d'eau, de grands fleuves, des lacs purs ou dans l'océan.

Les associations avec des aspects déplaisants de la MPF I représentent le négatif de la situation décrite ci-dessus. Parmi les souvenirs appartenant à cette catégorie, signalons : de mauvaises relations familiales, des dysfonctions et des maladies infantiles ; des villes très industrialisées et d'autres sites peu attrayants ; des atmosphères, des fleuves ou des lacs pollués ; et des œuvres d'art de mauvais goût.

Par rapport aux zones érogènes freudiennes, les aspects positifs de la MPF I coïncident, d'une part, avec un état biologique et psychologique dans lequel ces zones ne connaissent pas de tension et dans lequel toutes les pulsions sont satisfaites. D'autre part, la satisfaction des besoins de ces zones (apaisement de la faim, relâchement de la tension par l'évacuation de l'urine et des excréments, par l'orgasme sexuel ou l'accouchement) résulte en une approximation superficielle et partielle de l'expérience extatique libre de toute tension décrite ci-dessus.

Voici un extrait d'une séance de formation LSD d'un psychiatre. Elle servira à illustrer une expérience psychédélique gouvernée par des aspects positifs et négatifs de la MPF I.

> En dépit d'une dose relativement élevée (300 microgrammes), la période de latence parut excessivement longue. La première manifestation ne se produisit que plus d'une heure après l'ingestion de la drogue ; elle était pour ainsi dire négligeable. Je ne percevais aucune modification perceptive ou émotionnelle importante. Rien qu'un ensemble de symptômes physiques anodins ressemblant à un début de grippe. Un malaise général, des frissons, un goût étrange et désagréable dans la bouche, une légère nausée et un inconfort intestinal. Mes muscles étaient parcourus de tremblements et de crispations faibles et ma peau se couvrait de gouttes de sueur.
>
> Quelque deux heures après l'administration de la drogue,

je commençai à m'impatienter ; je ne pouvais croire qu'une forte dose de LSD produise une réponse aussi infime alors que pendant les séances précédentes les réactions avaient été spectaculaires — à un point tel que j'avais douté à plusieurs reprises de ma santé mentale et que j'avais même craint pour ma vie. Je décidai de fermer les yeux et d'observer soigneusement ce qui se passait. C'est alors que mon expérience se précisa. Les yeux ouverts, je pensais ressentir une maladie virale. A présent, ma situation était très réaliste et très différente : un fœtus souffrait d'étranges agressions toxiques au cours de son existence intra-utérine. Ma taille s'était considérablement réduite, ma tête était beaucoup plus grosse que le reste de mon corps. J'étais suspendu dans un milieu liquide et des substances chimiques nocives pénétraient dans mon organisme par le cordon ombilical. Grâce à des récepteurs inconnus, je savais que leurs effets étaient néfastes à mon organisme. Je percevais également la propriété agressive de ces substances étrangères dans mon système gustatif ; la sensation combinait le goût de l'iode à celui du sang putréfié et d'un vieux bouillon.

Je prenais simultanément conscience du fait que ces « attaques » toxiques étaient en relation avec l'état et l'activité de l'organisme maternel. Je distinguais certains effets imputables à des facteurs alimentaires : consommation d'alcool, de nourriture inappropriée et de cigarettes ; et d'autres, imputables à des substances chimiques destinées à contrôler les réactions affectives de ma mère : angoisse, nervosité, colère, sentiments conflictuels à l'égard de sa grossesse et même excitation sexuelle. Le concept de l'existence d'une conscience fœtale et la possibilité d'une évaluation subjective de toutes les nuances de son interaction avec la mère étaient contraires aux préjugés de ma formation médicale. La réalité, la nature concrète de ces expériences et leur qualité extrêmement convaincante furent, pendant un certain temps, un véritable défi au « scientifique » que j'étais. Puis, brusquement, la solution de ce dilemme m'apparut. Il devint évident, pour moi, qu'il était plus logique d'envisager de revoir les convictions scientifiques actuelles — démarche qui fut entreprise bien souvent dans l'histoire de l'humanité — que de remettre en question la signification de ma propre expérience.

Lorsque je fus capable d'abandonner mon mode de pensée analytique et d'accepter cette expérience pour ce qu'elle était véritablement, la nature de la séance se modifia de manière spectaculaire. Les sentiments de maladies et d'indigestion disparurent et j'entrai dans un état extatique toujours plus intense. Ceci s'accompagna d'un éclaircissement et d'un épanouissement de mon champ visuel. Tout se déroulait comme si d'épaisses toiles d'araignée se déchiraient magiquement ou comme si un technicien invisible venait de rectifier la mise au point d'un film. Ma vision se dégageait et une masse incroyable de lumière et d'énergie m'enveloppait, se répandait en moi sous forme de vibrations subtiles. J'étais toujours un fœtus connaissant la perfection ultime et la félicité d'une expérience intra-utérine positive ou un nouveau-né se fondant dans le sein nourricier, source de vie. J'étais aussi l'univers tout entier ; j'assistais au spectacle du macrocosme avec un nombre incalculable de galaxies vibrantes et, en même temps, *j'étais* ce macrocosme. Ces perspectives cosmiques radieuses et stupéfiantes se mêlaient d'expériences du microcosme tout aussi prodigieuses — la danse des atomes et des molécules, les origines de la vie, l'univers biochimique des cellules individuelles. Pour la première fois de ma vie, j'appréhendais le monde pour ce qu'il était véritablement — un mystère insondable, un jeu divin d'énergie. Tout dans cet univers semblait être conscient. Après avoir dû accepter l'idée de l'existence d'une conscience fœtale, je faisais une découverte encore plus sidérante : la conscience imprégnait toute forme d'existence. Mon esprit scientifique fut mis à rude épreuve jusqu'à ce que je comprenne que si bon nombre de ces expériences étaient incompatibles avec notre sens commun, elles ne sortaient pas nécessairement du domaine de la science. Ces « révélations » n'étaient certainement pas plus choquantes que les implications de la théorie de la relativité d'Einstein, ou de la mécanique des quantas, ou divers concepts astronomiques, ou encore certaines théories cosmogénétiques. Les religions panthéistes, la philosophie de Spinoza, les enseignements de Bouddha, les concepts hindous d'Atman-Brahman, *maya* et *lila* — tout prenait soudainement vie et s'éclairait d'une signification nouvelle.

Cette expérience incroyablement riche et complexe dura une éternité. J'oscillais entre l'état d'un fœtus désemparé et malade et une existence intra-utérine heureuse et sereine. Les influences néfastes se traduisaient par des visions de démons ou de créatures malveillantes, archétypes issus de contes de fées. Je comprenais pourquoi la psyché de l'enfant était si fascinée et captivée par les histoires mystiques et leurs personnages. Certaines de ces intuitions avaient cependant une signification plus fondamentale. La nécessité de retrouver l'état de satisfaction totale connue autrefois dans le ventre maternel semblait être la motivation ultime de tout être humain. Vu sous cet angle, l'inévitable : « Tout est bien qui finit bien » des contes de fées pourrait reposer sur ce principe ; de même que le rêve révolutionnaire d'une Utopie future ; le besoin de l'artiste d'être accepté, reconnu et acclamé ; ou l'accumulation de biens matériels, la recherche d'une position sociale élevée et de la gloire. Je tenais enfin la solution au dilemme fondamental de l'humanité : aucun degré d'accomplissement, aucun succès dans le monde matériel ne pourront jamais satisfaire ce besoin insatiable. Notre seule chance est de trouver ce lieu heureux dans notre esprit, dans notre propre inconscient. Je compris en un éclair le message de tant de maîtres spirituels :

> *la seule révolution* susceptible d'aboutir
> est la transformation intérieure de tout
> être humain.

Durant ces épisodes de reviviscence de souvenirs positifs de l'existence fœtale, j'éprouvai des sentiments d'identité fondamentale et d'unité avec l'univers ; c'était le Tao, l'Au-delà qui est Dedans, le *Tat tvam asi* (Tu es Cela) des Upanishads. Je perdis le sens de mon individualité ; mon ego se désintégra et je devins tout ce qui existait. Cette expérience était parfois intangible et vide, à d'autres moments elle s'accompagnait de merveilleuses visions — des images archétypes du Paradis, la corne d'abondance, l'âge d'or ou une nature virginale. Je devenais poisson évoluant dans des eaux cristallines, papillon volant dans des alpages, goëland glissant à la surface de l'océan. J'*étais* l'océan, les animaux, les plantes, les nuages — parfois tout en même temps.

A un moment donné, l'expérience intra-utérine sembla s'ouvrir sur le temps plutôt que sur l'espace. A mon grand étonnement, je revécus ma propre conception et divers stades de mon développement embryonnaire. Tout en vivant les complexités de l'embryogenèse avec une précision dépassant de beaucoup celle des meilleurs manuels de médecine, je remontais vers un passé encore plus éloigné. je visualisais certains vestiges phylogéniques de la vie de mes ancêtres du règne animal. Une nouvelle énigme se posait au scientifique que j'étais : se pouvait-il que le code génétique, dans certaines circonstances bien précises, se traduise en une expérience consciente ? Je décidai de remettre ce problème à plus tard et de m'abandonner au spectacle séduisant des mystères de la nature.

Plus rien de concret ne se manifesta ensuite. Je passai la

majeure partie de mon temps pénétré du sentiment de ne faire qu'un avec la nature et l'univers, je baignais dans une lumière dorée dont l'intensité se réduisait progressivement. Ce n'est qu'avec réticence que je m'éloignai de cette expérience pour retrouver mon état de conscience habituel. J'avais cependant l'intime conviction qu'un événement d'une portée inestimable m'était advenu ce jour et que jamais plus je ne serais le même. J'avais atteint un nouveau sentiment d'harmonie et d'acceptation de moi, une compréhension globale de l'existence qu'il est très difficile de définir. Pendant un long moment, j'avais eu l'impression d'être composé d'énergie et de vibrations spirituelles pures, totalement inconscient de mon enveloppe physique. Tard dans la soirée, ma conscience revint progressivement dans ce qui semblait être un corps guéri, total et fonctionnant à la perfection.

MATRICE II : ANTAGONISME AVEC LA MÈRE (CONTRACTIONS DANS UN SYSTÈME UTÉRIN FERMÉ)

La deuxième matrice périnatale est liée à la première phase de l'accouchement. Les conditions de la vie intra-utérine, proches de l'idéal, vont cesser. Le monde du fœtus est perturbé ; d'abord de manière insidieuse par des sécrétions hormonales, puis de façon purement mécanique par des contractions utérines périodiques. Ceci engendre une situation d'urgence extrême et de danger pour la vie et s'accompagne de divers signes de malaise physique intense. Durant cette phase — la dilatation — les contractions musculaires pressent et poussent le fœtus mais le col de l'utérus étant fermé, le passage n'est pas libre. La mère et l'enfant sont une source mutuelle de douleur. Ces deux antagonistes vivent un conflit biologique.

La durée de la dilatation du col de l'utérus varie considérablement (il en va de même pour l'ensemble du processus d'accouchement). Il est vraisemblable que cette expérience sera plus pénible dans le cas d'un accouchement pathologique de longue durée dû à toutes sortes de complications : étroitesse du bassin, obstructions pelviennes, présentation anormale, contractions utérines inefficaces, taille excessive de l'enfant, etc. La peur et la confusion d'une femme inexpérimentée, des sentiments négatifs ou ambigus vis-à-vis de l'enfant ou de l'accouchement lui-même rendront cette phase beaucoup plus pénible tant pour la mère que pour l'enfant. Ces attitudes risquent d'interférer avec le processus physiologique des contractions utérines et de la dilatation du col de l'utérus *.

Des éléments de la MPF II se manifestent parfois sous une forme purement biologique, il s'agit alors de souvenirs réalistes de cette phase particulière du processus de naissance. L'activation de cette matrice résulte, le plus souvent, en une expérience spirituelle assez caractéristique du « sans issue » ou de l'« enfer ». Le sujet a l'impression d'être en cage, pris au piège d'un univers carcéral ; il ressent d'incroyables tortures physiques ou psychologiques. Cette expérience se caractérise par un obscurcissement du champ de vision et par l'apparition de couleurs sinistres. Tous les rapports confirment que le sujet est une victime qui subit une situation inéluctable pour laquelle il n'existe aucune issue que ce soit dans le temps ou dans l'espace. Il n'est pas rare qu'il soit convaincu que même le suicide ne lui apporterait aucun soulagement.

Les éléments caractéristiques de ce modèle sont vécus à différents niveaux ; ceux-ci se manifestent séparément, simultanément ou de manière alternative. Les niveaux les plus profonds sont liés à divers concepts de l'enfer, à des situations de souffrance physique, psychologique et métaphysique qui n'en finiront jamais ainsi que l'avancent plusieurs religions. Dans une version plus superficielle du même modèle empirique, le sujet est préoccupé par sa situation dans ce monde qui lui apparaît totalement négative. Sa conscience n'appréhende que les aspects laids, mauvais et désespérés de l'existence. A ce stade, il perçoit notre planète comme un lieu apocalyptique où règnent la terreur, la souffrance, les guerres, les épidémies, les accidents et les catastrophes naturelles. L'individu est aveugle à tous les aspects positifs de l'univers, qu'il s'agisse de la nature humaine, des épisodes heureux de sa vie, des beautés naturelles ou de la perfection de certaines œuvres d'art.

* Il est intéressant de préciser à cet égard que de nombreuses femmes ayant revécu la naissance de leurs enfants, au cours de séances LSD, comprenaient brusquement comment leurs attitudes et leurs sentiments négatifs avaient interféré avec ce processus.

Il s'identifie à tous les opprimés, à toutes les victimes. Il est les milliers de soldats morts sur tous les champs de bataille du monde du début à la fin des temps, toutes les victimes torturées lors de l'Inquisition espagnole, tous les prisonniers des camps de concentration, tous les patients mourant de maladies à leur stade terminal, tous les individus mourant de vieillesse, toutes les femmes mortes en couches, tous les enfants morts-nés, tous les pensionnaires maltraités des asiles d'aliénés. D'autres visions typiques de cette matrice périnatale font pénétrer le sujet dans le monde déshumanisé, grotesque et étrange des automates, des robots et des gadgets mécaniques, des monstres de foire et de cirque, ou encore dans un univers dépourvu de signification.

Dessin représentant l'expérience de dépression, de désarroi et de désespoir profonds au cours d'une séance LSD.

Pour une personne confrontée aux éléments de la MPF II, l'existence n'a non seulement aucun sens mais elle est encore monstrueuse et absurde ; chercher à donner un sens à sa vie est une entreprise futile et, *a priori*, vouée à l'échec. Nous sommes « jetés » dans ce monde sans avoir le choix de décider si oui ou non nous voulons naître, de qui, où et quand. Notre seule certitude est que la vie a une durée limitée et qu'un jour elle finit. Notre mortalité, notre impermanence est une épée de Damoclès suspendue constamment au-dessus de nos têtes qui confirme l'inutilité de rechercher un sens à sa vie.

Un sujet vivant la rencontre avec la mort dans le cadre de la MPF II rapproche souvent l'angoisse de la naissance et celle de la mort, ce qui ne manque pas de renforcer son nihilisme. Dans une telle situation, il a le sentiment de mourir dans l'instant présent et s'engage profondément dans une idéation eschatologique. Il a simultanément conscience du fait que sa souffrance actuelle est semblable aux douleurs éprouvées lors de sa naissance biologique. Il se voit projeté dans le futur, au terme de sa vie et comprend que ces mêmes sentiments sont partie intégrante de l'angoisse terminale. Nous souffrons en naissant, nous souffrons en mourant ; l'angoisse de la naissance est identique à l'angoisse de la mort. Toutes nos entreprises terrestres ne changeront rien au fait que dans le processus de mort nous sommes tous égaux, confrontés à la même situation que durant notre naissance. Nous sommes venus au monde désemparés, nus et sans biens personnels ; nous le quitterons de la même manière.

Cette crise existentielle est, en général, illustrée par un ensemble de visions dépeignant l'insignifiance de la vie et l'absurdité qu'il y a à vouloir modifier ce fait. De telles visions mettent parfois en scène la vie et la mort de rois et de dictateurs puissants, d'individus ayant acquis une gloire et une réputation extraordinaires ou ayant accumulé d'incroyables richesses. Le message implicite ou explicite est que dans la mort, ces personnages ne diffèrent en rien des individus ordinaires, des nigauds, des clochards et des moines mendiants. Les sujets ayant été confrontés à une telle crise existentielle ont souvent reconnu que cette expérience les avait aidé à comprendre le sens profond d'expressions telles que *memento mori, vanitas vanitatum,* ou « tu n'es que poussière et tu retourneras en poussière. » (Genèse III, 19.)

Pour des individus cultivés, de cette expérience résulte souvent une nouvelle compréhension et appréciation de philosophes existentialistes et des œuvres de Martin Heidegger, Soren Kierkegaard, Albert Camus et Jean-Paul Sartre. Les philosophes et les auteurs existentialistes sont en parfaite harmonie avec ce complexe empirique, sans être pour autant capables de découvrir la seule solution possible : la transcendance. Les sujets LSD font souvent référence à la pièce de Sartre *Huis Clos ;* ils considèrent qu'il s'agit d'une brillante description des sentiments qu'ils ont éprouvé alors qu'ils examinaient leur vie et leurs relations interpersonnelles sous l'influence de l'expérience du « sans issue » de la MPF II. D'autres évoquent également le *Voyage au bout de la nuit,* de L.F. Céline, excellent exemple de la vision sélective des aspects négatifs de l'existence humaine.

Les sentiments angoissants de séparation, d'aliénation, de solitude métaphysique, de désarroi, de désespoir, d'infériorité et de culpabilité sont des composants classiques de la MPF II. Que l'individu considère sa situation et son comportement actuels ou qu'il se penche sur son passé, les circonstances et les événements de sa vie lui confirment qu'il est un être humain insignifiant, inutile et mauvais. Les sentiments de culpabilité sont sans commune mesure avec les événements qui les suscitent. Ils semblent posséder une qualité primaire intrinsèque à la nature humaine et atteignent la dimension métaphysique du péché originel biblique. Une autre dimension importante de la situation « sans issue » est le sentiment de folie envahissante ; les sujets sont convaincus d'avoir perdu tout contrôle mental et d'être à jamais psychotiques ou d'avoir acquis l'intuition ultime de l'absurdité de l'univers et de n'être, par conséquent, plus capables de retrouver l'innocence nécessaire à la santé mentale.

Les images symboliques qui accompagnent les expériences de la MPF II couvrent un champ culturel très vaste. Les visions des « enfers », tels qu'ils sont dépeints dans les diverses religions, sont les plus courantes, qu'il s'agisse des représentations traditionnelles de l'enfer chrétien, des enfers de la Grèce antique ou de leurs équivalents dans les traditions bouddhiques et hindouistes. Les comptes rendus de séances font souvent référence à des personnages célèbres de la mythologie grecque : Sisyphe qui essayait désespérément de pousser un énorme rocher au sommet d'une montagne, Ixion attaché à une roue enflammée tournant éternellement, Tantale condamné à souffrir de la faim et de la soif à proximité de raisins et d'eau, Prométhée enchaîné sur le Caucase où un aigle lui dévorait le foie. La tragédie grecque et ses malédictions implacables et irréversibles, ses sentiments de culpabilité transcendant les générations et son destin inévitable semblent étroitement liés à cette matrice et représentent une source importante d'illustrations symboliques. Une autre image empruntée à la même tradition que l'on retrouve souvent est celle des Erinyes, les déesses de la vengeance symbolisant les affres de la conscience.

Les thèmes bibliques se manifestant à ce stade sont : l'expulsion d'Adam et Eve du Paradis, le Christ au mont des Oliviers et, principalement, son humiliation (*ecce homo*), sa souffrance alors qu'il porte la croix sur le chemin du Golgotha, et son angoisse biologique et psychologique durant la crucifixion (« Mon Dieu, pourquoi m'as-tu abandonné ? »). Le concept des Ténèbres de l'Ame tel qu'on le trouve dans les œuvres de saint Jean de la Croix est également mentionné dans ce contexte. Une autre riche source symbolique est la vie du Bouddha, ses Quatre Vérités * et l'importance qu'il accorde à la souffrance.

Il arrive également que des situations et des personnages sortis de la littérature et d'œuvres spécifiques de peintres célèbres se concrétisent au cours de séances LSD dans le cadre de la deuxième matrice périnatale. Référence est souvent faite aux descriptions que Dante donne de l'enfer dans sa *Divine Comédie*, à des scènes de romans de Zola

* La vision qui révéla ces Quatre Vérités précipita la décision de Siddharta Gôtama, le futur Bouddha, de quitter sa famille et la vie luxueuse qu'il menait dans son palais pour partir à la recherche de l'illumination. Au cours de ses errances dans les environs de sa ville, il vit quatre scènes qui laissèrent une impression indélébile dans son esprit : il rencontre d'abord un vieil homme décrépit, les dents brisées, les cheveux gris, le corps fourbu ; ensuite, un homme couché sur le côté de la route, torturé par la maladie ; puis, un cadavre ; et enfin, un moine le crâne rasé et vêtu d'une robe couleur safran. On note avec intérêt que c'est la confrontation brutale avec les phénomènes de la vieillesse, de la maladie et de la mort (MPF II) qui semble décisive dans la modification de l'échelle des valeurs des sujets LSD ; les ambitions terrestres cèdent le pas à la quête spirituelle.

décrivant les aspects les plus sombres et les plus répugnants de la nature humaine, aux romans de Dostoïevski avec leur souffrance émotionnelle, leur atmosphère de folie et leur brutalité sensuelle, aux contes macabres d'Edgar Allan Poe, avec leurs tortures et leurs horreurs inhumaines. Sur le plan pictural, les œuvres récurrentes sont : les créatures cauchemardesques et étranges de Jérome Bosch ; l'univers sinistre de James Ensor, ses squelettes et ses mascarades grotesques ; les horreurs de la guerre de Goya ; les visions apocalyptiques de Salvador Dali et d'autres surréalistes et les innombrables évocations célèbres de l'enfer et du Jugement Dernier.

L'individu pris au piège de la situation « sans issue » percevant clairement l'insignifiance de l'existence humaine éprouve pourtant le besoin désespéré de trouver un sens à la vie. Ce conflit coïncide souvent avec ce qu'il ressent comme étant les tentatives du fœtus pour échapper à cet univers intra-utérin clos et, ainsi, sauver sa vie. Trouver un sens à son existence est dans ce contexte la condition indispensable pour naître dans ce monde et mettre fin à cette situation insupportable et « sans issue ». Une variété intéressante de phénomènes de cette matrice périnatale semble être liée aux toutes premières phases de l'accouchement. Cette situation est perçue, au cours des séances LSD, comme une conscience croissante de l'imminence d'un danger pour sa vie ou comme une *fusion cosmique.* L'angoisse est intense mais son origine n'est pas identifiable ; l'individu a tendance à interpréter son environnement immédiat, voire le monde entier, en termes paranoïaques. Dans ces circonstances, il n'est pas rare que des individus affirment percevoir des influences mauvaises émanant de membres d'organisations secrètes, d'habitants d'autres planètes, de radiations nocives, de substances ou de gaz toxiques. L'intensification de cette expérience provoque parfois la vision d'un tourbillon gigantesque et irrésistible, un maelström cosmique aspirant le sujet et son monde vers son épicentre. Une variante empirique de cette fusion dangereuse fait intervenir des monstres terrifiants désireux d'avaler le patient : des dragons géants, des pythons, des pieuvres, des baleines ou des araignées. Une forme moins dramatique de la même expérience semble être une descente aux enfers et la rencontre avec des entités monstrueuses.

Parmi les symptômes physiques associés à la MPF II, citons : de fortes pressions sur la tête et le corps, des bourdonnements dans les oreilles (rappelant les sensations éprouvées lors de plongées sous-marines dans les grands fonds), des douleurs vives dans diverses parties du corps, des frissons, des difficultés respiratoires et cardiaques.

En tant que matrice de mémoire, la MPF II représente la base pour l'enregistrement de toutes les situations déplaisantes de la vie dans lesquelles une force destructrice irrésistible s'impose au sujet passif et désemparé. Les exemples les plus typiques et les plus fréquents sont les situations mettant en péril la survie et l'intégrité du corps physique. Le patient se souvient des sensations liées à diverses interventions chirurgicales : appendicectomie, amygdalectomie, réduction de fracture, extraction difficile de dents ; ces expériences sont parfois revécues dans leurs moindres détails. Il en va de même des maladies physiques, des blessures, des accidents, des efforts musculaires excessifs, de l'épuisement, des épisodes d'emprisonnement ou d'interrogatoires brutaux ou encore de soif et de faim intolérables. J'ai déjà eu l'occasion de préciser que les maladies et les situations impliquant la suffocation avaient une importance toute particulière dans ce contexte. Chez les sujets ayant vécu passivement des situations dramatiques en temps de guerre (siège, raid aérien, captivité), ou ayant souffert de claustration (accident de mine, avalanche, effondrement d'une maison) les souvenirs de tels événements resurgissent aussi dans la MPF II. A un niveau plus subtil, cette catégorie de phénomènes implique les souvenirs de frustrations psychologiques d'un individu désemparé : abandon, rejet affectif, événements menaçants, situations contraignantes ou oppressantes au sein de la cellule familiale.

En ce qui concerne les zones érogènes freudiennes, il semble que cette matrice soit liée à une tension déplaisante en chacune d'elles. Sur le plan oral : faim, soif et stimuli désagréables ; aux niveaux anal et urétral : rétention des excréments et de l'urine. Les phénomènes correspondants au niveau génital sont : une frustration et une tension sexuelle excessive ainsi que des douleurs rappelant celles ressenties par une femme accouchant, au cours de la première phase du travail. Si nous considérons l'ensemble de la surface cutanée comme une zone érogène, il nous faut également mentionner des sensations physiques douloureuses et déplaisantes en différentes parties du corps.

Voici un extrait d'une séance de formation d'un jeune assistant social ; elle fut presque exclusivement dominée par des éléments de la MPF II et illustre à merveille la phénoménologie de cette matrice.

> La drogue mit un temps assez long avant de produire son effet. Après une période d'impatience qui ne faisait que dissimuler mon angoisse, je commençai à éprouver un sentiment précis de malaise. Tout d'abord, la maladie qui « m'enveloppait » était assez subtile. Des sentiments mitigés de nausée et de tension devenaient de plus en plus manifestes. Bientôt, ils s'intensifièrent à un point tel que chacune de mes cellules paraissait en souffrir. Il m'est difficile de décrire cette expérience : elle englobait véritablement tout. Une comparaison quelque peu humoristique traduirait bien ce que j'éprouvais : c'était comme si un dentiste fraisait toutes les cellules de mon organisme. J'avais le sentiment d'un désastre imminent ; j'étais en proie à une douleur atroce qui parut durer une éternité. Je ne voyais aucune image mais je me mis à penser à Pétrone, Sénèque, Sartre et à d'autres philosophes pour qui le suicide était la seule mort valable. Je m'imaginais couché dans un bain chaud ; le sang s'écoulait de mes veines. En fait, je suis convaincu que si j'en avais eu la possibilité, je me serais suicidé à ce moment. Je me trouvais pris dans une situation à laquelle il n'y avait qu'une issue possible : la mort. Tout me paraissait absurde, insensé : la vie, le fait de devoir supporter pendant des années et des années un corps inutile perclu de douleurs. A quoi bon m'impliquer dans un processus aussi futile et douloureux que la vie puisque de toute façon je n'avais pas la moindre chance d'échapper à ma mort ? Cet état de conscience persista pendant plusieurs heures. J'avais le sentiment que jamais je ne quitterais cet endroit. En dépit du caractère étrange de mon expérience, je percevais en elle « quelque chose » de familier. J'avais déjà éprouvé tout cela auparavant, sous diverses formes ; en fait, ce devait être la matrice fondamentale qui avait influencé ma vision

du monde et mon mode de vie. Vivre cela avec une telle intensité, sous la forme d'un enfer exemplaire sans la moindre issue possible, fut pour moi une leçon importante. Durant la dernière partie de cette expérience, je savais que je ne voulais plus m'appesantir sur les aspects douloureux de l'humanité, mais quel choix avais-je en la matière ? J'étais prêt à faire n'importe quoi pour m'échapper, mais existait-il vraiment une échappatoire ? Je pris brusquement conscience que non ! Je n'avais aucun choix possible dans cette situation. J'étais propulsé dans une souffrance intime, cellulaire et il m'était impossible d'y réagir ; elle m'était imposée. A ce stade, je commençai à penser au karma ; je m'interrogeai afin de découvrir ce qui dans mon passé était responsable de la situation monstrueuse que j'étais obligé de vivre, aujourd'hui. Mes efforts de réflexion ne m'apportèrent pas le moindre élément de réponse. Je me sentais perdu dans un labyrinthe sans issue. J'étais « coincé » et tel était mon destin : être en un endroit qui n'appartenait pas à la création humaine, enchaîné à la roue de la souffrance. Je détestais la fixation que je faisais sur la souffrance mais plus je m'efforçais de refuser mon destin, plus il s'imposait à moi de manière pénible. J'étais une sorte de prisonnier dans un camp de concentration ; plus j'essayais de m'échapper, plus on me battait ; plus j'essayais de me libérer, plus on resserrait mes liens. Dans mon for intérieur, je savais pourtant qu'il me fallait lutter, qu'il me fallait m'évader ; il le fallait, mais comment ? Cette angoisse dura des heures et se poursuivit même durant la dernière partie de la séance. J'avais presque retrouvé un état de conscience normal mais l'angoisse me tenaillait toujours. Je reconnaissais clairement les sentiments qui filtraient de mon inconscient et influençaient ma vie quotidienne. Tous s'étaient manifestés comme des ennemis familiers. Je me demandais quand la lutte prendrait fin...

MATRICE III : SYNERGIE AVEC LA MÈRE (PROGRESSION A TRAVERS LA FILIÈRE PELVI-GÉNITALE)

Cette matrice est liée à la seconde phase clinique de l'accouchement. Les contractions utérines se poursuivent mais le col de l'utérus est à présent dilaté, la progression à travers la filière pelvi-génitale est possible. Le fœtus mène une lutte acharnée pour sa survie ; il ressent des pressions mécaniques fortes et éprouve souvent une suffocation intense. La perspective de voir se terminer cette situation insupportable apparaît. Les efforts de la mère et de l'enfant œuvrent dans le même sens ; ils luttent ensemble pour mettre un terme à cette situation pénible. Au moment de l'expulsion, le fœtus peut connaître un contact immédiat avec des matières biologiques comme du sang, des mucosités, du liquide amniotique, de l'urine et même des excréments *.

Du point de vue empirique, cette matrice périnatale est assez complexe ; elle implique divers phénomènes intervenant à différents niveaux et pouvant être organisés selon une séquence relativement typique. Elle est vécue comme la reviviscence des éléments de la situation biologique réelle ou sous la forme symbolique du conflit mort/re-naissance ou encore les deux à la fois. La MPF III présente quatre aspects distincts, à savoir : titanesque, sadomasochiste, sexuel et scatologique. Il importe de préciser qu'en dépit de cette diversité phénoménologique le thème sous-jacent des expériences liées à la MPF III est la rencontre avec la mort. Celle-ci revêt, toutefois, des formes spécifiques différentes de celles décrites pour la MPF II.

La caractéristique principale de ce modèle est l'atmosphère de *conflit titanesque* aux *proportions catastrophiques*. L'intensité de la douleur atteint un degré qui semble dépasser de beaucoup les limites de la tolérance humaine. L'individu connaît des séquences d'énorme concentration d'énergie suivies de déflagrations libératrices ; il a le sentiment que son corps est parcouru de puissants courants énergétiques. Les visions accompagnant habituellement ces expériences sont de natures diverses. D'aucuns assistent à des désastres naturels : explosions volcaniques, tremblements de terre, ouragans, cyclones, tornades, orages magnétiques, pluies météoriques, novas et autres cataclysmes cosmiques. Pour d'autres, les désastres sont liés aux activités humaines et plus particulièrement à notre technolo-

* Lors de l'accouchement, si l'on n'utilise ni lavement ni sonde, le contact du fœtus avec l'urine et les matières fécales est assez fréquent. Au début du siècle, l'expression latine *inter fæces et urinas nascimur* (nous naissons entre les excréments et l'urine) correspondait plus à une réalité clinique qu'à une métaphore philosophique.

Autoportrait symbolique réalisé par un patient après à une séance LSD caractérisée par une agressivité tournée tant vers lui-même que vers les autres. Un oiseau de proie stylisé tient dans les serres de sa patte droite une souris. La patte gauche est transformée en un canon pointé en direction de la tête du prédateur. La voiture ancienne exprime un jeu de mot (auto-portrait) mais suggère également la relation entre cette forme d'agression et une façon de conduire insouciante.

Quatre dessins représentant une agression meurtrière débridée, typique des séances LSD périnatales.

gie moderne : explosions de bombes atomiques, réactions thermo-nucléaires, centrales nucléaires ou thermo-électriques géantes, cables à haute tension, lancements de missiles ou de vaisseaux spatiaux, fusillades, raids aériens et autres scènes de destruction guerrière. Il n'est pas rare que des sujets décrivent des événements catastrophiques complexes ou des scènes apocalyptiques : destruction de l'Atlantide, de Pompéi, d'Herculanum, de Sodome et Gomorrhe, ou encore des invasions d'extraterrestres rappelant *la Guerre des mondes* de H.G. Wells. L'élément destructeur le plus souvent cité est le feu ; l'eau est mentionnée plus rarement : fleuves en crue, océans déchaînés, raz de marée et bien entendu réminiscences du déluge biblique.

Un aspect de ces expériences liées à la MPF III mérite une attention particulière : la constatation que l'intensité de la souffrance et de la tension impliquées est de loin supérieure à ce que le sujet considérait comme étant humainement tolérable. Lorsqu'elles atteignent leur limite empirique absolue, la situation cesse d'engendrer la douleur et l'angoisse. Elle se transforme en un ravissement sauvage, extatique, aux proportions cosmiques, une sorte d'« extase volcanique ». Contrairement à l'« extase océanique » de la première matrice périnatale, celle-ci se caractérise par une tension explosive énorme, riche en éléments agressifs et destructeurs. Les sujets vivent cette expérience d'une part du point de vue de la (ou des) victime(s) — ils ressentent leur angoisse ou leur souffrance — et d'autre part du point de vue de l'agresseur — ils s'identifient à la furie des forces élémentaires et jouissent du spectacle de leur énergie destructrice. Pendant l'état d'« extase volcanique », diverses sensations et émotions polaires se fondent en un complexe indifférencié paraissant contenir les extrêmes de toutes les dimensions possibles de l'expérience humaine. Une douleur intense n'est plus différenciée d'une jouissance extrême, le chaud du froid, l'agressivité meurtrière de la passion amoureuse, l'angoisse existentielle de l'extase religieuse, les affres de la mort du bonheur de la naissance.

L'élément sadomasochiste est une caractéristique prédominante et constante des expériences associées à la troisième matrice périnatale. Les scènes s'accompagnant d'énormes décharges d'impulsions et d'énergies destructrices et autodestructrices sont parfois si puissantes que les sujets parlent d'« orgies sadomasochistes ». Elles impliquent des tortures et des cruautés en tous genres : meurtres bestiaux, exécutions massives, combats et révolutions violentes, expéditions exterminatrices (les croisades, la conquête du Mexique ou du Pérou), mutilations et automutilations de fanatiques religieux (les Flagellants, les Skopzy russes *), sacrifices rituels sanglants, kamikazes, divers modes terrifiants de suicides ou massacres insensés d'animaux. Les sujets ont tendance à s'identifier à des dictateurs, à des tyrans ou à des dirigeants militaires cruels et impitoyables, responsables de la mort de milliers de personnes : l'empereur Néron, Genghis Khan, Francisco Pizarro, Hernando Cortés, Hitler, Staline ; ou à des personnages connus pour leurs perversions sadiques : Salomé, César Borgia, Vlad Tepes de Transylvanie (le « Comte Dracula ») **, Elisabeth Báthory ***, ainsi qu'à de célèbres assassins contemporains. Les sujets LSD confrontés à la MPF III ont le sentiment de comprendre les motivations de ces monstres et sont convaincus que leur inconscient recèle des forces semblables en nature et en intensité qui pourraient, dans certaines circonstances, les pousser à commettre de telles barbaries. Ils assument avec aisance les rôles de tous les personnages intervenant dans des scènes sadomasochistes complexes : sacrifices dans la Rome antique de chrétiens immolés sur la croix ou jetés en pâture aux fauves dans les arènes, hécatombes aztèques au cours desquelles des dizaines de milliers de victimes furent sacrifiées

* Les Skopzy (mot russe signifiant littéralement « bélier ») formaient une secte religieuse dont les membres se mutilaient, en particulier par l'autocastration.

** Vlad Tepes ou Vlad Dracula était voïevode (prince) de la petite province de Valachie au XVe siècle de notre ère. Son surnom, *tepes*, signifie littéralement l'« empaleur » ; il faisait allusion à son habitude de faire empaler ses victimes. Selon certaines sources, il aurait été responsable de l'exécution de plus de cent mille personnes. Bram Stoker s'inspira de ce prince réel pour créer son personnage *Dracula*.

*** Elisabeth Báthory était une comtesse hongroise du XVIe siècle qui tortura et assassina des jeunes vierges afin de se baigner dans leur sang. Elle est aussi connue pour avoir fait un usage immodéré du triste et célèbre supplice de la « vierge de Nuremberg ».

rituellement en un jour, autodafés d'hérétiques sous l'Inquisition, atrocités froides des Nazis. Un autre symbolisme fréquemment mentionné à ce niveau est celui des luttes pour le pouvoir dans les cours royales et les cercles politiques de tous les temps avec leur atmosphère de « cape et d'épée ».

Si les deux aspects — titanesque et sadomasochiste — de la MPF III sont vécus simultanément, il en résulte des visions et des séquences mouvementées. Les scènes les plus caractéristiques sont : les safaris, les luttes avec de monstrueux serpents constricteurs, les affrontements avec des requins, des pieuvres et d'autres créatures marines, des combats antiques de gladiateurs, des découvertes de nouveaux continents et les luttes opposant les conquistadors aux indigènes, des explorations de l'espace et des aventures de science-fiction ainsi que des prouesses aériennes, des sauts en parachute, des compétitions automobiles et d'autres sports dangereux.

L'excitation sexuelle excessive * est une autre facette importante de la troisième matrice périnatale. Selon les descriptions des sujets LSD, les sensations éprouvées rappellent la première partie d'un orgasme, caractérisée par un accroissement progressif de la tension sexuelle. Ici, cependant, elle est incomparablement plus intense et semble étendue à l'ensemble de l'organisme plutôt que limitée à la région génitale. Les individus passent parfois des heures en une extase sexuelle irrésistible, exprimant leurs

* Voici un problème théorique intéressant ; en effet, la tension et l'excitation sexuelles excessives sont des phénomènes courants et importants de la naissance. L'observation de séances LSD paraît indiquer que cette association a une base physiologique. Cette hypothèse est d'ailleurs confirmée par d'autres recherches thérapeutiques. On a constaté que la suffocation et l'ischémie * provoquaient une stimulation sexuelle intense chez des criminels exécutés par pendaison (les érections et même les éjaculations étaient choses courantes). Il en va de même pour les individus essayant de se suicider par la corde et sauvés *in extremis*. Pour les sadomasochistes, infliger ou subir une souffrance est une condition *sine qua non* à la satisfaction sexuelle. L'observation de captifs exposés à des tortures inhumaines suggère que l'aptitude à transcender une souffrance excessive en plaisir et même en extase est intrinsèque à la nature humaine.

* Diminution importante de la circulation sanguine dans un organe.

sentiments par des mouvements orgiaques. Leurs visions évoquent toutes sortes d'orgies sauvages, avec toutes les combinaisons sexuelles possibles et imaginables. Les sujets s'identifient à des maîtres de harems orientaux, aux participants des rites d'adoration phallique ou de fertilité, aux prostitués masculins et féminins ainsi qu'à leurs souteneurs, voire à des personnages historiques ou fictifs devenus des symboles sexuels : Don Juan, Giacomo Casanova, Raspoutine, Urbain Grandier, Marie-Madeleine, Marie-Thérèse et Poppée. Certains patients s'imaginent à Soho, à Pigalle et dans d'autres quartiers « chauds » de la planète ; là, ils participent à des spectacles érotiques et à des orgies de groupe. D'autres prennent part à des cérémonies religieuses babyloniennes baignant dans le stupre ou à des rituels primitifs sauvages avec leurs danses rythmiques érotiques et leurs implications sexuelles évidentes.

Les sujets font souvent référence à des carnavals colorés et à des liesses populaires. Ils évoquent leur ambiance caractéristique où se mêlent l'amusement, la joie, la gaieté, l'étrange, le grotesque et le macabre. Le défoulement des pulsions sexuelles et agressives normalement refoulées constitue une autre similitude entre les expériences LSD de ce type et l'atmosphère des carnavals de Rio de Janeiro, de Nice et de Trinidad ou du Mardi gras à la Nouvelle-Orléans.

L'aspect scatologique de la MPF III correspond à la phase finale du conflit mort/re-naissance et précède souvent de manière immédiate l'expérience de la naissance ou de la re-naissance. Sa caractéristique essentielle est une rencontre intime avec diverses matières biologiques (mucosités, transpiration, produits de putréfaction, sang, urine, excréments). Outre les éléments visuels et tactiles, cette expérience implique aussi des sensations olfactives et gustatives assez réalistes. Les sujets s'imaginent mangeant des excréments, buvant du sang ou de l'urine ou léchant des plaies infectées. Les fantasmes ou les expériences de cunnilingus pratiqués dans des circonstances peu hygiéniques ne sont pas rares. La première réaction du patient à l'égard de ces matières biologiques est négative ; il est dégoûté et révolté. Cette attitude se modifie cependant par la suite en une acceptation passive et même en une curieuse satisfaction primitive *.

Les éléments scatologiques se manifestent parfois sous une forme symbolique : des tonnes d'ordures dégageant des odeurs répugnantes, des amas de détritus, des morceaux de poissons, de cadavres humains ou d'animaux en décomposition, des images de porcheries, de tas de fumiers, de fosses septiques et d'égoûts gigantesques. Le symbolisme mythologique révélé dans ce contexte s'exprime par des images d'Hercule nettoyant les écuries du roi Augias, des Harpies empoisonnant la nourriture de l'infortuné aveugle Phinée, et de la déesse aztèque de la naissance et de l'amour charnel Ilacoltentl (« celle qui dévore les immondices ») qui était censée libérer l'humanité de ses péchés.

Une expérience importante liée à cette matrice périnatale mérite une attention particulière. Il s'agit de la rencontre avec un feu dévastateur et purificateur. L'individu qui a précédemment découvert tous les aspects répugnants, dégradants, horribles et condamnables de sa personnalité, est jeté dans ce feu ou y plonge délibérément et le traverse. Les flammes détruisent sa corruption et le préparent à l'expérience rajeunissante et rédemptrice de la re-naissance. Les sujets cultivés évoquent alors les pratiques médiévales consistant à exorciser les forces du mal en immolant des hérétiques ou des individus convaincus de sorcellerie ; le sacrifice par le feu des moines bouddhistes ; ou les épreuves du feu, propres aux rites initiatiques de certaines traditions ésotériques. Ces patients développent une perception intuitive de ces phénomènes. Ils considèrent sous un jour nouveau le symbolisme de certaines œuvres d'art : le feu régénérateur assurant l'éternelle jeunesse à la grande

* Ces expériences paraissent étroitement liées à certaines perversions sexuelles rares telles que la coprophilie (tendance de certains aliénés à se complaire au contact de leurs excréments ou de ceux d'autrui), la coprophagie (action de manger des excréments) et l'urolagnie (comportement sexuel déviant lié à une érotisation anormale des fonctions urinaires). Les observations de séances LSD ajoutent une dimension nouvelle à la compréhension de ces anomalies. La motivation la plus profonde de ces déviations résulte peut-être de l'association du contact avec des matières biologiques à la fin de l'expérience angoissante de la naissance.

prêtresse *She* de Rider Haggard, l'immolation de Siegfried et Brunehilde à la fin du *Götterdämmerung* de Richard Wagner qui annonce le crépuscule des dieux. Un symbole très approprié associé au feu purificateur semble être celui du phénix, oiseau légendaire qui construisait son nid sur un feu, trouvait la mort dans les flammes alors que la chaleur favorisait l'éclosion de l'œuf déposé dans le nid brûlant et la naissance d'un nouveau phénix.

Le symbolisme religieux de la MPF III est en principe, rattaché aux religions pratiquant et glorifiant les sacrifices et les rituels sanglants. Les allusions sont fréquentes à Yahvé, le Dieu terrible de l'Ancien Testament, à Adam et Eve, au déluge, aux plaies de l'Egypte et à la destruction de Sodome et Gomorrhe. Il en va de même de la rencontre de Moïse et du buisson ardent. Les Dix Commandements représentent une sauvegarde spécifique contre tous les aspects négatifs et les tentations qui émergent de la MPF III. Les références au Nouveau Testament évoquent le symbolisme de la Dernière Cène, les aspects transcendants de la crucifixion et des souffrances du Christ ainsi que les aspects positifs du Jugement Dernier. Le concept du purgatoire, selon différentes cultures, s'intègre lui aussi dans cette catégorie de phénomènes. Les sujets accordent une grande attention aux cultures précolombiennes pratiquant les sacrifices humains : Aztèques, Mayas ou Olmèques. Le cannibalisme rituel trouve son origine dans cette matrice empirique. Certains sujets décrivent des scènes complexes d'adoration de déités sanguinaires ressemblant à Kali, Molloch, Hécate, Astarté, Huitzilopochtli ou Lilith. La signification symbolique et ambiguë du Sphinx (élément destructeur féminin et transcendance de l'aspect animal dans l'homme) est, ici, capitale. Les visions de cérémonies religieuses impliquant la sensualité, l'éveil sexuel et des danses rythmiques sauvages (des bacchanales de la Grèce antique aux rituels tribaux aborigènes) servent très souvent de métaphores au conflit de re-naissance. Certains individus rapportent des expériences ressemblant étrangement à celles qui auraient précédé l'illumination du Bouddha, en particulier l'effort du « maître magicien du monde illusoire », Kama-Mara (Désir-Mort), pour décourager le Bouddha dans sa quête spirituelle. Le contenu de la

MPF III est très important pour la compréhension des phénomènes se produisant au cours de Messes Sataniques ou de rituels sabbatiques. Dans ce contexte, la sexualité s'exprime par des orgies combinées à des éléments sadomasochistes extrêmes : sacrifices humains ou animaux, déflorations rituelles, tortures psychologiques ou physiques. Ces cérémonies accordent souvent une place importante à des matériaux biologiques : sang, flux menstruel, intestins, embryons et fœtus. Le lieu est morbide et macabre et l'atmosphère générale est au blasphème, à l'horreur et à la mort. L'association d'éléments sexuels, morbides et scatologiques se traduit très souvent par des rapports sexuels pratiqués parmi les entrailles d'un animal éventré ou dans une sépulture profanée. Or, nous l'avons vu, la MPF III se caractérise par : des perversions sexuelles, un sadomasochisme exacerbé, des tendances scatologiques, l'omniprésence de la mort, des éléments blasphématoires, un symbolisme religieux inverti et une atmosphère très mystique. Les sujets parlent encore de Messes Noires, de pratiques sataniques sexuelles et de nuits de Walpurgis. Ces séquences leur permettent généralement une meilleure compréhension de la psychologie des Inquisiteurs et des chasseurs de sorcières. Elles suggèrent une similitude extraordinaire entre l'état d'esprit des individus pratiquant la sorcellerie et celui de leurs persécuteurs fanatiques. Le comportement de ces deux groupes trahit l'influence de la troisième matrice périnatale.

Au cours des séances LSD, des éléments typiques de la MPF III sont souvent mêlés à des images tirées de peintures ou d'œuvres d'écrivains et de philosophes célèbres. Les références sont fréquentes aux tableaux de réalistes fantastiques ou de surréalistes : les dessins de machines de guerre diaboliques et les caricatures humaines étranges de Léonard de Vinci, les personnages mythologiques obèses et sensuels de Pierre Paul Rubens se livrant à des festins opulents et à des orgies dignes des bacchanales. De nombreux tableaux de Vincent Van Gogh contiennent des éléments atténués d'extase volcanique ainsi par exemple dans ses croquis de hauts cyprès tendant vers le soleil, ses champs de blé ondoyants, et son atmosphère chargée de vibrations dynamiques. L'art et l'esprit gothiques traduisent à merveille l'essence de cette troisième matrice périnatale : les formes courageuses et hardies de son architecture qui reflètent un élan spirituel puissant ; les personnages grands, minces et ascétiques du Greco, désireux d'atteindre le ciel. Les allusions sont aussi fréquentes au *purgatorio* de la *Divine Comédie* de Dante Alighieri, au symbolisme ésotérique du second tome du *Faust* de Goethe, à certains contes d'Edgar Allan Poe, aux thèmes essentiels des opéras de Richard Wagner en particulier *Tannhäuser, Parsifal* et le *Nibelungenring.* L'expérience d'extase volcanique est en relation étroite avec le concept de l'élément dyonisien de l'homme de Friedrich Nietzsche. Enfin, les références à de célèbres romans à suspense ou à des romans gothiques ou encore à la littérature de science-fiction sont tellement nombreux qu'il me paraît vain de chercher à les recenser dans le cadre restreint de cet ouvrage.

Les expériences de la MPF III s'accompagnent souvent d'intuitions profondes quant à la nature humaine, à la société et à la culture. La violence, les guerres, les révolutions, la psychologie sexuelle, les divers aspects des religions et des mouvements artistiques mondiaux, tous ces phénomènes sont éclairés d'un jour nouveau. Ainsi, il n'est pas rare qu'un sujet remette en question le système de valeurs qui, auparavant, commandait sa vie. Il compare les schèmes compliqués du pouvoir à la valeur d'une existence calme et paisible ; l'importance de l'amour et des relations interpersonnelles aux ambitions professionnelles visant à satisfaire un besoin de respectabilité, de gloire et de possession ; l'insignifiance affective des aventures sexuelles passagères et mesquines à la satisfaction réelle d'une relation amoureuse. C'est dans le cadre de cette matrice périnatale que l'échelle des valeurs individuelles semble se modifier et se cristalliser de la manière la plus profonde.

L'ensemble typique des manifestations physiques accompagnant régulièrement la MPF III confirme — semble-t-il — la relation existant entre cette matrice et le traumatisme de la naissance biologique. Parmi ces manifestations physiques mentionnons : une pression énorme sur la tête et le corps ; des douleurs atroces, des quintes de toux, une suffocation et une strangulation ; une détresse cardiaque grave ; une alternance de frissons et de bouffées de chaleur ; une transpiration abondante ; des nausées et des vomissements ; des perturbations intestinales ; un besoin d'uriner se compliquant de problèmes de contrôle des sphincters ; et une tension musculaire générale libérée par des crispations, des contorsions, des tremblements et des tics divers.

En tant que matrice de mémoire, la MPF III peut être associée à des souvenirs de participation active à des guerres et à des révolutions, à des safaris, à des événements dramatiques liés au service militaire, à une conduite automobile dangereuse, à des parties de plongée sous-marine ou à des sauts en parachute, à de difficiles combats de boxe. Les autres souvenirs typiques revécus au cours de l'expression de cette matrice impliquent : des expériences dans des parcs d'attractions et des night-clubs ; des soirées mouvementées avec consommation excessive d'alcool et fredaines sexuelles : des carnavals pittoresques et d'autres aventures sensuelles. Des scènes primales de l'enfance appartiennent également à cette catégorie : interprétations sadiques de relations sexuelles, séductions par des adultes, viols ou violences sexuelles. On a souvent noté que des femmes revivant leur propre naissance revivaient à un niveau plus superficiel leur(s) accouchement(s). Ces deux expériences sont habituellement revécues simultanément, les patientes étant incapables de les dissocier.

En ce qui concerne les zones érogènes freudiennes, la MPF III semble être liée aux activités favorisant un soulagement et une relaxation soudains après une période de tension prolongée. Au niveau oral, mentionnons : le fait de mastiquer et d'avaler de la nourriture (mais aussi le soulagement d'un malaise gastrique par vomissement) ; aux niveaux anal et urétral : l'évacuation des excréments et de l'urine après un temps de rétention prolongé. Au niveau génital, cette matrice présente des parallèles frappants avec la première phase de l'orgasme sexuel, ainsi qu'avec le processus d'accouchement. L'érotisme stato-acoustique — tels que les balancements des enfants, la gymnastique et les acrobaties — est également en rapport avec la MPF III.

Une partie au moins de l'agressivité contenue dans toutes les zones érogènes semble provenir de cette MPF III. Les crampes des muscles masticateurs remontent à la frustration éprouvée par l'enfant lors de sa progression dans la filière pelvi-génitale alors que ses machoires sont maintenues closes par la pression extérieure. Les relations étroites entre les éléments de cette matrice et l'agressivité anale, urétrale et phallique sont évidentes. Le réflexe d'évacuation d'urine et même d'excréments durant l'accouchement tant par la mère que par l'enfant suggère une implication profonde de ces fonctions. Des sentiments libidineux et des souffrances physiques pénibles associées à une agressivité extrême au cours de cette phase semblent être l'origine essentielle des tendances masochistes et sadiques ultérieures.

Le phénoménologie de la MPF III est trop variée et trop complexe pour se manifester dans son ensemble en une seule séance LSD, pourtant le récit suivant extrait d'une séance de formation d'un psychologue et psychothérapeute, illustre très bien cette phase.

> Mon premier souvenir de cette séance, est d'avoir ressenti l'existence d'un lien puissant m'attachant à Joan (la cothérapeute) — je l'aimais d'un amour exceptionnel. Ensuite cet amour se transforma en un sentiment d'unité, de fusion. J'étais convaincu, à cause de cette identification avec elle, que cette séance me réservait une expérience aussi importante que terrifiante. Il s'avéra bien vite que ce que je m'attendais à vivre n'était rien moins que ma propre naissance et que Stan et Joan étaient mes parents. Non que je les considérais comme mes géniteurs — je savais qu'il n'en était rien — mais mon impression était qu'ils personnifiaient mes nouveaux parents (ceux qui allaient me faire vivre cette deuxième naissance) et que Joan était sur le point de me mettre au monde. Mon identification avec elle avait pourtant une conséquence paradoxale : alors que Joan allait me donner naissance, j'allais de mon côté faire de même ; en fait, nous allions accoucher l'un de l'autre.
>
> J'avais l'intime conviction d'être sur le point de découvrir l'un des processus cosmiques les plus fondamentaux. Cette situation posait toutefois un problème : j'étais un homme et, en conséquence, je ne pouvais enfanter ; en somme, je brisais le cercle. Puis, tout ceci s'évanouit. Je ressentis en moi la présence d'un archétype féminin antique : celui de la

Mère. Pendant une longue période, le rôle de la mère me parut plus précis que celui du bébé. J'étais « plein » de mon bébé, à savoir Joan et moi, et en même temps j'étais terriblement frustré de ne pouvoir donner la vie, de ne pouvoir m'ouvrir et accoucher. J'étais une mère sans vagin, une mère sans utérus, une mère dans l'impossibilité de donner naissance à la vie qui s'agitait en moi. Je luttais pour trouver un moyen d'accoucher, de libérer mon enfant.

L'expérience de ma naissance était des plus confuses. Je ne vis à aucun moment le col de l'utérus de manière distincte pas plus que je n'assistai au déroulement du processus de l'accouchement ou que je n'éprouvai le soulagement de l'expulsion. Je savais seulement que j'étais poussé en avant, pressé et terriblement déconcerté. J'étais immergé dans ce qui me paraissait être des immondices et de la vase ; il y en avait partout autour de moi, jusque dans ma bouche. Je faisais de terribles efforts pour recracher ces détritus et je parvins finalement à m'en débarrasser en poussant un grand cri et je commençai à respirer. Ce fut l'un des moments de bien-être les plus importants de cette séance.

En revanche, j'étais perplexe, j'éprouvais quelques difficultés à admettre le fait que les organes génitaux et les cuisses de la femme représentaient le lieu du sexe et de l'amour mais qu'ils étaient aussi le théâtre du cauchemar de ma naissance parmi des immondices.

A la dualité de la mère et de l'enfant succédèrent de nombreuses images me montrant celle de tortionnaires et de victimes. Je vécus brusquement les horreurs de Buchenwald et Stan devint un Nazi. Je n'éprouvais aucune haine à son encontre ; j'étais certain que lui, le Nazi, et moi, le Juif, étions la seule et même personne ; que j'étais autant le tortionnaire et l'assassin que la victime ; j'étais le Juif *et* le Nazi.

A un certain moment, je sentis que je devenais dangereux et je mis Joan en garde contre moi. Mes dents se transformaient en crocs vénéneux ; je devenais un vampire. Je volais par une nuit sombre, en agitant mes ailes de chauve-souris ; mes crocs étaient sinistres et prêts à mordre. J'étais sorcière et je chevauchais la nuit... j'étais la Mort chevauchant par une nuit sans lune dans un ciel étoilé. J'étais le Mal investi du pouvoir de la sorcière. Quelque chose vint mettre un terme à cette séquence — un changement de musique, je crois. Cette scène s'acheva et je sombrai dans une radiance extatique, mouvante, chatoyante.

L'épisode suivant fut long et dominé par l'érotisme. Je participais à des orgies et à des fantasmes sexuels dans lesquels. je tenais tous les rôles ; Joan et Stan figuraient parfois comme participants, à d'autres moments, ils n'étaient pas présents. Je compris très vite qu'il n'existait aucune différence entre la sexualité et le processus de la naissance ; que les mouvements hésitants de l'acte sexuel étaient identiques aux mouvements hésitants de la naissance. J'appris aisément qu'à chaque fois que la femme m'étreignait, je devais me laisser aller et la suivre là où elle désirait. Si je ne luttais pas, si je ne faisais pas d'effort, l'étreinte se transformait en un plaisir intense. Je me demandais parfois si cette situation prendrait fin ou si elle était sans issue et si j'étais condamné à suffoquer mais, à chaque fois que j'étais poussé et que mon corps était déformé par la pression, je me laissais aller et je glissais sans encombre vers l'endroit où on me propulsait. J'étais couvert d'immondices comme au début de la séance mais je n'étais plus dégoûté. Je savais qu'ils étaient le lubrifiant divin qui rendait si facile ma progression, qui me permettait d'être poussé et guidé dans la bonne direction. Sans cesse, mon esprit était pénétré de cette prodigieuse conviction : « C'est aussi simple que ça. » Toutes ces années de luttes, de souffrances, d'efforts pour « comprendre » étaient absurdes. La solution avait toujours été sous mes yeux : « C'était aussi simple que ça. Vous vous laissez aller, la vie vous presse, vous pousse, vous guide à travers son voyage. » Quelle farce incroyable, fantastique, extraordinaire : je m'étais laissé duper par la complexité de la vie ! Cette idée m'obsédait et j'étais secoué par le rire et envahi d'un plaisir incommensurable.

MATRICE IV : SÉPARATION D'AVEC LA MÈRE (FIN DE L'UNION SYMBIOTIQUE ET FORMATION D'UN NOUVEAU TYPE DE RELATION)

Cette matrice est liée à la phase ultime de l'accouchement. Les expériences angoissantes culminent, la progression à travers la filière pelvi-génitale touche à sa fin et l'intensification ultime de la tension et de la souffrance est suivie d'un soulagement soudain et d'une relaxation lors de l'expulsion. L'enfant prend sa première respiration profonde et ses voies respiratoires s'ouvrent et se dégagent ; ses problèmes d'alimentation en oxygène sont terminés. Le cordon ombilical est sectionné et le sang qui circulait auparavant dans les vaisseaux ombilicaux est redirigé vers la région pulmonaire. La séparation physique de l'enfant d'avec la mère est achevée et l'existence du nouveau-né en tant qu'individu autonome commence. La nouvelle situation s'améliore dès que l'équilibre physiologique est entièrement rétabli, néanmoins le petit être humain ne retrouvera jamais la quiétude de l'union primale avec la mère. Les besoins biologiques de l'enfant ne sont plus satisfaits de manière continue ; il n'est plus automatiquement protégé des écarts de température, des bruits, des modifications d'intensité lumineuse et des sensations tactiles déplaisantes. La séance dans laquelle les expériences de la période postnatale (MPF IV) reproduisent celles de la période prénatale (MPF I) dépend pour beaucoup de la qualité des soins maternels.

La MPF IV présente une facette biologique et une facette spirituelle à l'instar des autres matrices. De son activation durant des séances LSD résulte souvent une reviviscence réaliste et concrète des circonstances de la naissance biologique. Celle-ci implique parfois des détails surprenants et très spécifiques dont il est possible de vérifier la validité en interrogeant les protagonistes de la scène décrite. Les récits des patients font souvent référence aux odeurs des anesthésiques employés, aux sons des instruments chirurgicaux et à d'autres bruits caractéristiques, au type d'éclairage de la salle et à des complications de la naissance (présentation par le siège, cordon ombilical enroulé autour du cou, utilisation de forceps, manœuvres de réanimation).

Sur un plan symbolique et spirituel, la manifestation de la MPF IV constitue *l'expérience de mort/re-naissance*. Elle marque le terme et la résolution du conflit mort/re-naissance. La souffrance et l'angoisse culminent en une expérience d'annihilation totale à tous les niveaux — physique, émotionnel, intellectuel, éthique et transcendantal. L'individu connaît un anéantissement biologique final, un échec émotionnel, une débâcle intellectuelle et une humiliation morale. Cet aboutissement est habituellement illustré par une séquence rapide d'images d'événements de la vie passée et présente du sujet. Il est pénétré de la conviction d'être un raté à tous les niveaux ; sa conception du monde s'effondre et il vit la destruction instantanée de son système antérieur de référence. On parle alors de *mort de l'ego.*

Après que le sujet a « touché le fond cosmique » de l'annihilation totale, il est assailli par des visions de lumières froides et aveuglantes et il est simultanément envahi par une sensation de décompression et d'expansion. Il perçoit l'univers sous un jour nouveau et extatique. L'atmosphère générale est à la libération, à la rédemption, au salut, à l'amour et au pardon. L'individu se sent purifié et même purgé, débarrassé de son fardeau de « crasse », de culpabilité, d'agressivité et d'angoisse. Il n'est qu'amour des autres ; il apprécie les relations humaines chaleureuses, la solidarité et l'amitié. De tels sentiments sont empreints d'humilité ; le sujet a tendance à s'engager dans des activités serviables et charitables. Dans cet état, l'ambition irrationnelle et exagérée, le besoin d'argent, de reconnaissance, de prestige et de pouvoir semblent dérisoires et puérils. Le sujet ne comprend pas comment il a pu accorder tant d'importance à ces valeurs.

Dans la description de la MPF IV, on retrouve des éléments caractéristiques de la MPF I. Cette expérience de naissance biologique et de renaissance spirituelle est souvent suivie de sentiments d'unité cosmique. Dans ce contexte, des éléments transcendantaux se fondent avec des expériences de « vie intra-utérine » et d'« allaitement » positives ainsi qu'avec des souvenirs d'enfance agréables afin de former un complexe unique. La capacité de l'individu d'apprécier la beauté naturelle s'accroît et son idéal nouveau tend vers un mode de vie simple en relation intime avec la nature. La profondeur et la sagesse de systèmes de pensée encourageant cette orientation sont désormais évidentes et incontestables — qu'il s'agisse de la philosophie de Jean-Jacques Rousseau ou des enseignements du Taoïsme ou du Bouddhisme Zen.

Dans cet état, tous les canaux sensoriels sont récepteurs ; le potentiel de la sensibilité et de la jouissance des nuances perceptives du monde extérieur augmente. La perception de l'environnement possède une certaine qualité primaire ; tout stimulus sensoriel — visuel, acoustique, olfactif, gustatif ou tactile — paraît totalement neuf, frais, incroyablement excitant et stimulant. Les sujets disent *découvrir* le monde pour la première fois de leur vie, les goûts, les odeurs et les sons leur procurent une joie ineffable.

Ce plan empirique révèle à l'individu des valeurs essentiellement positives : un sens de la justice, une appréciation de la beauté, des sentiments d'amour et de respect de soi et d'autrui. La nécessité de rechercher ces valeurs et d'agir en accord avec elle est intrinsèque de la personnalité humaine. Il est impossible de les interpréter psychanalytiquement comme des formations réactives à des tendances opposées ou comme une sublimation de pulsions sexuelles instinctives. L'individu les vit sans conflit ; leur nature et leur logique s'impose à lui : elles font partie d'un ordre universel supérieur. On note avec intérêt que ces expériences présentent des parallèles frappants avec le concept de méta-valeurs et de méta-motivations déduits par Abraham Maslow des observations de personnes ayant connu, dans leur vie quotidienne, des « expériences paroxystiques » spontanées.[14]

Chez un individu ayant vécu entièrement la séquence de mort/re-naissance et demeurant sous l'influence de la MPF IV, les sentiments de joie et de soulagement s'accompagnent d'une relaxation, d'une sérénité et d'une tranquillité émotionnelle et physique. On remarque parfois que les sentiments de libération et de triomphe personnels sont si exagérés et si accentués qu'ils en deviennent caricaturaux. Un individu dans cet état se comporte de manière obsessionnelle et maniaque : il est incapable de rester calme, il court en tous sens vantant la splendeur et les mérites de son expérience. Il désire organiser une grande fête pour célébrer cet événement et conçoit des projets grandioses pour changer la face du monde. Cette attitude indique que l'expérience de re-naissance n'est pas totalement achevée. Le sujet est toujours sous l'influence d'éléments non résolus de la MPF III, en particulier, ceux ayant trait à l'angoisse et à l'agressivité. Dès que ces sentiments négatifs résiduels sont intégrés, l'expérience de re-naissance se manifeste sous une forme pure.

Le caractère positif de la MPF IV est parfois interrompu brusquement par l'apparition d'un ensemble spécifique de symptômes déplaisants : des douleurs dans la région ombilicale s'étendant par irradiation dans la vessie, le pénis, les testicules ou l'utérus. Elles s'accompagnent de difficultés respiratoires, de sentiments d'angoisse et d'urgence, de sensations de modifications spectaculaires dans l'organisme et d'une peur intense de la mort et de la castration. Cette dernière est parfois associée à la reviviscence d'événements impliquant une menace de castration ou ayant été interprétés comme tels. Ces souvenirs concernent bien souvent des cérémonies de circoncision, des interventions chirurgicales péniennes (nécessitées par un phimosis) ou à sa proximité (réduction d'une hernie scrotale ou inguinale, inflammations douloureuses du prépuce). Les femmes revivent, quant à elles, des sensations associées à une dilatation de l'urètre ou à un curetage, à un avortement ayant entraîné des complications, à une cystite grave et à des infections postpartum et gynécologiques. Cette séquence, généralement de courte durée, fut assimilée par certains sujets à une reviviscence de la crise liée à la section du cordon ombilical. Elle se distingue des expériences semblables vécues au cours de la phase précédente (MPF III) par une absence totale de sensations de pression et par le fait que les douleurs se limitent à la région pelvienne. L'observation de séances LSD suggère que cette expérience constitue une origine des peurs de la castration.

Le symbolisme religieux et mythologique de la quatrième matrice périnatale est riche et varié et se fonde, lui aussi, sur différentes traditions culturelles. L'expérience de la mort de l'ego est souvent associée à des images de déités terrifiantes et destructrices. Un sujet se verra sacrifié à la déesse Kali ; tout en souffrant l'angoisse terminale, il devra contempler son visage horrible, écouter le tintement épouvantable des crânes formant son collier et embrasser son vagin sanglant. Un autre s'identifiera à un bébé jeté par sa mère dans les flammes dévorantes grondant à l'intérieur d'une énorme statue de Moloch ; là, il partagera avec d'autres nouveau-nés la mort inévitable dans cc rituel immolatoire. Pour d'autres, la mort sera infligée par le terrible Shiva. Un autre symbole récursif de la mort de l'ego est le sacrifice au dieu solaire des Aztèques : Huitzilopochtli. Ici, un grand prêtre ouvre le corps du patient avec un couteau d'obsidienne et en extrait le cœur encore battant. La séquence de mort/re-naissance est souvent symbolisée par une identification à des déités spécifiques : le dieu précolombien Quetzalcoatl représenté par un serpent à plumes ou le dieu égyptien Osiris, tué et démembré par son frère Seth avant d'être ressuscité par sa femme et sœur Isis. Les autres déités symbolisant la mort et la résurrection aperçues dans ce contexte sont : Dionysos, Orphée, Perséphone et Adonis.

Le cadre de références symboliques le plus courant pour cette expérience est sans doute la mort du Christ sur la croix, sa résurrection, le mystère du Vendredi Saint et du Saint Graal. Ces événements s'accompagnent de perceptions intuitives quant à la signification et à l'importance de ce symbolisme en tant qu'élément le plus profond de la foi chrétienne. Les sujets (même s'ils étaient auparavant fortement opposés au Christianisme) reconnaissent, à l'issue de telles expériences, la valeur de ce message spirituel. Les racines périnatales du Christianisme sont mises en évidence grâce à son insistance simultanée sur l'angoisse et la mort (le Christ sur la croix), les périls encourus par le nouveau-né (le massacre des innocents ordonné par Hérode) et les soins et la protection maternels (la Vierge Marie et l'enfant Jésus).

L'individu qui a surmonté les difficultés et les vicissitudes de l'angoisse de la naissance et qui jouit de l'expérience de re-naissance éprouve, en principe, des sentiments triomphants et héroïques s'accompagnant d'images de réalisations surhumaines ou de victoires sur des monstres mythologiques : Hercule, enfant, triomphant des gigantesques serpents qui l'avaient attaqués ou, adulte, accomplissant ses différents Travaux ; saint Georges terrassant le dragon ; Thésée tuant le Minotaure ou Mithra le taureau, ou encore Persée faisant périr Méduse. D'autres créatures terrifiantes apparaissant dans ce contexte évoquent le Sphinx, l'Hydre, la Chimère, Echidné, Typhon ou d'autres représentants du bestiaire mythologique. L'expérience de re-naissance accueille également la victoire du bien et de la lumière sur le mal et les ténèbres : le dieu védique Indra, maître de la Foudre et dieu des Guerriers décimant des hordes de démons des ténèbres ; le dieu nordique Thor écrasant de dangereux géants avec son marteau magique ; ou les armées d'Ormuzd (Ahura-Mazda) triomphant de celles d'Ahriman dans la religion de Zoroastre.

L'aspect libérateur de la re-naissance et de l'affirmation des forces positives de l'univers s'exprime souvent par des visions de lumières radieuses, aveuglantes, possédant des qualités surnaturelles et émanant d'une source divine. Une brume translucide, bleutée et paradisiaque, un merveilleux arc-en-ciel ou des motifs subtils et compliqués évoquant des plumes de paons la remplacent parfois. Les représentations abstraites de Dieu perçu comme étant une énergie spirituelle pure ou un soleil transcendantal et cosmique sont fréquentes. Une forme particulière de cette expérience semble être l'union Atman-Brahman telle qu'elle est décrite dans les textes sacrés de l'hindouisme. L'individu se sent alors en contact avec l'élément divin le plus profond de son être. Son âme individuelle (Atman) perd son identité apparente pour se fondre avec sa source divine, l'Ame Cosmique (Brahman). Cette perception engendre des sentiments de contacts ou d'identité avec Dieu (*Tat tvam asi*, le « Tu es Cela » des Upanishads). Les représentations personnifiées de Dieu sont tout aussi courantes, telles par exemple les images classiques du Dieu chrétien, vieillard sage et bienveillant, siégeant sur un trône richement décoré, entouré de séraphins et de chérubins évoluant dans sa radieuse splendeur. Certains sujets connaissent une union avec l'archétype de la Mère ou avec une de ses versions plus spécifiques : la divine Isis des Egyptiens. Au chapitre des variantes sur le même thème on recense l'accueil au sein du Valhalla ou l'admission à une fête sur le Mont Olympe où règne la saveur suave du nectar et de l'ambroisie.

Le symbolisme séculier lié à la MPF IV est illustré par : le renversement d'un despote ou d'un tyran ; la chute d'un régime politique totalitaire ; la fin d'une guerre longue et épuisante ; la survie à une catastrophe naturelle ou le terme d'une situation dangereuse et critique.

Le symbolisme évoquant des images de la nature mérite une attention toute particulière. Avant de discuter des éléments apparaissant dans le cadre de la MPF IV, il me paraît opportun de faire quelques commentaires d'ordre général. Il existe des associations caractéristiques et fixes entre les matrices périnatales individuelles et les cycles cosmo-biologiques, les saisons et certains aspects de phénomènes naturels. Ainsi, les images typiques de la MPF II sont celles de paysages hivernaux désolés ; de déserts arides et inhospitaliers ; de la surface de la lune ; de cavernes sombres et dangereuses ; de marais hostiles ; d'un début de tempête ; et d'éclipses ou de couchers de soleil. La MPF III évoque le déchaînement des forces élémentaires : éruptions volcaniques, ouragans, orages magnétiques, séismes et catastrophes cosmiques, jungles menaçantes et fosses sous-marines dissimulant d'inquiétants prédateurs. Le symbolisme sélectif de la MPF IV dépeint des situations suivant des périodes de renouveau ou de transition : paysages de printemps ou moment de la fonte de la neige ou craquèlement de la glace à la surface des fleuves * ; champs verdoyants et pâturages idylliques au printemps avec des fermiers jouant de la flûte ; arbres bourgeonnant : atmosphère calme et paisible succédant à la tempête avec de merveilleux arcs-en-ciel déchirant le ciel ; levers de soleil cristallins après des nuits froides et paix des profondeurs océaniques. Les symboles les plus significatifs de la MPF IV sont les hauts pics enneigés balayés par une brise fraîche et rafraîchissante au lever du soleil ; l'épanouissement spirituel de la re-naissance est souvent représenté comme la réussite de l'ascension d'un sommet abrupt. Le monde animal offre une autre source de symbolisme, par exemple l'éclosion des œufs et des oisillons nourris par leurs parents. Pour compléter la liste des parallèles entre les matrices périnatales et les phénomènes naturels, il faut ajouter que des images typiques de la MPF I représentent des scènes dans lesquelles la beauté naturelle est associée à la sécurité, la fertilité et la générosité.

Les manifestations physiques propres à la MPF IV sont : retenue prolongée de la respiration, suffocation et augmentation de la tension musculaire suivies par une inspiration soudaine, un soulagement, une relaxation et des sensations sublimes de bien-être psychologique.

* La libération explosive de forces émotionnelles et affectives répressives et contraignantes (libération de l'« armure psychologique ») est souvent exprimée symboliquement par le bris d'icebergs ou le dégel et le déferlement subséquent des eaux.

En tant que matrice de mémoire, la MPF IV enregistre toutes les situations au cours desquelles le sujet a échappé à un danger quelconque. Les patients revivent donc des souvenirs liés à des épisodes suivant de près la fin d'une guerre ou d'une révolution (l'accent étant mis sur les célébrations de joie et d'allégresse) : la survie à des raids aériens, à des accidents, à des interventions chirurgicales, à des maladies graves voire à une noyade. D'autres se souviennent de situations au cours desquelles leur ingéniosité et leur détermination leur ont permis d'échapper à la mort. Tous les succès remportés au cours d'une vie se manifestent parfois en une succession rapide de flash-backs.

En ce qui concerne les zones érogènes freudiennes, cette matrice correspond, quel que soit le stade de développement, à la satisfaction résultant d'une activité libérant ou réduisant une tension. Au niveau oral : satisfaction de la soif et de la faim (ou fin d'une nausée grave avec vomissements), plaisir de sucer ou de déchiqueter un objet. Au niveau anal : satisfaction suivant la défécation ; et au niveau urétral : soulagement produit par l'évacuation de l'urine. Le phénomène correspondant au niveau génital est la relaxation succédant à un orgasme et pour les femmes c'est aussi le plaisir associé à un accouchement.

Pour illustrer la transition entre la MPF III et la MPF IV ainsi que la phénoménologie de cette dernière, nous livrons ici quelques extraits d'une séance de formation LSD d'un ecclésiastique.

> La musique commença à me parvenir déformée, le rythme s'accélérait. Les crescendo étaient des coups de lance et je ressentais une terrible confusion. J'avais toujours conscience de mon identité et de ma présence sur le divan de la salle de traitement. Des vagues de chaleur m'envahissaient et il me semblait vaguement que je transpirais. Je tremblais et j'étais nauséeux. Puis ma symphonie sauvage prit soudain le dessus. J'avais l'impression d'être au sommet d'une montagne russe, le vide m'attirait progressivement et j'étais incapable de contrôler mon engin qui, je le savais, allait faire le grand plongeon. Une analogie me vint à l'esprit : c'était un peu comme si j'avais avalé un bâton de dynamite allumé. Il allait exploser et je ne pouvais rien y faire. J'entendis, avant le plongeon de mon engin, une musique diffusée, me sem-

blait-il, par un million de casques acoustiques. Ma tête était énorme et j'avais mille oreilles, chacune captant une musique différente. Jamais je n'avais éprouvé une telle confusion. Je savais pourtant que j'étais couché sur le divan ; j'étais là, je me mourais et nul n'y pouvait rien. Mes efforts pour échapper à cette situation étaient vains ; la terreur m'envahissait. La seule solution était d'aller de l'avant. Les mots : « Aie confiance et obéis », « Aie confiance et obéis », « Aie confiance et obéis » me traversaient l'esprit comme des éclairs. Je n'étais plus dans la salle de traitement, je n'étais plus moi. Plusieurs scènes commencèrent à se dérouler simultanément pourtant il m'était possible de les dissocier ; je m'efforçais de trouver une signification à cet imbroglio.

La première scène me plongeait dans un marais peuplé de créatures hideuses. Elles s'avançaient vers moi mais paraissaient incapables de m'atteindre. Le marais devint soudain un des canaux de Venise, celui qu'enjambe le Pont des Soupirs. Ma famille, ma femme et mes enfants se tenaient sur le pont et me regardaient ; leur visage était dépourvu de la moindre expression.

Pour décrire la perte de contrôle de mon véhicule sur les montagnes russes, une seule comparaison s'impose à moi : je marche sur une surface glissante, très glissante. Tout est verglacé, pas la moindre aspérité et je glisse, je glisse toujours plus loin vers l'oubli. La scène de ma mort fut horrible ; elle se situait sur la place d'une ville médiévale ceinte par des façades de cathédrales gothiques. Des niches s'échappaient des personnages, des animaux et des chimères, des démons, des esprits — tout le bestiaire des tableaux de Jérôme Bosch. Ils descendaient des tours des cathédrales et s'avançaient à ma rencontre. Une angoisse, une douleur, une panique, une terreur et une horreur sans nom m'envahirent à ce moment. La douleur enserrait mes tempes : je mourais ! Ma mort s'acheva lorsque les pressions m'anéantirent et que je fus attiré vers un autre monde.

Ce monde extérieur s'avéra être une succession de morts à un niveau tout différent, cependant. La terreur et la panique m'avaient maintenant quitté ; seuls demeuraient l'angoisse et la douleur alors que je participais à la mort de l'humanité. Je vivais la passion de notre Seigneur Jésus-Christ. J'étais le Christ mais j'étais également tous les hommes morts et nous nous dirigions vers le Golgotha. Je n'étais nullement déconcerté ; mes visions étaient parfaitement claires, ma souffrance et ma tristesse intenses. C'est à cet instant qu'une goutte de sang commença à maculer le visage de Dieu. Je ne voyais pas Son visage, seulement cette larme qui glissait, qui recouvrait le monde entier alors que Dieu participait à la mort et à la souffrance de tous les hommes. Cette séquence conserve un tel impact dans mon souvenir qu'il m'est pénible d'en parler. Nous marchions vers le Golgotha ; là, je fus crucifié avec le Christ et tous les hommes ; jamais douleur n'avait été si forte, j'étais le Christ, j'étais crucifié, j'étais mort.

Un chant céleste résonna alors que nous mourions tous sur la croix. C'était la voix des anges ; ils chantaient et nous nous élevions lentement dans les cieux. C'était un peu comme une naissance. Au moment de ma mort, le vent siffla et me précipita de la croix vers un autre monde. Notre ascension progressive s'était amorcée. Il y avait de grandes processions dans d'immenses cathédrales — cierges et lumière et or et encens — tout s'élevait. Je n'avais plus aucune conscience de mon existence personnelle. J'étais dans toutes les processions et toutes les processions étaient en moi ; j'étais chaque homme et tous s'élevaient. La splendeur et la magnificence de cette ascension dépassaient toute description. Nous nous élevions vers la lumière, toujours plus haut, à travers de majestueux piliers de marbre immaculés. Nous laissions derrière nous les bleus, les verts, les pourpres, les violets et l'or des cathédrales et les habits royaux de certains personnages. Nous nous élevions dans la blancheur. La musique était envoûtante, tout le monde chantait. Ensuite, une vision s'imposa à moi.

Il s'agissait véritablement d'une « vision » et elle dégageait une impression très différente de tout ce que j'avais éprouvé auparavant. Le suaire de notre Seigneur me toucha. En fait, ce ne fut pas vraiment moi qu'il effleura mais tous les hommes. N'étais-je donc pas tous les hommes ? Plusieurs faits se produisirent simultanément lors de ce contact. Nous devînmes tous minuscules — de la taille d'une cellule, d'un atome. J'étais paix, joie et amour ; j'aimais Dieu. Le frôlement du suaire me fit aussi l'effet d'un cable à haute tension. Tout explosa. Nous fûmes déposés dans le lieu le plus élevé qui soit : le lieu de la lumière absolue. Le silence y régnait ; aucun son, juste une lumière pure. J'éprouvais le sentiment d'être au centre de la source d'énergie. J'étais Dieu — je n'étais pas seulement en sa présence ; j'étais *en* Dieu, je participais de Dieu.

Cette vision ne dura guère (quoique le temps n'ait pas de signification dans de telles circonstances). Puis la descente s'ébaucha. Ce n'était pas une descente dans un monde connu et familier, mais une descente dans un monde d'une grande, d'une prodigieuse beauté. Couvrant les chœurs, les Sanctus, les Gloria, les Hossanna, j'entendis une voix d'oracle : « Ne désire rien, ne désire rien. » (Même en ce moment, j'entends cette voix.) Puis, une autre : « Ne cherche rien, ne cherche rien. »

Durant cette séance, bien d'autres visions m'assaillirent, que j'aimerais partager avec vous. Je regardai, à un moment, dans la terre jusqu'aux entrailles mêmes de l'univers et mon regard découvrit le secret : Dieu est vénéré en tout lieu. Je vis des cellules de prisons dans les abîmes ; je passai de l'une à l'autre, les portes s'ouvrirent et les détenus sortirent pour prier Dieu.

J'eus une autre vision puissante, celle d'un personnage qui marchait sur les eaux d'un fleuve majestueux s'étirant dans une vallée profonde. Des nénuphars flottaient sur l'eau et le cours du fleuve sinuait calmement. La vallée était enfermée par de hautes montagnes. Et brusquement, j'entendis une voix : « Le fleuve de la vie coule vers la bouche de Dieu. » Je désirais de toutes mes forces entrer dans ce fleuve. Il m'est d'ailleurs toujours impossible de préciser si je marchais sur les eaux ou si j'étais le fleuve. Des hordes de personnes et d'animaux — toute la création — dévalaient des pentes et se précipitaient dans le courant du fleuve de la vie.

Lorsque ma symphonie se termina, je me sentis m'élever et la certitude de me trouver dans la salle de traitement prévalut. La terreur et l'humilité, la paix, la félicité et la joie ne me quittaient pas. J'avais la très nette impression d'avoir rencontré Dieu dans le centre d'énergie de l'univers. Aujourd'hui, je conserve la conviction profonde que tous les hommes ne font qu'un et que le fleuve de la vie coule en Dieu et qu'il n'existe aucune distinction entre les hommes — amis ou ennemis, noirs ou blancs, hommes ou femmes — nous ne faisons tous qu'un.

SIGNIFICATION DES MATRICES PÉRINATALES FONDAMENTALES DANS LE CADRE D'UNE PSYCHOTHÉRAPIE LSD

Pour des raisons de clarté, j'ai présenté les matrices périnatales fondamentales selon l'ordre des phases correspondantes de l'accouchement lors d'une véritable naissance. Il importe toutefois de préciser qu'en thérapie LSD ou durant les séances LSD individuelles, cet ordre chronologique naturel n'est jamais respecté. Les matrices périnatales se manifestent suivant des schémas et des combinaisons de séquences traduisant une grande variabilité inter-individuelle. Les configurations polymorphes et multidimensionnelles se déroulant au cours de ce processus dépendent d'un certain nombre de variables dont les plus évidentes sont : la personnalité du sujet, les aspects spécifiques de sa biographie, le type de symptomatologie clinique impliquée, les circonstances actuelles de la vie du patient, la personnalité du thérapeute ou de l'assistante, et les circonstances et le cadre. Au cours d'une thérapie psycholytique avec des patients relevant de la psychiatrie, gravement perturbés (en particulier des psycho-névrotiques), il faut souvent patienter de nombreuses séances avant que ne soient mises à jour toutes les couches des expériences traumatisantes de la vie d'un individu. Dès qu'ils ont transcendé le niveau psychodynamique et que des éléments périnatals émergent, ces patients se retrouvent généralement confrontés, en premier lieu, avec la situation du « sans issue » (MPF II). Les phénomènes liés au conflit mort/re-naissance (MPF III) prennent ensuite le pas sur les précédents. Il arrive, en de rares occasions, que des épisodes de re-naissance (MPF IV) et d'unité cosmique (MPF I) se produisent. Certains éléments de la première matrice périnatale et diverses structures dynamiques sont vécus après la mort de l'ego et la re-naissance. Les phénomènes relatifs à la naissance biologique (MPF II, MPF III et MPF IV) disparaissent enfin et ne réapparaissent plus au cours des séances ultérieures. Ces dernières sont dominées par des expériences transpersonnelles et leur contenu est essentiellement religieux et mystique.

Chez les individus moins perturbés et chez les sujets « normaux », des expériences extatiques positives liées aux MPF IV et MPF I se manifestent parfois dès les premières séances, en particulier si l'on utilise de fortes doses de LSD. Les matrices périnatales fondamentales II et III prévalent durant les premières heures d'activité de la drogue alors que les matrices périnatales fondamentales IV et I exercent leur souveraineté durant la dernière partie des séances. En thérapie psychédélique, les plans périnatals sont souvent atteints lors des premières séances avec des sujets normaux, avec des patients confrontés à l'imminence de la mort (au stade terminal d'une maladie grave), et avec des patients relevant de la psychiatrie. Nos observations indiquent que certaines circonstances favorisent la manifestation d'expériences de re-naissance et d'unité cosmique à savoir : une préparation et des techniques thérapeutiques particulières, l'utilisation de fortes doses, d'un bandeau sur les yeux et l'écoute de musique stéréophonique.

Le concept des matrices périnatales fondamentales est très utile pour comprendre la dynamique des séances LSD impliquant des phénomènes de mort/re-naissance et celle des intervalles post-séances. Leur fonction directrice est comparable au rôle des systèmes COEX du plan psychodynamique.

L'activation d'une matrice périnatale particulière détermine la manière dont le sujet perçoit les personnes présentes durant la séance ainsi que son environnement immédiat ; la perception est donc fonction du contenu spécifique de la matrice. Les événements se produisant au cours de la période finale d'une séance sont d'une importance capitale pour son résultat et pour la nature de l'intervalle post-séance. Si le sujet est sous l'influence puissante de l'une des matrices périnatales au moment où l'action pharmacologique de la drogue cesse, il en ressentira les effets sous une forme atténuée, pendant des jours, des semaines voire des mois après le terme effectif de la séance. Ces conséquences sont très caractéristiques et distinctes pour chacune des quatre matrices périnatales.

Si la période finale d'une séance LSD est dominée par une MPF II et que le sujet retrouve son état normal sous son influence, l'intervalle post-séance se caractérise par une dépression grave. L'individu souffre alors de divers sentiments des plus déplaisants ; le regard qu'il porte sur son passé est marqué par des sentiments d'angoisse, de culpabilité, d'infériorité et de honte. Son présent lui paraît insupportable et riche de problèmes insolubles ; quant au futur, il est désespérant. La personne est incapable de prendre plaisir à la vie. Elle n'appréhende du monde que les aspects hostiles, laids et ternes. Des envies suicidaires ne sont pas rares dans un tel état d'esprit ; elles se traduisent en général par un désir de s'endormir ou de perdre conscience, de tout oublier et de ne plus jamais s'éveiller. L'individu nourrit toute sorte de fantasmes : absorber des somnifères ou des narcotiques en grandes quantités, boire « jusqu'à ce que mort s'ensuive », inhaler du gaz, se noyer en eaux profondes ou marcher dans la neige jusqu'à épuisement (suicide I). Les symptômes physiques accompagnant typiquement cet état sont : les maux de tête ; l'oppression de la poitrine ; des difficultés respiratoires ; diverses douleurs cardiaques ; des sifflements dans les oreilles ; une constipation ; une perte d'appétit ; et un manque d'intérêt pour la sexualité. Les sensations d'épuisement, de fatigue, de somnolence sont très courantes ainsi qu'une tendance à passer toute la journée au lit dans une chambre sombre.

Une séance LSD se stabilisant sous l'influence d'une MPF III suscite des sentiments de tension agressive intense accompagnés d'appréhension aussi fortes que vagues ; par exemple, l'anticipation d'une catastrophe. Les sujets se comparent souvent à une « bombe à retardement ». Ils redoutent la violence, pourtant leur irritabilité et leur forte tendance à provoquer des conflits ne sont pas rares. Le monde est un endroit dangereux et imprévisible où il faut toujours se tenir sur ses gardes et être prêt à se battre pour défendre sa vie. Conscients de leurs handicaps ou de leurs limites (réelles ou imaginaires), ils font des efforts tout aussi exagérés que désespérés pour s'affirmer. Les réactions suggèrent, ici, une dépression agitée accompagnée d'incontinence émotionnelle et d'excitation psychomotrice. Les pensées et les tendances suicidaires sont très fréquentes mais répondent à un schème très différent de celui décrit pour la MPF II. Les individus dans cet état d'esprit envisagent des formes de suicide sanglant : se jeter sous un train ; sauter d'une fenêtre ou d'une falaise ; se faire hara-kiri ; ou se tirer une balle dans la tête (suicide II). Les symptômes physiques associés à ce syndrome sont : des crispations, des contractions et des tics résultant de la tension musculaire ; des maux de tête ; des douleurs dans diverses parties du corps ; des nausées voire des vomissements ; une intensification du transit intestinal et des diarrhées ; un besoin fréquent d'uriner et une transpiration abondante. On observe aussi, au niveau sexuel, une augmentation excessive de la pulsion libidinale que même des orgasmes répétés ne réussissent pas à satisfaire. Cette intensification de la tension sexuelle se traduit parfois chez les hommes par l'impuissance et l'éjaculation précoce et chez les femmes par une forte tension prémenstruelle, des dysménorrhées et le vaginisme.

Les sujets ayant vécu une séance se terminant sous l'influence d'une MPF IV montrent un comportement différent. Le soulagement souvent spectaculaire ou même la disparition d'anciens symptômes psychopathologiques et la réduction des problèmes émotionnels de toute sorte sont caractéristiques de cet état. Les individus éprouvent le sentiment d'avoir tourné le dos au passé et d'être prêts pour un nouveau départ dans la vie. Des sentiments réjouissants libres de toute angoisse, de toute dépression, de toute culpabilité accompagnent une profonde relaxation physique et la certitude de l'harmonie physiologique. La simplicité de la vie s'impose à l'individu qui connaît une richesse sensorielle inhabituelle ainsi qu'une joie intense.

Une séance LSD dominée par la MPF I se stabilisera soit sous l'influence de ses aspects positifs ou de ses aspects négatifs. Dans le premier cas, l'intervalle postséance rappellera celui de la MPF IV. Les sentiments sont toutefois beaucoup plus profonds et vécus dans un cadre religieux ou mystique. Les sujets découvrent de nouvelles dimensions de l'univers, possèdent l'intime conviction de faire partie intégrante de la création et ont tendance à considérer les détails ordinaires de la vie quotidienne — repas, randonnées dans la nature, jeux avec des enfants ou relations sexuelles — comme étant sacrés. L'expérience d'unité cosmique renferme un potentiel thérapeutique rare et ses conséquences bénéfiques pour l'individu peuvent être durables. En revanche, si l'influence dominante est négative, le patient connaît divers degrés et diverses formes de détresse tant émotionnelle que physique accompagnant des données factuelles déconcertantes. Ces dernières s'expriment dans un contexte métaphysique en termes occultes, mystiques ou religieux. L'aspect déplaisant de l'expérience est attribué à des forces adverses de la destinée, à un mauvais karma, à des influences astrologiques ou cosmobiologiques maléfiques, ou encore à diverses entités individuelles. Il arrive, dans certains cas extrêmes, que cet état d'esprit prenne des proportions psychotiques. Ayant assimilé et intégré cette expérience, l'individu adopte une attitude expérimentale et métaphorique à l'égard de ses interprétations antérieures.

5. LES EXPERIENCES TRANSPERSONNELLES

Les expériences transpersonnelles se produisent rarement durant les premières séances d'une thérapie psycholytique ; en revanche, elles deviennent assez courantes à un stade plus avancé après que le sujet ait assimilé et intégré le matériau des plans psychodynamique et périnatal. Les éléments transpersonnels dominent en fait toutes les séances LSD suivant l'expérience finale de mort/re-naissance. Des expériences transpersonnelles se manifestent parfois durant les périodes culminantes de la première séance à forte dose d'un traitement psychédélique.

Les expériences transpersonnelles constituent un concept relativement neuf en psychologie ; aussi, avant de les étudier en détail, vais-je tenter de les définir. Elles s'inscrivent dans un groupe de phénomènes très riches et très variés, néanmoins elles possèdent un dénominateur commun : l'individu a le sentiment que sa conscience s'étend bien au-delà des limites habituelles de son ego ainsi que de celles du temps et de l'espace. Dans les états de conscience naturels, un individu existe dans les limites de son corps physique qui le sépare très distinctement du reste du monde. Il a conscience de l'espace qu'il occupe en tant qu'entité physique et aussi de ses points de contact avec le monde extérieur. C'est ce qu'on nomme, en général, l'image du corps. L'individu a une perception de son environnement limitée par sa sensibilité extéroceptive. Sa perception interne (« interoception ») et sa perception de l'environnement (« extéroception ») sont toutes deux soumises à des limitations spatio-temporelles spécifiques. En principe, une personne ne *vit* que les événements survenant à l'instant présent et au lieu où elle se trouve ; elle se *souvient* d'événements s'étant produits à un autre moment et en un autre lieu et elle *imagine* ou *anticipe* des événements qui se produiront ultérieurement. La caractéristique fondamentale des expériences transpersonnelles réside dans le fait qu'une ou plusieurs de ces limitations semblent être transcendées. Il arrive que le sujet connaisse un relâchement des défenses habituelles de son ego ; sa conscience semble s'élargir jusqu'à englober d'autres individus et des éléments du monde extérieur. Il conserve parfois sa propre identité mais sous une forme, à un moment, en un lieu ou dans un contexte autres. Certains sujets vivent une perte complète de leur propre identité et une identification totale avec la conscience d'une autre personne ou d'une entité. Enfin, dans une catégorie assez représentative d'expériences transpersonnelles, la conscience du sujet semble inclure des éléments qui n'ont aucun rapport de continuité avec l'identité de son ego habituel et qui ne peuvent être considérés comme de simples dérivés de ses expériences dans l'univers tri-dimensionnel.

Sur la base de ce qui précède, on peut donc définir les expériences transpersonnelles comme étant des expériences impliquant une expansion ou une extension de conscience au-delà des limites habituelles de l'ego et au-delà des limitations du temps et/ou de l'espace. Les expériences transpersonnelles couvrent une gamme très vaste de phénomènes et présentent des facettes si multiples qu'il est extrêmement difficile de trouver un *principium divisionis* approprié et de proposer un système simple et complet permettant leur classification et leur description systématique. Ce problème pourrait être abordé sous bien des angles, et n'en doutons pas, chacun offrirait des alternatives intéressantes. J'ai opté, dans le cadre de cet exposé, pour un système de classification se basant sur une précision formelle : le contenu d'une expérience transpersonnelle particulière renferme des éléments du monde phénoménal tri-dimensionnel (ou « réalité objective ») tel que nous le connaissons dans nos états de conscience habituels. Certaines expériences transpersonnelles font intervenir des phénomènes dont l'existence a, en général, été acceptée sur la base de validations consensuelles, d'évidences empiriques ou de recherches scientifiques. Il en va ainsi, par exemple, pour les expériences embryonnaires, les souvenirs ancestraux et phylogéniques ou des éléments de l'inconscient collectif. Ce n'est pas le contenu de l'expérience par lui-même (le fait du développement embryonnaire, de la continuité génétique avec des ancêtres humains ou animaux ou l'appartenance à un groupe racial et culturel particulier) qui est remarquable et surprenant, mais bien l'existence de ces éléments dans l'inconscient humain et la possibilité pour l'individu de les vivre consciemment, d'une manière réaliste. Une telle catégorie d'expériences transpersonnelles peut encore être subdivisée sur la base d'une autre distinction : l'extension de conscience qu'elles suscitent est-elle compréhensible en termes d'altération des dimensions spatio-temporelles ?

Il existe également un groupe de phénomènes PES * pouvant être qualifiés d'expériences transpersonnelles, dont le contenu est compréhensible dans le cadre de la « réalité objective ». Dans le cas de la prescience, de la clairvoyance et de la clairaudience **, des « voyages dans le temps », des expériences hors du corps, de la prémonition, des « voyages dans l'espace » et de la télépathie, ce n'est pas tant le contenu des expériences qui est inhabituel que le moyen d'acquérir une certaine information ou de percevoir une certaine situation qui, selon les paradigmes scientifiques communément acceptés, sont hors de l'atteinte des sens.

Cette seconde catégorie d'expériences transpersonnelles comprendra donc des phénomènes qui ne font pas partie de la « réalité objective » au sens occidental du terme. Il est ici question de communication avec des esprits de défunts ou d'entités spirituelles surhumaines, de rencontre ou d'identification avec diverses déités, d'expériences archétypes, etc.

La classification expérimentale que voici se base donc sur le principe exposé ci-dessus :

* PES : perception extra-sensorielle. N.d.T.

** Clairaudience : néologisme créé par analogie avec clairvoyance. N.d.T.

Expériences Transpersonnelles.

I. Extension Empirique au sein du Cadre de la « Réalité Objective ».

A. EXPANSION TEMPORELLE DE LA CONSCIENCE
Expériences embryonnaires et fœtales
Expériences ancestrales
Expériences collectives et raciales
Expériences (Evolutives) Phylogéniques
Expériences d'Incarnations Passées
Prescience, Clairvoyance, Clairaudience et Voyages dans le Temps

B. EXPANSION SPATIALE DE LA CONSCIENCE
Transcendance de l'Ego dans les Relations Interpersonnelles et l'Expérience d'Unité Duale
Identification avec d'Autres Personnes
Identification et Conscience de Groupe
Identification Animale
Identification Végétale
Unité avec la Vie et avec l'Ensemble de la Création
Conscience de la Matière Inorganique
Conscience Planétaire
Conscience Extra-Planétaire
Expérience Hors du Corps, Clairvoyance et Clairaudience Prémonitoire, « Voyages dans l'Espace » et Télépathie

C. CONTRACTION SPATIALE DE LA CONSCIENCE
Conscience Organique, Tissulaire et Cellulaire

II. Extension Empirique au-delà du Cadre de la Réalité Objective

Expériences Spirites et Médiumniques
Expériences de Rencontres avec des Entités Surhumaines

Expériences d'Autres Univers et Rencontres avec leurs Habitants
Expériences d'Archétypes et Séquences Mythologiques Complexes
Expériences de Rencontres avec Diverses Déités
Compréhension Intuitive des Symboles Universels
Activation des Chakras et Eveil du Pouvoir du Serpent (Kundalini)
Conscience de l'Esprit Universel
Le Vide Supra-Cosmique et Méta-Cosmique

Il importe de ne pas oublier que les expériences transpersonnelles, en particulier durant des séances psychédéliques, ne se manifestent jamais sous une forme pure. J'ai déjà eu l'occasion de signaler que des phénomènes périnatals s'accompagnent souvent de certaines expériences transpersonnelles types, telles qu'une identification avec d'autres personnes, une identification de groupe, certaines expériences archétypes ou des rencontres avec diverses déités. De même, des expériences embryonnaires se produisent parfois simultanément avec des souvenirs phylogéniques et avec une expérience d'unité cosmique. Ces associations sont relativement constantes et reflètent des interrelations intrinsèques profondes entre divers types de phénomènes psychédéliques ainsi que la nature multidimensionnelle de l'expérience LSD.

Je vais maintenant m'efforcer de décrire brièvement chacune des expériences transpersonnelles reprise dans la liste synoptique ci-dessus et d'en illustrer certaines par des exemples cliniques typiques.

EXTENSION EMPIRIQUE AU SEIN DU CADRE DE LA « REALITE OBJECTIVE ».

EXPANSION TEMPORELLE DE LA CONSCIENCE

Expériences Embryonnaires et Fœtales

Les premiers phénomènes transpersonnels que j'ai observés ou reconnus dès les débuts de la thérapie psycholytique furent les expériences embryonnaires et fœtales. Leur existence représente un sérieux défi aux paradigmes scientifiques en vigueur ; pourtant, de tous les éléments transpersonnels émergeant au cours de séances LSD, ce sont certainement les moins discutables. Nous avons déjà eu un aperçu de certains aspects de ces expériences dans le cadre de la MPF I, puisqu'elles se manifestent souvent lors du déroulement périnatal. Des épisodes concrets et cohérents qui rappellent des souvenirs d'événements spécifiques liés à l'évolution intra-utérine de l'individu sont assez courants durant les séances psychédéliques et psycholytiques avancées. Nombre d'entre eux concernent des cas de psychotraumatisation résultant de divers stimuli nocifs et perturbants de nature mécanique, biologique, physique ou biochimique. Les individus rapportant ces reviviscences sont convaincus que le fœtus est capable d'expérimenter subjectivement des perturbations brutales de son existence (tentatives d'avortement, bruits pénétrants et forts, vibrations intenses et commotions mécaniques) mais aussi l'angoisse associée à l'état somatique de la mère lorsque celle-ci est malade, épuisée ou intoxiquée. Plus surprenant encore : certains individus affirment que le fœtus est conscient des états affectifs de sa mère, voire qu'il les partage et qu'il participe à ses crises d'angoisse, à ses chocs émotionnels, à ses élans d'agressivité ou de haine, à ses humeurs dépressives, à ses envies sexuelles mais également à ses sentiments de relaxation, de satisfaction, d'amour et de bonheur. Les récits de transmission de pensée entre la mère et l'enfant constituent un autre aspect intéressant de cette catégorie de phénomènes. Certains parlent littéralement de communication télépathique. De nombreux sujets prenaient conscience, en revivant ces états intra-utérins, que cette communication avec leur mère leur avait révélé s'ils étaient aimés et désirés ou l'inverse. Pour de nombreux patients relevant de la psychiatrie, cette question revêtait une importance capitale ; les sujets consacraient un long moment à l'assimilation de cette révélation. Dans le cas de jumeaux, le partage de la vie intra-utérine avec un « semblable » et un rival soulevait un problème d'une grande complexité exigeant un travail psychologique très intense. La détresse fœtale n'est cependant pas le seul aspect des expériences intra-utérines. Les épisodes de sentiments océaniques positifs et d'union bienheureuse avec la mère sont aussi fréquents ; ils s'accompagnent d'un échange enrichissant d'énergies physiques, émotionnelles et spirituelles ainsi que de pensées et d'intuitions réconfortantes de nature transcendantale.

L'authenticité des événements intra-utérins « réveillés » par le LSD demeure une question ouverte tout comme celle de la reviviscence de souvenirs de l'enfance et de la naissance. Il paraît toutefois plus approprié de parler d'expériences que de souvenirs. Je me suis toujours efforcé de me montrer impartial à l'égard de ces phénomènes. Chaque fois que cela fut possible, j'ai pris soin de vérifier objectivement les récits des patients, aussi absurdes que ces démarches aient pu paraître aux yeux de mes collègues. Cette tâche fut encore plus difficile que dans le cas des souvenirs de l'enfance. J'ai pourtant réussi, à plusieurs reprises, à me faire confirmer certains faits en questionnant la mère et les autres personnes impliquées ; je préciserai enfin que pour ce faire, j'ai pris toutes les précautions nécessaires afin d'éviter une déformation des données.

Un autre aspect intéressant de ces expériences — qui me parut pour le moins surprenant — fut que les sujets faisaient preuve, dans leurs comptes rendus, d'une connaissance spécifique de l'embryologie et de la physiologie de la grossesse qui ne venait certes pas de leur formation. Il n'était pas rare qu'ils décrivent avec précision certaines caractéristiques des bruits cardiaques de la mère et de l'enfant, la nature des phénomènes acoustiques dans la cavité pelvienne ; la position, les traits physiques et le comportement du fœtus ; des faits pertinents quant à la circulation placentaire, et même des détails quant aux échanges entre le sang maternel et fœtal dans les villosités choriales. Les descriptions gravidiques apparaissant dans les récits de sujets LSD reflètent parfois une conscience des processus intervenant au niveau de la physiologie tissulaire, des échanges cellulaires et des réactions biochimiques. Des scientifiques de diverses disciplines (psychiatres, psychologues et biologistes) qui participèrent au programme de formation LSD exprimèrent leur étonnement face à l'authenticité et à la précision de ces expériences. Ces mêmes sujets insistaient habituellement sur le fait qu'elles s'étaient déroulées au cours de séances où, pourtant, ils n'acceptaient pas (auparavant) la possibilité d'une mémoire prénatale ; qui plus est, l'existence de tels phénomènes était contraire à leurs convictions scientifiques.

Les expériences d'existence intra-utérine correspondent parfois à des phases primitives du développement embryonnaire. L'accent n'est pas mis, dans ces cas, sur l'interaction mère-fœtus ou sur la réaction du fœtus aux influences extérieures ; l'individu se concentre plutôt sur la croissance des tissus, sur la différenciation des organes et sur les processus biochimiques intervenant dans cette croissance rapide. Les perceptions caractérisant ce niveau sont liées aux facteurs héréditaires, spirituels et cosmiques déterminant le développement de l'embryon ; elles font intervenir une conscience d'influences génétiques, de champs énergétiques cosmobiologiques et astrophysiques, de forces métaphysiques, de constellations archétypes et l'action de la loi karmique.

Il ressort de ce qui précède que les expériences embryonnaires et fœtales se produisent en relation étroite avec d'autres types de phénomènes transpersonnels. Les expériences intra-utérines positives s'accompagnent de sentiments d'unité cosmique, d'images de diverses déités bienheureuses et d'archétypes bienfaiteurs, en particulier ceux de la Mère et de la Mère Nature. Les épisodes de crises fœtales et embryonnaires s'accompagnent, en revanche, de souvenirs ancestraux traumatisants, de visions de démons et d'entités courroucées, de manifestations archétypes malveillantes et d'expériences d'incarnations passées négatives (« mauvais karma »). Je rappellerai, pour être complet, qu'on observe souvent, dans ce contexte, des éléments de conscience tissulaire et cellulaire. Les souvenirs (évolutifs) phylogéniques sont également concomitants aux expériences fœtales et embryonnaires. Cette liaison s'établit même chez des sujets sans formation particulière qui ignorent tout de la loi biogénétique de Ernst Haeckel selon laquelle l'embryon répète au cours de son développement (ontogenèse) l'histoire de son espèce (phylogenèse), d'une manière abrégée et condensée.

Je citerai, en conclusion, un court extrait d'une séance

LSD avancée de Richard, dont j'ai exposé le cas lors de la description des systèmes COEX (cf. page 77). Cet exemple illustre la nature des expériences intra-utérines. Précisons que la vérification objective des faits évoqués s'est avérée positive.

Durant une séance de sa thérapie psycholytique, Richard décrivit ce qui paraissait être une expérience intra-utérine authentique. Il se sentait immergé dans le liquide amniotique et relié au placenta par le cordon ombilical. Il avait conscience d'une nourriture se répandant dans son corps par la région ombilicale et éprouvait de merveilleux sentiments d'union symbiotique avec sa mère. Il percevait une circulation continue entre eux ; un liquide dispensateur de vie — le sang — paraissait créer une sorte de lien magique entre lui et sa mère. Il entendait des bruits cardiaques ayant une fréquence différente qui se fondaient en un modèle acoustique vibratoire. Ceci s'accompagnait de sons caverneux et de grondements qu'il identifia, après quelques hésitations, comme étant produits par des gaz et du liquide durant les mouvements péristaltiques des intestins de sa mère, voisins de l'utérus. Il avait pleinement conscience de l'image de son corps et des différences qu'elle présentait avec sa « version adulte » : sa tête était disproportionnée par rapport à son corps et à ses extrémités. Se fiant à des éléments qu'il était par ailleurs incapable d'identifier ou d'expliquer, il précisa qu'il était un fœtus relativement mûr et que le terme de la grossesse était proche.

Il entendit soudain d'étranges bruits provenant du monde extérieur. Ils possédaient une qualité bizarre : des coups résonnaient dans une vaste salle ou lui parvenaient à travers une couche d'eau. L'effet qui en résultait lui rappelait le genre de sons que les techniciens obtiennent par des procédés électroniques dans les enregistrements modernes. Il conclut, en définitive, que la paroi abdominale et le liquide amniotique étaient responsables de la distorsion et qu'il s'agissait bel et bien de bruits lui parvenant du monde extérieur. Il essaya alors d'identifier leur source et leur provenance. Il reconnut au bout d'un moment des voix, des cris et des rires humains et ce qui lui semblait être des trompettes de carnaval. L'idée lui vint soudain qu'il devait s'agir de la fête qui se déroulait chaque année dans son village natal deux jours avant son anniversaire. Il assembla alors toutes les pièces du puzzle et comprit que sa mère avait dû assister à cette réjouissance à un stade avancé de sa grossesse.

Lorsque j'interrogeai la mère de Richard sur les circonstances de sa naissance, elle me raconta l'histoire suivante (je précise que je ne lui avais soufflé mot de la séance LSD de son fils) : dans la vie relativement terne de ce village, la fête annuelle était une occasion rare de divertissement. Elle n'aurait manqué pour rien au monde cette manifestation. Sa mère et sa grand-mère s'étaient opposées à sa décision et l'avaient mise en garde contre les risques qu'elle prenait ; elle avait pourtant quitté la maison pour participer aux festivités. Selon l'avis de ses parents, l'environnement bruyant et l'excitation avait précipité la naissance de Richard. Richard m'affirma n'avoir jamais eu vent de cette histoire et sa mère me confirma qu'elle ne se souvenait pas de lui en avoir jamais parlé.

Expériences Ancestrales

Cette catégorie d'expériences transpersonnelles se caractérise par un sentiment puissant de régression dans l'histoire, à des périodes précédant la conception du sujet et son développement embryonnaire. L'individu comprend que sa mémoire a transcendé ses limites habituelles et qu'il se trouve en présence d'une information liée à la vie de ses ancêtres biologiques. De telles expériences concernent parfois un passé relativement récent et des ancêtres directs du côté maternel ou paternel. Il arrive, cependant, que ces souvenirs soient liés à des événements survenus il y a plusieurs générations voire plusieurs siècles. Le contenu de ces phénomènes est, en général, compatible avec le contexte racial et historique du sujet. Un individu juif vivra des épisodes de vie tribale en Israël à l'époque biblique et développera un lien étroit avec son patrimoine historique, religieux et culturel. Un Scandinave assistera à diverses scènes d'explorations aventureuses et de conquêtes par les Vikings, avec une précision étonnante quant aux détails : habits, armes, bijoux et technique de navigation. Un Afro-Américain revivra des séquences de la vie de ses ancêtres africains, qu'il s'agisse de la vie quotidienne dans un village ou des festivités et des rituels tribaux. Une variante lui présentera des événements traumatisants liés à l'histoire de l'esclavage. De telles expériences s'accompagnent souvent de perceptions psychologiques intéressantes ; le sujet rapproche ces éléments archaïques de sa personnalité actuelle et prend conscience de leur influence sur son comportement quotidien.

Les expériences ancestrales sont polymorphes et complexes. Elles consistent parfois en des reviviscences de brefs épisodes de la vie d'un ancêtre ou de séquences complètes riches en détails concrets. Elles accordent quelquefois l'individu à la personnalité de l'un de ses ancêtres biologiques jusqu'à susciter une identification physique, émotionnelle et intellectuelle complète. Les expériences ancestrales suivent également un schéma plus diffus et plus général ; elles s'expriment par des sentiments complexes concernant l'atmosphère psychologique et les relations interpersonnelles au sein de familles, de clans et de tribus ou de perceptions intuitives d'attitudes culturelles, de systèmes de croyance, d'habitudes familiales, de traditions, de superstitions et de préjugés. Certains sujets ont reconnu que de telles expériences leur avaient permis de résoudre bon nombre de leurs problèmes et de leurs conflits personnels. Ils les relièrent à des points de friction, des incompatibilités et des divergences de vue entre leurs familles paternelle et maternelle. Ce qu'ils considéraient auparavant comme des problèmes essentiellement intrapsychiques s'avéraient être, en réalité, une introjection de conflits opposant les familles de leurs géniteurs.

Deux caractéristiques importantes différencient les expériences ancestrales du groupe suivant, celui des expériences collectives et raciales. Les personnes auxquelles l'individu s'identifie appartiennent toujours à sa lignée culturelle ou à sa famille. L'autre distinction, plus importante celle-là, est une certaine qualité empirique des expériences ancestrales : le sujet est convaincu d'être confronté à des événements faisant partie de sa propre lignée évolutive, comme s'il lisait son propre code génétique.

Un aspect des expériences ancestrales mérite une attention toute particulière : une étude minutieuse et prudente révèle qu'elles véhiculent parfois une information spécifique dont le sujet n'avait pas connaissance et, dans certains cas, dont il ne *pouvait* avoir connaissance au moment de la séance. Le mécanisme intervenant est, au stade actuel des recherches, toujours obscur ; aucune explication disponible ne justifie toutes les coïncidences inhabituelles observées durant mon travail sur le LSD. J'illustrerai la nature de ce problème au moyen de l'exemple suivant :

Nadja, une psychologue de cinquante ans, vécut au cours d'une de ses séances LSD une identification très réaliste avec sa mère ; la scène relatait un épisode de son enfance. « A ma grande surprise, l'identité de mon ego se transforma. J'étais ma mère à l'âge de trois ou quatre ans ; ce devait être en 1902. J'étais habillée de manière très guindée et précieuse et je me cachais sous l'escalier. Mes yeux étaient dilatés comme ceux d'un animal effrayé ; j'étais angoissée et seule. Je pressais ma main sur ma bouche, douloureusement consciente qu'il venait de se passer quelque chose de terrible. J'avais fait une remarque déplacée, on m'avait réprimandée et quelqu'un m'avait giflé sur la bouche. De ma cachette, j'apercevais de nombreux membres de ma famille assis sous le vaste porche, des oncles, des tantes dans des habits démodés, caractéristiques de l'époque. Tout le monde bavardait sans se soucier de moi. J'avais honte et je me sentais incapable de satisfaire les exigences des adultes — être gentille, se tenir bien, ne pas se salir, parler poliment — c'était trop demander à un enfant. Je me sentais exclue, rejetée. »

Nadja, motivée par un intérêt professionnel, interrogea sa mère sur son enfance, sujet qu'elles n'avaient jamais abordé auparavant. Convaincue que sa mère désapprouverait sa participation à des séances LSD, elle lui dit avoir fait un rêve au cours duquel elle l'avait vue et désirait savoir si cela correspondait à une réalité. A peine venait-elle de commencer son récit que la vieille dame l'interrompit et lui raconta une scène correspondant en tous points à celle vécue par Nadja. Elle ajouta de nombreux détails concernant son enfance qui complétaient logiquement l'épisode de la séance LSD. Elle confia à Nadja que sa mère avait été une femme très grave et très sévère, exigeant d'elle une propreté et un comportement irréprochables. L'expression favorite de sa mère n'était-elle pas : « Les enfants, on doit pouvoir les voir mais pas les entendre » ? La mère de Nadja se laissa aller à reconnaître que, durant toute son enfance, elle avait énormément souffert de solitude. Elle aurait aimé avoir des compagnons de jeu mais elle était la seule fille. Ses frères étaient beaucoup plus âgés qu'elle. La description qu'elle fit de la maison correspondait, elle aussi, exactement à celle de Nadja durant son expérience LSD ; le porche existait bien, ainsi que l'escalier. Elle parla aussi des vêtements stricts et des petits tabliers blancs empesés qu'elle avait dû porter pendant son enfance. Enfin, les grands-parents de Nadja avaient pour habitude d'organiser de grandes réunions familiales chaque dimanche.

Quiconque étudie les phénomènes transpersonnels doit affronter de nombreuses observations surprenantes et autant de coïncidences soulevant parfois de sérieux doutes quant à la validité de certaines théories universellement acceptées. L'exemple suivant est, sans doute, l'un des plus stupéfiants qu'il me fut donné de rencontrer durant mon travail sur le LSD. Ce cas rapporte des éléments d'expériences ancestrales et d'incarnations passées. Il illustre à merveille la complexité de ce secteur de recherche. Il est extrait du traitement psycholytique de Rénata (cf. p. 71).

A un stade avancé de la thérapie psycholytique de Rénata, des événements inhabituels et curieux dominèrent quatre séances LSD successives. Ces séquences concernaient une période historique précise. L'action se situait à Prague au dix-septième siècle, une époque décisive dans l'histoire de la Tchécoslovaquie. Après la défaite de la Montagne Blanche, en 1621, qui marqua le début de la Guerre de Trente Ans en Europe, le pays perdit sa souveraineté et passa sous l'hégémonie de la dynastie des Habsbourg. Désireux de museler la fierté patriotique et les forces de la résistance, les Habsbourg envoyèrent des mercenaires capturer les principaux représentants de la haute noblesse tchèque. Vingt-sept d'entre eux furent arrêtés et décapités sur un échafaud dressé sur la place de la Vieille Ville à Prague.

Rénata perçut diverses images et intuitions extraordinaires concernant l'architecture, les vêtements, les armes et les objets courants de l'époque. Elle décrivit aussi avec une précision étonnante l'ambiguïté des relations existant entre les membres de la famille royale et les vassaux. Rénata n'avait jamais étudié cette période de l'histoire de son pays et il fallut rechercher des livres rares pour confirmer l'exactitude de l'information rapportée. Nombre de ses expériences étaient liées à diverses périodes de la vie d'un jeune noble, l'un des vingt-sept à avoir été décapités sur l'ordre des

Habsbourg. Au cours d'une séquence dramatique, Rénata revécut avec force émotion et amples détails les événements concernant l'exécution, y compris l'angoisse et l'agonie du jeune homme. Elle s'identifia véritablement à lui à plusieurs reprises. Ces séquences historiques la laissaient perplexe ; en quoi étaient-elles liées à sa personnalité actuelle ? En dépit de ses croyances, elle déduisit de ces séances qu'il s'agissait de reviviscences d'événements de la vie de l'un de ses aïeux.

Ayant assisté à ce drame personnel, je partageais la surprise et la confusion de Rénata. Pour élucider cette énigme, je choisis deux approches différentes. Je consacrai beaucoup de temps à vérifier l'information historique dévoilée. Sa fidélité me fit forte impression. J'essayai, ensuite, d'appliquer un traitement psychanalytique au contenu des récits de Rénata dans l'espoir de réussir à les comprendre en termes psychodynamiques, c'est-à-dire les interpréter symboliquement.

Malgré tous mes efforts, les séquences empiriques n'avaient, selon moi, aucun sens et je délaissai ce problème lorsque les expériences de Rénata évoluèrent vers de nouveaux secteurs. Obligé de me concentrer sur des tâches plus immédiates, je cessai de penser à cet incident particulier.

Deux années plus tard, alors que j'étais déjà installé aux Etats-Unis, je reçus une longue lettre de Rénata qui commençait ainsi : « Cher Dr Grof, vous allez probablement penser que je suis complètement folle lorsque je vous aurai confié les résultats de ma recherche récente. » Rénata m'expliquait comment elle avait rencontré son père avec lequel elle n'avait eu aucun contact depuis l'âge de trois ans. Après une brève discussion, il l'invita à souper chez lui, en compagnie de sa seconde épouse et de leurs enfants. Il lui parla à cette occasion de son passe-temps favori, convaincu qu'il ne manquerait pas de l'intéresser. Durant la Deuxième Guerre mondiale, les Nazis avaient exigé que chaque famille présente aux autorités allemandes son arbre généalogique afin de prouver l'absence d'ascendants juifs durant les cinq dernières générations. Ayant entrepris ce travail par la force des choses, le père de Rénata le poursuivit par passion. Il continua à remonter l'histoire de sa famille à travers les siècles, grâce aux actes de naissance conservés dans les archives des hôtels de ville. Il était très fier de présenter à sa fille le résultat de ses recherches, d'autant plus qu'il avait réussi à établir sa parenté avec un des nobles exécutés après la bataille de la Montagne Blanche. Rénata m'exprimait ensuite sa conviction que des souvenirs portant une forte charge émotionnelle pouvaient s'imprimer dans le code génétique d'un individu et être transmis au fil des siècles à ses descendants. La révélation de son père ne faisait que confirmer son hypothèse précédente fondée sur la nature convaincante des souvenirs revécus.

A peine revenu de la surprise provoquée par cette étrange coïncidence, je relevai une faille dans le raisonnement de Rénata. Au cours d'une de ses séances « historiques », elle avait revécu les affres de l'exécution du noble tchèque. Or, il est évident que la mort physique met un terme à la lignée héréditaire biologique ; un défunt ne pouvant procréer, il est impossible qu'il puisse transmettre « génétiquement » le souvenir de sa fin aux générations futures.

Avant de réfuter la valeur des informations contenues dans la lettre de Rénata comme preuve de l'existence de souvenirs ancestraux, il importe de prendre en considération quelques faits. Aucun des patients tchèques ne mentionna jamais cette période historique (rappelons pour mémoire que nous avons conduit plus de deux mille séances). Or, quatre séances LSD successives de Rénata contenaient presque exclusivement des séquences historiques liées à cette époque. Le recoupement entre ces expériences et les résultats des recherches généalogiques du père de Rénata font de cette observation clinique un problème difficile à interpréter dans le cadre des paradigmes traditionnels.

Expériences Collectives et Raciales

Cette catégorie de phénomènes est liée au concept jungien d'inconscient collectif et racial. L'émergence spontanée de telles expériences chez des sujets n'ayant pas connaissance des idées de C.G. Jung constitue une preuve et une confirmation empirique de l'un des aspects les plus controversés de cette théorie psychanalytique. Des sujets accordés à ces plans de l'inconscient vivent de brefs épisodes ou, au contraire, des séquences longues et complexes se déroulant en des régions et/ou en des siècles différents et peignant diverses cultures historiques ou contemporaines.

Le sujet joue parfois le rôle d'observateur mais, le plus souvent, il s'identifie à un ou à plusieurs protagonistes. Ces expériences s'accompagnent habituellement d'intuitions

Peintures réalisées au cours d'une séance LSD avancée et révélant un matériau archétype et des éléments de l'inconscient racial et collectif. Leur auteur n'ayant jamais étudié les cultures antiques était incapable de relier ces thèmes à une quelconque civilisation.

globales ou détaillées de la structure sociale, de la cosmologie religieuse, des cultes, du code moral, de l'art, du développement technique, etc.

Les expériences collectives et raciales concernent n'importe quelle région, n'importe quelle période et n'importe quelle tradition culturelle. Elles s'attachent, cependant, surtout aux cultures antiques et aux régions accordant une large place aux traditions religieuses, philosophiques et artistiques : l'Egypte, l'Inde, le Tibet, la Chine, le Japon, le Mexique précolombien, le Pérou et la Grèce antique sont souvent mentionnés. Le contenu des séquences est indépendant du contexte ethnique du sujet, de sa région d'origine, de sa tradition culturelle, de sa formation, de son éducation et de ses centres d'intérêt. Un Anglo-Saxon s'identifiera, par exemple, à des personnages de diverses périodes de l'histoire des Afro-Américains ou des Indiens de l'Amérique du Nord et il en retirera une nouvelle sensibilité à l'égard de ces peuples et une nouvelle conscience de leurs problèmes raciaux. Un individu de souche juive découvrira des cultures de l'Extrême Orient et revivra des épisodes de l'histoire de la Chine et du Japon antiques qui affineront sa compréhension et son appréciation de la philosophie taoïste ou bouddhiste, de la musique japonaise, des arts martiaux, etc. Une personne d'origine slave participera aux conquêtes asiatiques des hordes mongoles de Genghis Khan, s'identifiera à des Boschimans ou à des Aborigènes australiens ; il participera à (ou observera) des cérémonies sacrées de civilisations d'Amérique centrale ou précolombiennes où les sacrifices religieux sanglants étaient chose courante.

Les informations révélées par ces expériences sont souvent d'une précision surprenante et vérifiable en consultant des sources archéologiques et anthropologiques. Des détails ésotériques spécifiques sont souvent rapportés. Le niveau de connaissances historiques ou ethnographiques nécessité par de tels comptes rendus dépasse dans bien des cas celui du patient.

Ainsi, des sujets sans formation particulière décrivent des rituels funéraires égyptiens, allant jusqu'à préciser la forme et la signification des diverses amulettes, les couleurs des urnes funéraires, la technique de l'embaumement et de la momification ainsi que l'ordonnance des procédures rituelles. Un sujet se vit embaumeur dans l'Egypte antique ; il décrivit la taille et la qualité des bandelettes des momies, les matériaux utilisés et expliqua le symbolisme des quatre vases canopes. * D'autres individus acquièrent une compréhension intuitive des fonctions des différents dieux égyptiens, de leur symbolisme, de la signification ésotérique des pyramides et du Sphinx. Un sujet qui vécut des séquences de la vie des anciens Parsis ** décrivit non seulement la nature de leur religion et de leurs pratiques funéraires mais fournit également des détails techniques sur les *dakhmas* zoroastriens (les tours du silence) dans lesquelles les défunts étaient livrés aux vautours afin qu'ils ne contaminent pas les éléments sacrés, la terre et le feu. Certains sujets eurent des perceptions intuitives de l'hindouisme et du bouddhisme et exprimèrent une compréhension profonde de leurs pratiques religieuses ainsi que du symbolisme pictural et sculptural de ces religions.

Ces expériences s'accompagnent parfois de gestes symboliques ou de séquences complexes et élaborées d'activité motrice exprimant ou illustrant leur contenu. Il n'est pas rare que des patients découvrent la signification de divers gestes symboliques (*mudras*) ou adoptent des poses tout à fait inhabituelles (*asanas*) relevant de l'Hatha Yoga. Les individus « plongés » dans l'atmosphère d'une certaine culture éprouvent parfois le besoin irrésistible de danser. Sans le moindre entraînement préalable et sans la moindre familiarité avec ces civilisations, ils sont capables de reproduire des danses tribales traditionnelles : danses d'Aborigènes australiens ou de tribus africaines visant à provoquer une transe, danse du ventre du Moyen Orient, danses effrénées des derviches tourneurs jusqu'aux expressions

* Les « vases canopes » reçoivent les organes du défunt. Chacun est dédié à l'un des quatre génies des enfers égyptiens, symboles des quatre points cardinaux. Les vases sont à l'image de la déité à laquelle ils sont dédiés. Le vase à tête d'homme (sud) contient l'estomac et le gros intestin ; celui à tête de chien (nord), l'intestin grêle ; celui à tête de chacal (est), les poumons et le cœur et celui à tête de faucon (ouest), le foie et la vésicule biliaire. Les coffres abritant les canopes sont en bois et, habituellement, peints en noir.

** Descendants des zoroastriens iraniens émigrés autrefois en Inde. N.d.T.

artistiques pratiquées à Java ou à Bali et aux danses symboliques des Indiens Kathakali ou Manipuri *.

Les expériences collectives et raciales associent parfois d'autres types de phénomènes transpersonnels que je décrirai plus avant dans ce chapitre. Comme nous l'avons vu, elles impliquent souvent une identification totale à des protagonistes de diverses cultures ou à des éléments d'une conscience de groupe. Dans des cas extrêmes, elles intègrent la conscience de groupes raciaux dans leur ensemble ou celle de la totalité de la race humaine. Une telle expansion empirique de l'individu à la conscience de l'humanité reproduit presque l'archétype jungien de l'Homme Cosmique. Certains de ces phénomènes s'apparentent à la clairvoyance, à la clairaudience, à la prémonition ou aux voyages dans l'espace et le temps. Une caractéristique importante des souvenirs collectifs et raciaux est le fait que le sujet les vit comme des perceptions intuitives de la diversité de groupes culturels au sein de la race humaine, comme des illustrations de l'histoire de l'humanité, ou comme des manifestations du drame cosmique du jeu divin (*lila*). L'individu n'a donc pas, en de telles circonstances, le sentiment d'explorer son histoire biologique réelle — une qualité essentielle des expériences ancestrales — ou de revivre des scènes de ses existences précédentes — caractéristique des expériences d'incarnations passées.

Expériences (Evolutives) Phylogéniques

Ce type d'expériences implique une identification complète et très réaliste avec des animaux à divers stades de l'évolution phylogénique. Elles s'accompagnent, comme les expériences ancestrales, d'une impression de régression dans le temps. Le sujet a le sentiment puissant et convaincant

* Les danses Kathakali sont pratiquées sur la côte de Malabar ; elles expriment des thèmes issus de la mythologie hindouiste, tels que les grandes gestes de *Mahabharata* et de *Ramayana* ou des puranas. Les acteurs, magnifiquement vêtus et peints, ne parlent pas mais miment le texte.

Les danses Manipuri sont, elles, pratiquées dans le petit royaume de Manipur, à l'est de l'Inde. Elles renferment un langage gestuel symbolique très riche utilisé pour transmettre diverses histoires de la vie du dieu Krishna et de Radha.

que les spécimens des animaux auxquels il s'identifie appartiennent à l'histoire phylogénique et qu'il explore l'évolution des espèces dans la nature. Les objets d'identification sont le plus souvent des mammifères, des oiseaux, des reptiles, des amphibiens et diverses espèces de poissons. Il arrive également qu'il s'agisse de formes de vie moins différenciées telles que des insectes, des gastéropodes, des brachiopodes, des céphalopodes et des cœlentérés. Le processus d'identification subjective se produisant durant les expériences phylogéniques est relativement compliqué et réel ; il respecte la taille, la conformation physique, diverses sensations physiologiques spécifiques, des émotions particulières et des pulsions instinctives ainsi que des perceptions inhabituelles de l'environnement.

Les souvenirs évolutifs possèdent des caractéristiques empiriques spécifiques qui en font des phénomènes *sui generis*. Ils diffèrent des expériences humaines et paraissent souvent transcender le panorama et les limites des fantasmes et de l'imagination propres à l'homme. Ainsi, le patient éprouvera le sentiment de connaître les sensations d'un serpent affamé, d'une tortue excitée, d'un oiseau-mouche nourrissant sa progéniture ou d'une baleine respirant par ses branchies. Des sujets ont rapporté avoir connu l'instinct qui pousse une anguille ou un saumon à remonter le cours d'un fleuve, les impressions d'une araignée tissant sa toile ou le processus merveilleux de la métamorphose d'une larve en chenille et d'une chrysalide en papillon.

L'identification à des vertébrés suscite parfois des réactions physiques spécifiques décelables par un observateur extérieur. De telles expériences s'accompagnent parfois d'innervations inhabituelles de certains muscles, de modifications du circuit neurologique et d'activités motrices qu'on ne rencontre pas chez l'homme en des circonstances normales. Ces réactions semblent liées à l'activation sélective et au fonctionnement automatique du système extrapyramidal et d'autres circuits neuronaux archaïques.

Il n'est pas rare que des sujets rapportant des expériences évolutives manifestent une connaissance intime des animaux auxquels ils s'identifient — de leurs caractéristiques physiques, de leurs habitudes et de leur comportement — connaissance qui dépasse là encore celle du patient en sciences naturelles. Ils décrivent avec précision les danses amoureuses, le processus de reproduction, les techniques de construction de nids, les réflexes d'agression et de défense et nombre d'autres faits zoologiques et éthologiques. Afin d'illustrer cette catégorie d'expérience, relatons un extrait d'une séance LSD avancée de Rénata.

Au cours de cette séance, Rénata eut le sentiment de s'identifier totalement à une femelle d'une espèce de grands reptiles éteinte depuis des millions d'années. Elle se sentait indolente et léthargique, allongée sur le sable au bord d'un grand lac sous la douce chaleur du soleil. En ouvrant les yeux, elle regarda le thérapeute qui parut se transformer en un « séduisant » mâle de la même espèce. Son indolence s'évanouit aussitôt et elle éprouva une attirance et une excitation sexuelles puissantes. D'après sa description, ces sentiments étaient sans rapports avec l'excitation érotique et sexuelle humaine ; c'était un intérêt tout à fait particulier et spécifiquement « reptilien » pour le sexe opposé. Toutes les parties du corps qui auraient pu l'intéresser chez un être humain (bouche, organes sexuels, etc.) la laissaient parfaitement indifférente. En revanche, elle était fascinée par des écailles qu'elle situait sur la tête du thérapeute. Certaines d'entre elles avaient — semblaient-ils — une forme et une couleur irrésistibles ; de puissantes vibrations sexuelles en émanaient.

Certaines caractéristiques de cette expérience étant aussi concrètes que surprenantes, je décidai de consulter un paléontologue ayant une solide formation en zoologie et connaissant bien le comportement animal. Ainsi que je m'y attendais, il ne disposait d'aucune information éthologique sur les mœurs amoureuses des reptiles antédiluviens. Il me montra, cependant, quelques passages d'un ouvrage de zoologie stipulant que certains reptiles contemporains avaient sur la tête des régions colorées qui jouaient le rôle de « détonateur » de l'excitation sexuelle.

Expériences d'Incarnations Passées

Voici, incontestablement, la catégorie de phénomènes transpersonnels la plus intéressante et la plus énigmatique. Les expériences d'incarnations passées sont composées de fragments de scènes, d'événements individuels ou de séquences complètes claires et logiques se déroulant dans un autre contexte historique. Elles rappellent, d'une certaine manière, des éléments de l'inconscient collectif et racial et certaines expériences ancestrales. Les événements sont, cependant, spectaculaires et s'accompagnent d'une charge affective intense de qualité positive ou négative. Une caractéristique essentielle de ces phénomènes est ce qu'on pourrait appeler une « qualité empirique d'incarnation passée ». Le sujet conserve l'identité de son ego mais il se voit sous une autre forme, en un autre lieu, à une autre époque. Il éprouve le sentiment d'être essentiellement la même entité individuelle que dans son existence actuelle. Il a l'impression vive d'être confronté à un *souvenir*, de revivre des événements qu'il a déjà vécu ou auxquels il a déjà assisté. Cette nuance de « *déjà vu* » ou de « *déjà vécu* » * est très spécifique. L'individu sent et « sait » sans le moindre doute possible que cette expérience n'est pas reliée à (ou dérivée de) « quelque chose » de sa vie actuelle mais qu'il s'agit d'une résurgence de l'une de ses incarnations antérieures.

Ces expériences ne sont pas rares dans les séances psycholytiques avancées et se manifestent parfois durant une première séance psychédélique à forte dose. Le sujet ne doit pas nécessairement croire au phénomène de la réincarnation pour les vivre ; certains patients n'en ont même jamais entendu parler. Des scientifiques convaincus de l'absurdité de la croyance en la métempsycose (particularité des individus simples et sans éducation ou de certaines sectes religieuses de l'Inde) se sont trouvés confrontés eux aussi à de telles expériences. Qui plus est, des sujets ignorant tout de ce concept connaissaient non seulement des expériences d'incarnations passées mais aussi des perceptions intuitives complexes et détaillées de ce phénomène rappelant curieusement les descriptions consignées dans divers textes religieux et sacrés. Je me souviens d'un ouvrier non qualifié souffrant d'un cancer à un stade terminal qui vécut au cours d'une séance LSD des événements complexes traduisant une intuition inattendue de la mécanique de la réincarnation et de l'action de la loi du karma.

* En français dans le texte. N.d.T.

Cet homme n'était pas un grand lecteur et il affirmait n'avoir jamais abordé ces sujets auparavant. Le caractère étrange — et étranger — de ces expériences l'embarrassa lorsqu'il dut les décrire au thérapeute. Il était très hésitant en faisant le compte rendu de sa séance et craignait que le thérapeute ne le prenne pour un fou. Le dévoilement de cette région transpersonnelle de son inconscient l'aida à affronter la sinistre réalité de l'imminence de sa mort avec sérénité.

Les expériences d'incarnations passées font habituellement intervenir une ou plusieurs personnes ; précisons qu'il est rare que des animaux y « participent ». Dans les séquences où ils figuraient, le sujet a eu le sentiment de revivre un épisode au cours duquel il avait été tué par un tigre, mordu par un serpent venimeux, piétiné par un éléphant ou encorné par un taureau furieux. Le patient est parfois le seul protagoniste de ces scènes appartenant au passé. D'aucuns revivent l'amertume, la rancœur et l'envie liées à une maladie pénible et paralysante ou à un accident grave survenus au cours d'une incarnation précédente. D'autres ressentent l'angoisse et l'agonie associées à une mort accidentelle sous une avalanche, à une mort « à petit feu » dans un marais ou dans des sables mouvants ou encore l'ensevelissement lors d'une éruption volcanique ou d'une quelconque déflagration.

Les expériences du karma se divisent en deux groupes selon la qualité des émotions impliquées. La première reflète des associations affectives positives avec une autre personne ; le plus souvent il s'agit d'une compréhension mutuelle totale, d'un échange enrichissant, d'un lien amoureux, d'une amitié profonde ou d'une communion spirituelle. Le deuxième groupe comprend des scènes renfermant une forte charge émotionnelle négative. Les sujets sont alors confrontés à des situations passées caractérisées par une douleur physique intense, une profonde amertume, une agressivité meurtrière, une terreur et une angoisse inhumaines, une passion charnelle, une jalousie féroce ou une avarice morbide. Nombre d'individus décrivant de tels phénomènes font remarquer que toutes ces émotions négatives, intensifiées au-delà d'un certain seuil, se ressemblaient étrangement. Il existe, selon eux, un schéma affectif universel qui représente le dénominateur commun de ces émotions. C'est un état de stimulation émotionnelle et biologique dans lequel toutes les modalités affectives convergent, un ensemble incohérent de qualités empiriques de nature inhumaine, un point au-delà duquel la bestialité inhérente à la nature humaine prend des proportions métaphysiques. Des érudits apparentent cet état indifférencié au *trsna* ou *tanha*, la soif de chair et de sang qui selon les enseignements bouddhistes est la force qui perpétue le cycle de mort et de re-naissance, responsable de toutes les souffrances. Cette expérience d'activation affective non spécifique « s'imprimerait » comme une *gelstalt* * inachevée devant être répétée et résolue au cours de vies suivantes. Une telle fixation du karma ne peut être assimilée en revivant simplement toutes les émotions pénibles associées à la scène destructrice dudit karma. Pour atteindre un accomplissement satisfaisant, le patient doit transcender l'événement sur les plans émotionnel, éthique et spirituel ; il doit le dépasser et, en définitive, pardonner et être pardonné. Les sujets LSD font souvent remarquer que le fait qu'ils soient l'oppresseur ou l'opprimé dans une situation de karma négatif n'a pas la moindre importance ; seul compte l'événement traumatisant. L'état affectif du tortionnaire sadique est, à un niveau plus profond, semblable à celui de la victime. La pulsion fiévreuse du meurtrier se fond à l'angoisse du mourant. L'incapacité à pardonner et à transcender sa souffrance semble favoriser l'impression du karma autant que les élans violents ou les actes d'injustice.

Le dévoilement du domaine des expériences d'incarnations passées est parfois précédé d'instructions complexes perçues par des moyens non verbaux (c'est-à-dire à un niveau intuitif) qui mettent l'individu en présence du fait de la réincarnation, lui font mesurer sa responsabilité dans des événements passés et présentent la loi du karma comme étant un facteur essentiel de l'ordre cosmique auquel tout être pensant est soumis. Outre cette information générale, de telles intuitions englobent parfois des détails concernant le mécanisme impliqué dans le processus de la renaissance et les conditions nécessaires à la libération du karma. Certains sujets LSD parlent des lois de la réincarnation en termes de généalogie biologique et de transfert génétique mais ils précisent qu'elles en sont virtuellement indépendantes. L'attribution à une entité spirituelle individuelle d'un corps physique particulier intervient au moment de la conception en accord avec son karma (appelé dans la littérature mystique : enregistrement akashique) ; ce choix échappant, lui, aux lois de l'hérédité et de la génétique.

La résolution d'un karma et la libération des liens qu'il impose s'accompagnent d'un sentiment de réalisation et de triomphe prodigieux. Un individu prend souvent conscience du fait qu'il attendait cet événement depuis des siècles et que, même s'il échoue en d'autres domaines, sa vie aura été épanouissante puisqu'il sera parvenu à se défaire de l'un des liens de son karma. La résolution d'un seul karma engendre donc des sentiments de bonheur indescriptibles ; la signification de cet événement semble être dictée par des forces cosmiques et dépasse de beaucoup la compréhension de l'expérimentateur. Cette expérience s'accompagne parfois d'un phénomène empirique qui pourrait être qualifié d'« ouragan ou de cyclone karmique » soufflant à travers des siècles et déchirant les liens du karma correspondant à des scènes de diverses vies qui n'étaient, en réalité, que des dérivés de « l'impression » originale résolue au cours de cette séance. Ces événements phénoménologiques présentent une certaine ressemblance avec certaines expériences subjectives qui accompagnèrent les efforts du Bouddha pour atteindre l'illumination.

Il semble prématuré, au stade actuel, de discuter du problème de l'origine de ces expériences et de leur signification ontologique. Il ne fait aucun doute, cependant, qu'elles représentent les mêmes phénomènes que ceux décrits depuis des siècles dans divers cadres religieux, philosophiques et mystiques tels que les cosmologies de certaines cultures africaines ou amérindiennes, le culte orphique, la philosophie de Platon, la pensée chrétienne primitive et diverses religions de l'Inde — en particulier, l'Hindouisme, le Bouddhisme et le Jainisme.

Prescience, Clairvoyance, Clairaudience et « Voyages dans le Temps »

L'aspect le plus caractéristique des phénomènes PES de ce groupe est la transcendance des limites habituelles du temps et l'extension temporelle de la conscience qui en résulte. Les sujets LSD anticipent parfois (en particulier à un stade avancé d'une série psycholytique) des événements. Ils assistent à des scènes complexes et détaillées d'événements futurs sous la forme de visions clairvoyantes et entendent même les sons ponctuant la situation : les bruits ordinaires de la vie quotidienne, des séquences musicales, des mots détachés ou des phrases entières, des bruits de véhicules automobiles et diverses alarmes sonores (sirènes de pompiers, d'ambulance ou klaxons). Ces expériences présentent une ressemblance variable avec des événements réels ultérieurs. Une vérification objective s'avère, dans ce cas, particulièrement difficile. Si ces détails ne sont pas communiqués et soigneusement documentés durant la séance même, le risque de contamination des données est élevé. Les dangers principaux sont : l'interprétation fantaisiste d'événements, les déformations mémorielles, et l'éventualité de phénomènes de *déjà vu* au moment de la perception des faits réels. A cet égard, il importe de faire, sans plus tarder, un commentaire d'ordre général concernant l'incidence des phénomènes PES se manifestant pendant les séances LSD. Les tests objectifs en laboratoire ne démontrent généralement pas qu'un accroissement de la perception extrasensorielle soit un aspect courant et constant de l'effet LSD. Il n'en est pas moins vrai que cette drogue semble favoriser la manifestation de divers phénomènes paranormaux.

Les « voyages dans le temps » entrent dans cette même catégorie et méritent attention. Les sujets sont convaincus d'avoir transcendé les limites temporelles et d'être capables de se déplacer à volonté vers n'importe quelle période de l'histoire, à l'instar des personnages de science-fiction disposant d'une machine à remonter le temps. L'individu trouve une relation causale entre son choix délibéré quant à l'époque et au lieu de l'événement et les expériences subjectives conséquentes. Ce sentiment de libre-arbitre du sujet distingue ces expériences des reviviscences spontanées, incontrôlées, d'épisodes de son enfance, d'expériences ancestrales ou d'aspects de l'inconscient collectif et racial.

EXPANSION SPATIALE DE LA CONSCIENCE

Transcendance de l'Ego dans les Relations Interpersonnelles et l'Expérience d'Unité Duale

Ces phénomènes transpersonnels se caractérisent par une transcendance des limites spatiales habituelles de la conscience. Le sujet éprouve donc le sentiment de se dégager des limites de son ego et de réaliser une union et une unité parfaites avec une autre personne. Quoiqu'il ait le sentiment de ne faire qu'un avec son « partenaire », l'individu gardera toujours, simultanément, conscience de sa propre identité. Lors de séances LSD, cet état d'unité duale sera vécu avec le thérapeute, l'assistante, des membres de la famille ou tout autre participant. Il se manifeste parfois dans l'espace intérieur de l'individu à un niveau purement subjectif, totalement indépendant des personnes réellement présentes à la séance. Des exemples typiques nous sont fournis par : la symbiose entre la mère et l'enfant, l'union avec un partenaire sexuel et le sentiment unitif avec un maître spirituel. Les expériences d'unité duale s'apparentent aux sentiments d'amour profond et au sens du sacré.

Identification avec d'Autres Personnes

A l'inverse de ce que l'on observe dans le groupe transpersonnel précédent, le sujet connaît, ici, une identification totale avec une autre personne et perd, dans une large mesure, la conscience de sa propre identité originale. Cette identification est totale et complexe, elle implique l'image du corps, les réactions et les attitudes émotionnelles, les caractéristiques psychologiques, l'expression faciale, les gestes et le maniérisme typique, les poses, les mouvements et même l'intonation de la voix. Cette expérience revêt des formes et atteint des niveaux très différents. Ainsi, la reviviscence d'expériences traumatisantes de l'enfance impliquant plus d'une personne se caractérise souvent par l'identification simultanée ou successive à tous les protagonistes. Ce détail donne une coloration transpersonnelle à beaucoup d'expériences par ailleurs typiquement personnelles. A cet égard — ou indépendamment — le sujet s'identifie à ses enfants, à ses parents et à d'autres proches, amis, relations et professeurs. Il arrive aussi que ce processus fasse intervenir des personnalités notoires : politiciens, scientifiques, artistes ou des représentants de divers groupes professionnels, ethniques et raciaux. L'identification à des personnages historiques ou à des maîtres spirituels est aussi monnaie courante. La liste exhaustive des individus s'étant « manifestés » au cours de ce type de séquences serait très longue ; je me contenterai donc de mentionner, en guise d'illustration, ceux qui furent le plus souvent évoqués : Albert Einstein, Richard Wagner, Ludwig van Beethoven, Léonard de Vinci, Michel-Ange, Galilée, Franz Kafka, Genghis Khan, l'empereur Néron, Adolf Hitler, Joseph Staline, Abraham Lincoln, John F. Kennedy, saint François d'Assise, sainte Thérèse, Jésus-Christ, le Bouddha et Sri Ramana Maharishi.

Identification et Conscience de Groupe

Cette catégorie se caractérise par une expansion spatiale plus vaste de la conscience ; l'individu ne s'identifie plus à des individus mais manifeste une conscience appréhendant tout un groupe de personnes. Le dénominateur commun unissant les membres de ces groupes sera, selon les cas, leur race, leur nationalité, leur patrimoine culturel, leur religion, leur profession, leur idéologie ou encore leur destinée. Le sujet assumera ainsi le rôle de tous les Juifs persécutés au cours des siècles, des chrétiens torturés et sacrifiés par les Romains, des victimes de l'Inquisition ou des prisonniers dans les camps de concentration nazis. Il éprouvera la qualité du zèle religieux de tous les Musulmans se rendant en pèlerinage à la Mecque, la dévotion des Hindous au moment de la purification dans le Gange, le fanatisme de sectes religieuses extrémistes. Il est possible de ressentir, au cours d'une séance LSD la somme des souffrances de tous les soldats jamais tombés aux champs d'honneur depuis l'aube des temps, la ferveur révolutionnaire de tous les communistes du monde obsédés par l'idée de renverser les régimes capitalistes, ou l'infinie tendresse de toutes les mères pour leurs enfants et le souci qu'elles ont de leur bien-être. D'aucuns s'identifient à tous les membres d'une classe ou d'une caste sociale ou à l'ensemble de la population d'un pays ; d'autres encore éprouvent le sentiment que le potentiel expansif de leur conscience englobe toute l'humanité.

Identification Animale

Ces expériences assez courantes se rapprochent en bien des points des souvenirs phylogéniques décrits précédemment. L'authenticité de l'identification à divers animaux est indubitable. Ces deux catégories d'expériences distinctes révèlent d'ailleurs des informations intéressantes et exactes concernant la zoologie, l'éthologie et la psychologie animale. La simple identification animale ne s'accompagne pas d'une sensation de régression temporelle et l'individu n'a pas le sentiment d'explorer la généalogie évolutive de l'évolution phylogénique.

Il importe de distinguer l'identification animale pure des transformations animales symboliques plus superficielles. Ces dernières sont liées au plan psychodynamique de l'inconscient, ont une signification symbolique et une structure dynamique évoquant celles des images oniriques. L'individu reconnaît en elles un message occulte concernant les caractéristiques de sa personnalité ou de sa situation actuelle et accepte une approche psychanalytique de ce phénomène. Une stylisation symbolique faisant intervenir un prédateur (tigre, lion ou panthère noire) correspond souvent à l'expression de sentiments d'agressivité intenses. Le singe représente des tendances perverses polymorphes et un penchant inhibé pour les plaisirs et les jeux sexuels. Une forte pulsion libidinale sera symbolisée par un étalon ou un taureau. Un soupçon de vanité masculine et d'exhibitionnisme sera caricaturé par la représentation symbolique du sujet en un coq chantant sur un tas de fumier. Le symbole de l'oie ou du bœuf est associé à la stupidité ; celui de la mule à l'entêtement, et un cochon illustrera la négligence et le laisser-aller moral.

L'identification animale pure est quant à elle une expérience transpersonnelle et possède une certaine qualité primitive. C'est un phénomène *sui generis* qui ne peut être dérivé d'un autre matériau inconscient, ni interprété symboliquement. Les trois types d'expériences LSD liées aux animaux — transformations symboliques, identifications et souvenirs phylogéniques — ont chacun leurs caractéristiques propres. Les sujets ayant été confrontés à ces trois types n'éprouvent aucune difficulté à les différencier les uns des autres.

Identification Végétale

Les expériences d'identification végétale sont beaucoup moins fréquentes que celles d'identification animale. Un individu confronté à cette catégorie de phénomènes a le sentiment unique d'assister et de participer consciemment aux processus physiologiques fondamentaux des plantes. Il « sera » une graine germinale, une feuille en activité photosynthétique ou une racine puisant nourriture et eau. En d'autres circonstances, il sera une dionée ou tout autre plante carnivore, du plancton évoluant dans l'océan, il connaîtra la pollinisation et les divisions cellulaires se produisant durant la croissance d'un végétal. D'autres assisteront à des processus botaniques à un niveau moléculaire ; ils auront conscience de la synthèse biologique présidant à la production d'auxines, de pigments végétaux, d'huiles et de sucs, de substances aromatiques et de divers alcaloïdes.

Les expériences de conscience végétale représentent une catégorie intéressante de phénomènes transpersonnels. Leur contenu nous paraît souvent fantasque et absurde, il n'est pourtant pas facile de les ignorer ou de les qualifier de simples fantasmes. Ils se produisent indépendamment chez divers individus à un stade avancé du traitement et ont une qualité empirique très particulière qu'il n'est pas aisé de traduire par des mots. Identifier leur source n'est pas une mince affaire, pas plus que de vouloir les expliquer à partir d'un matériau inconscient classique. La raison de leur manifestation est, en outre, très obscure dans la majorité des cas.

Des résurgences de conscience végétale s'accompagnent parfois d'idéations et d'intuitions philosophiques et spirituelles. Plusieurs sujets ont été si frappés par la pureté et l'altruisme de l'existence végétale qu'ils en arrivaient à la considérer comme un modèle de comportement humain idéal. La majorité des plantes ne tuent pas et ne vivent pas aux dépens d'autres organismes, contrairement aux animaux et aux hommes. Elles sont en contact direct avec les quatre éléments — terre, eau, air et feu (soleil) — et leur capacité à transformer l'énergie cosmique est indispensable à la vie sur cette planète. Les plantes ne se soucient pas de l'avenir, ne se préoccupent ni d'objectifs ni d'ambitions. Elles représentent plutôt l'être pur dans l'instant et le lieu actuel qui est l'idéal de plusieurs écoles mystiques et religieuses. Les plantes n'exploitent pas et ne blessent pas les autres organismes ; en revanche, elles servent à nourrir et à égayer la vie des autres. Certains individus ayant vécu de telles expériences affirment mesurer l'importance de la recherche scientifique sur la sensibilité végétale, par exemple dans les travaux de Sir Jagadis Chandra Bose à Calcutta et à Darjeeling ou les expériences plus récentes de Cleve Backster.

Les grands arbres connus pour leur longévité, tels les séquoias, furent perçus comme l'illustration idéale d'une conscience infinie à l'abri de l'agitation et de la frénésie du monde extérieur. D'autres intuitions portèrent sur les connotations mystiques et la signification religieuse profonde de certaines plantes. Les exemples les plus marquants de cette catégorie d'expériences sont : le symbolisme du lotus dans le Bouddhisme, l'importance du blé dans la cosmologie des Indiens de l'Amérique du Nord, la déification du soma par les anciens Aryens, l'utilisation du gui dans les rituels druidiques et surtout les religions et les cultes reposant sur des plantes psychédéliques, par exemple le peyotl, les champignons mexicains sacrés et le *yajé*. Ces expériences entraînent des conséquences pratiques ; on constate souvent une appréciation des régimes végétariens due à la fascination pour la pureté du règne végétal ainsi qu'à l'aversion pour les carnages suscités par les séances périnatales.

Unité avec la Vie et avec l'Ensemble de la Création

En de très rares cas, un sujet LSD a le sentiment que sa conscience s'est élargie jusqu'à englober la totalité de la vie sur cette planète : l'humanité, l'ensemble de la flore et de la faune, des organismes mono-cellulaires aux espèces hautement différenciées. Un individu s'identifie à l'évolution phylogénique de la vie dans toute sa complexité et atteint une compréhension intuitive des lois biologiques sous-jacentes. Il explore les facteurs influençant l'origine de nouvelles espèces ou, au contraire, l'extinction de plus anciennes ; il voit en action les forces darwiniennes et lamarckiennes déterminant la « survie du plus fort ». D'autres intuitions portent sur l'interaction de différentes formes de vie dans toutes les permutations de leur synergie et de leur antagonisme dans le cadre de l'écologie planétaire. Cette conscience unitive avec la matière organique s'accompagne de l'exploration des contradictions et des conflits intrinsèques à la vie, de tentatives pour estimer la puissance relative des forces conservatrices face aux forces autodestructrices et d'évaluations de la « viabilité » de la vie en tant que phénomène cosmique. Ces expériences débouchent parfois sur une conscience accrue des problèmes écologiques et une nouvelle sensibilité à leur égard face au développement technologique et à l'industrialisation rapide.

Conscience de la Matière Inorganique

Les extensions empiriques de la conscience au cours de séances LSD ne se limitent pas au monde de la biologie ; elles incluent parfois des phénomènes macroscopiques et microscopiques de nature inorganique. Il n'est pas rare que des sujets rapportent des expériences d'identification à l'océan se caractérisant par son immuabilité, sa fluidité, son immensité et sa sérénité. D'autres s'identifient à ce qu'ils considèrent être l'essence du feu avec son inconstance infinie, son impermanence, sa propension à créer et à détruire et son potentiel purificateur. Les forces libérées par des catastrophes naturelles sont souvent évoquées : les aspects destructeur et créateur (de chaînes de montagnes) des éruptions volcaniques, la tension et le déplacement dynamique de forces lors de séismes, la puissance des courants atmosphériques lors de tempêtes, pour ne citer que les plus marquants. Ces séquences ont également suscité l'identification à des éléments technologiques modernes. D'aucuns explorent la conscience d'un ordinateur, d'autres celle d'un avion ou d'un vaisseau spatial, etc. D'autres encore éprouvent la conscience d'un minerai particulier : diamant, granit, or et acier. Des expériences semblables concernent parfois le monde microscopique et décrivent la structure dynamique des atomes, la nature des forces électromagnétiques, l'univers des liens interatomiques ou le mouvement brownien des molécules.

A la lumière de tels plans phénoménologiques, les sujets LSD envisagent l'éventualité de l'existence de la conscience en tant que phénomène cosmique essentiel lié à l'organisation de l'énergie à l'échelle universelle. La conscience humaine ne serait donc qu'une de ses formes d'expression. Les épisodes de conscience de la matière inorganique s'accompagnent souvent de diverses intuitions de portée philosophique et religieuse ; elles favorisent, par exemple, une nouvelle compréhension de l'animisme et du panthéisme, des parallèles existant entre les états spirituels et les substances matérielles tels qu'ils sont décrits dans les textes alchimiques, de la doctrine des quatre éléments d'Empédocle ou de la signification de l'eau dans les enseignements taoïstes. Les individus ayant été « immergés » dans la conscience du granit ou des processus volcaniques, comprennent sans difficulté que les Hindous voient dans l'Himalaya une représentation de Shiva se reposant ou que les Hawaïens vénèrent la déesse Pele, symbole des forces inhérentes aux éruptions volcaniques. Les expériences de conscience de substances particulièrement stables et immuables sont perçues comme des états spirituels élevés chargés d'un sens sacré. Certains sujets prennent alors conscience du fait que l'Himalaya pour les Hindous, les sculptures de granit pour les Egyptiens ou les statues d'or pour les Indiens précolombiens ne représentaient pas des métaphores de déités ; ils *étaient* les déités. C'est le caractère éternel et indifférencié des matériaux qui était adoré parce qu'il différait de manière radicale des états de conscience versatiles, limités et turbulents des êtres humains.

Conscience Planétaire

Voici un phénomène rarissime ne se produisant, en principe, qu'à un stade avancé de la thérapie LSD. Dans cette expérience, la conscience du sujet intègre absolument tous les aspects de cette planète y compris la matière organique et la matière inorganique. La Terre est alors perçue comme un organisme cosmique complexe ; les différents aspects de son évolution géologique, biologique, culturelle et technologique sont considérés comme la manifestation d'une tentative pour atteindre un niveau supérieur d'intégration et de réalisation de soi.

Conscience Extra-Planétaire

Le sujet connaît, ici, des phénomènes liés aux corps célestes autres que notre planète et à des événements astronomiques se produisant aussi bien à l'intérieur de notre système solaire qu'à l'extérieur. Les récits décrivent : la surface de la lune, les processus thermonucléaires se déroulant au cœur du soleil, les conditions physiques particulières à différentes planètes, des supernovas, des quasars, des pulsars, des implosions solaires provoquant des « trous noirs » dans l'univers. On recense aussi dans cette catégorie d'expériences la conscience de l'espace interstellaire. Elle se caractérise par des sentiments d'éternité et d'infinité, de tranquillité, de sérénité, de pureté et d'union de tous les opposés. Son équivalent spirituel pourrait être l'expérience du vide décrite plus avant dans ce chapitre.

Les sujets LSD ayant une solide formation en mathématiques et en physique confirment que de nombreux concepts de ces deux disciplines (qui transcendent le raisonnement rationnel) deviennent plus compréhensibles et peuvent véritablement être « vécus » durant les états modifiés de conscience. Ceci vaut pour des systèmes théoriques tels que la géométrie non-euclidienne, la géométrie d'un espace à « n » dimensions de Riemann, l'espace-temps de Minkowsky et les théories d'Einstein sur la relativité. La relativité du temps et de l'espace, la sphéricité de l'espace, l'idée d'un univers infini mais fermé, l'interchangeabilité de la matière et de l'énergie, les divers ordres et degrés d'infinis, les zéros de différentes amplitudes — toutes ces abstractions complexes de la physique et des mathématiques modernes furent éclairées d'un jour nouveau au cours de séances psychédéliques.

Expériences hors du corps, Clairvoyance et Clairaudience prémonitoires, « Voyages dans l'Espace » et Télépathie.

Ce groupe d'expériences PES est compréhensible par rapport à une extension de la conscience au-delà des limites spatio-temporelles habituelles. Les expériences hors du corps sont fréquentes au cours des séances LSD. Certains individus éprouvent le sentiment d'être totalement détachés de leur corps physique, de planer au-dessus de lui ou de l'observer d'un autre endroit de la pièce. Le sujet perd parfois conscience de la situation physique de la séance et sa conscience pénètre des plans empiriques et des réalités objectives absolument indépendants de la réalité matérielle. L'individu s'avère incapable de donner une description précise de la situation qu'il rencontre lorsqu'une telle séquence l'a transporté en un autre lieu du monde physique. Précisons toutefois la rareté du phénomène. Des tentatives pour vérifier la validité de ces perceptions extra-sensorielles donnent parfois des résultats intéressants.

Dans des cas très rares, l'expérimentateur est convaincu de pouvoir contrôler ce processus pour transcender les limites spatiales habituelles et voyager à volonté vers des endroits de son choix. Voici un exemple de « voyage dans l'espace » extrait d'un rapport de formation d'un psychiatre. Elle illustre très bien la nature de ces phénomènes et montre les difficultés que rencontre le sujet s'il essaye de « jouer » sur les deux plans de la réalité afin de soumettre son expérience à un test sérieux.

Les trois premières heures de ma séance LSD consistaient en une bataille fantastique entre les forces de la Lumière et des Ténèbres ; c'était une merveilleuse illustration du passage de l'antique Zend-Avesta perse décrivant la lutte entre les armées de Ahura-Mazda et celles d'Ahriman. L'action se déroulait sur tous les plans imaginables — dans les cellules et les tissus de mon organisme, à la surface de notre planète à travers toute l'histoire, dans l'espace cosmique et à un niveau métaphysique, transcendantal. A plusieurs reprises, j'eus l'intime conviction que ce combat auquel j'assistais et participais présentait un rapport avec la relation entre la matière et l'esprit ou plus exactement avec l'emprisonnement de l'esprit dans la matière.

Je me retrouvai dans un état d'esprit assez curieux à l'issue de cette bataille, j'éprouvais une sensation de sérénité et de bien-être empreinte de la foi naïve et primitive des premiers Chrétiens. J'évoluais dans un monde où les miracles étaient possibles, acceptables et compréhensibles. J'étais préoccupé par les problèmes du temps et de l'espace et par les paradoxes insolubles de l'infini et de l'éternité qui, dans un état de conscience normal, constituaient un défi à la raison. Je ne comprenais plus comment je m'étais laissé « conditionner » à accepter le concept absurde d'un temps uni-dimensionnel et d'un espace tri-dimensionnel. Les limites du champ de l'esprit n'existaient pas ; le temps et l'espace n'étaient que des constructions arbitraires élaborées par l'homme. Il était possible en fait de créer et de connaître délibérément des espaces ayant des ordres d'infini différents. Une seconde et une éternité étaient des notions parfaitement interchangeables. Je songeai aux mathématiques supérieures et j'établis des parallèles entre plusieurs concepts mathématiques et les états modifiés de conscience.

Je découvris soudain que je n'avais pas à me sentir tenu par des limites spatio-temporelles ; j'étais libre de voyager dans le continuum espace-temps sans la moindre restriction. Cette impression avait une telle réalité, une telle force que je décidai de l'éprouver par une expérience. Je choisis d'essayer de voyager vers ma ville natale, distante de plusieurs milliers de kilomètres de la salle de traitement. Je visualisai la direction et la distance et je m'efforçai de traverser l'espace vers le lieu de ma destination. Je volais à travers l'espace à une vitesse impressionnante mais à ma grande déception, je n'arrivais nulle part. Je m'arrêtai pour reconsidérer la situation. Je ne comprenais pas qu'une telle expérience échoue alors que mon sentiment de pouvoir traverser l'espace était si convaincant. L'idée me vint aussitôt que j'étais toujours sous l'influence de mes vieux concepts quant aux limites du temps et de l'espace. En pensant en termes de directions et de distances, je faussais mon approche du problème. La simplicité de la solution s'imposa soudain à mon esprit : il me suffisait d'imaginer que le lieu de la séance était en fait identique à celui de ma destination. J'éprouvai des sensations étranges en envisageant ainsi la situation. Je me retrouvai dans un espace encombré de tubes vides, de cables, de résistances et de condensateurs. Après un court moment de confusion, je compris que j'étais « coincé » dans un récepteur de télévision situé dans l'appartement où j'avais passé mon enfance. Je m'efforçais en quelque sorte d'utiliser les haut-parleurs pour entendre et les tubes catodiques pour voir. Cette parodie symbolique signifiait que je m'attachais toujours à mes anciennes convictions concernant l'espace et le temps. Le seul moyen de transmettre des images à longue distance me paraissant concevable et acceptable se basait sur l'utilisation d'ondes électromagnétiques. Il va de soi qu'une telle transmission est assujettie à la vitesse de déplacement des ondes. Dès que je compris qu'il était possible d'évoluer sur le plan de l'esprit libre sans contrainte, fût-ce celle de la vitesse de la lumière ou d'autres ondes électromagnétiques, l'expérience se modifia rapidement. Je traversai l'écran de télévision et je déambulai dans l'appartement de mes parents. A ce stade, je ne ressentais aucun des effets de la drogue et ma situation était aussi réelle que tout ce que j'avais pu vivre auparavant. Je me dirigeai vers la fenêtre et regardai l'horloge au coin de la rue ; elle indiquait une différence d'une demi-heure par rapport au moment de l'expérience et quoique cela correspondît au décalage horaire entre les deux villes, je considérai que ce n'était pas une preuve patente de la réalité de mon « voyage ». Je savais « intellectuellement » qu'il *devait* y avoir un décalage d'une demi-heure — mon esprit aurait donc pu fabriquer cette expérience.

Pour conclure à la « réalité objective » de la situation, je désirais une preuve plus convaincante. Je décidai en conséquence de tenter un test : décrocher un tableau du mur. Je prévoyais d'interroger mes parents pour savoir si un phénomène inhabituel s'était produit dans leur appartement à ce moment précis. Je tendis la main vers le tableau mais, avant d'avoir pu toucher le cadre, je fus envahi par une sensation de plus en plus déplaisante m'avertissant que mon entreprise était extrêmement risquée et dangereuse. Je sentis soudain une influence mystérieuse et inquiétante, celle des forces du mal, celle de la « magie noire ». Je m'interrompis et analysai la situation. Des images de célèbres casinos défilaient : Monte Carlo, le Lido de Venise, Las Vegas, Reno... Je voyais les petites boules d'ivoire de la roulette tourner à une vitesse vertigineuse, les mouvements mécaniques des machines à sous, des dés rouler sur les tapis verts des tables de jeu, des cartes glisser vers des joueurs de baccarat et la danse effrénée des néons. Ensuite, je rencontrai dans le plus grand secret des hommes d'Etat, des politiciens, des officiers et des scientifiques de renom. Une certitude m'envahit : je n'avais toujours pas réussi à vaincre mon égocentrisme et je n'étais toujours pas capable de résister à la tentation du pouvoir. La possibilité de transcender les limites spatio-temporelles me parut enivrante et séduisante. Parvenir à maîtriser le temps et l'espace me rapporterait une fortune considérable ainsi que tout ce que l'argent peut procurer. Il me suffirait de me rendre dans les casinos les plus proches ou sur les marchés financiers. Aucun secret n'existe pour qui contrôle le temps et l'espace ; il jouit du libre accès à toutes les réunions au sommet des dirigeants politiques et connaît toutes les découvertes scientifiques. Voilà qui ouvre des possibilités incomparables pour infléchir le cours des événements mondiaux.

Je mesurais les dangers inhérents à cette expérience. Des passages de plusieurs livres mettant en garde contre l'utilisation de ces facultés tant que l'individu n'a pas surmonté les limites de son ego et n'a pas atteint une maturité spirituelle me revenaient en mémoire.

Un autre élément me paraissait encore plus important : mon attitude à l'égard du résultat de cette expérience était très ambiguë. J'étais enivré de ma capacité à me libérer de l'esclavage de l'espace et du temps, mais aussi très conscient de la gravité de l'acte et de ses conséquences. Cette expérience ne pouvait être considérée comme une tentative isolée de contrôle volontaire de l'espace. Si j'obtenais la confirmation de la possibilité de manipuler l'environnement physique à une distance de plusieurs milliers de kilomètres, tout mon univers s'écroulerait et je me retrouverais dans un état de profonde confusion métaphysique. Le monde tel que je le concevais n'existerait plus ; je perdrais tous les points de repère auxquels je croyais et qui m'apportaient une certaine sécurité. Je serais perdu dans un univers totalement nouveau et effrayant dont les lois me seraient parfaitement étrangères.

Incapable de me résoudre à tenter cette expérience, je décidai de laisser la question de l'objectivité et de la réalité sans réponse. Cette attitude me permettrait de jouer avec l'idée que j'avais conquis l'espace et le temps tout en me réservant une « issue de secours ». Si cet épisode devenait par trop inquiétant, je pourrais toujours le considérer comme une élucubration due à l'intoxication de mon esprit par une substance psychédélique puissante. Je me retrouvai dans la salle de traitement dès que je résolus de renoncer à mon test.

Je ne me suis jamais pardonné d'avoir gâché une occasion aussi unique et aussi fantastique. Le souvenir de l'horreur métaphysique de cette situation ne me permet cependant pas d'affirmer que j'aurais plus de courage à l'avenir face à un tel dilemme.

On assiste parfois au cours de séances psychédéliques à des expériences de télépathie. Le sujet est convaincu de lire dans les pensées des personnes présentes dans la salle de traitement ou de « se brancher » sur le cerveau d'individus vivant en d'autres points du globe. Il s'agit plus souvent d'une illusion que d'un fait véritable. Il ne faut toutefois pas considérer cela comme une règle absolue. Certaines situations confirment, malgré de sérieuses déformations et des erreurs d'interprétations, la réalité d'une perception extra-sensorielle pure. Un sujet LSD décrira ainsi sans se tromper l'état d'esprit et les émotions du thérapeute ou de l'assistante sans même les regarder. Deux individus ayant une séance au même instant partageront de nombreuses idées ou vivront des expériences parallèles sans pour autant communiquer verbalement. Enfin, dans certains cas très exceptionnels, un sujet LSD affirmera avoir eu un contact télépathique avec une personne n'assistant pas à la séance et cette personne confirmera ultérieurement l'authenticité du fait.

CONTRACTION SPATIALE DE LA CONSCIENCE

Conscience Organique, Tissulaire et Cellulaire

Dans ce type d'expériences, la conscience de l'individu semble confinée à des zones plus petites que l'image habituelle du corps ; il s'agit le plus souvent d'une connaissance de certains organes internes ou de processus physiologiques qui sont inaccessibles lors des états de conscience habituels. De tels phénomènes associent donc une contraction de la conscience à une extension de son fonctionnement. Les sujets ont alors le sentiment de s'accorder à la conscience de divers organes ou tissus de leur organisme. D'aucuns observent l'action du pacemaker, les contractions de la musculature cardiaque et l'ouverture et la fermeture des ventricules du cœur. D'autres suivront le fonctionnement hépatique et la sécrétion de bile, les processus digestifs et la résorption intestinale, ou le fonctionnement de tout autre organe. Dans cet état, la conscience régresse souvent vers le niveau cellulaire voire vers des processus subcellulaires. Plusieurs sujets ont rapporté s'être identifiés à des neurones de leur propre cerveau, à des globules blancs et rouges, à l'épithélium utérin, ou à des cellules germinales. Les expériences d'identification à un ovule ou à un spermatozoïde au moment de la conception appartiennent à cette catégorie. L'exploration consciente du noyau cellulaire et des gènes dans les chromosomes ou encore le sentiment de déchiffrer son propre code sont d'autres phénomènes intéressants. Les épisodes de conscience organique, tissulaire et cellulaire s'accompagnent parfois d'intuitions concrètes. Les comptes rendus de telles séances mentionnent souvent des informations concernant l'anatomie, l'histologie, la physiologie et la chimie dépassant de beaucoup les connaissances du sujet.

Voici un extrait d'une séance de formation d'un psychiatre qui illustre très bien cette catégorie de phénomènes.

> A ce stade, je n'avais pas encore vécu les séquences les plus stupéfiantes de cette séance. Ma conscience devenait de plus en plus indifférenciée et j'éprouvais une excitation curieuse, telle que je n'en avais jamais connue auparavant.

Le milieu de mon dos émettait des impulsions rythmiques et j'avais l'impression d'être propulsé à travers l'espace et le temps vers un objectif inconnu. J'avais une très vague idée de ma destination finale, mais ma mission semblait être d'une importance extrême. Je compris après un certain temps et à ma grande surprise que j'étais un spermatozoïde et que les impulsions explosives régulières étaient produites par un pacemaker biologique et transmises à un long flagelle se déplaçant en mouvements vibratoires. J'étais lancé dans une « super-course » effrénée dont le but était d'atteindre une source émettant des messages chimiques auxquels je ne pouvais résister. Je compris que mon objectif se nommait ovule ; je devais le pénétrer et le féconder. J'étais incapable de m'empêcher de participer à cette course quoique je fusse convaincu de la profonde absurdité de ma situation.

« Etant » un spermatozoïde en quête d'ovule, j'avais conscience de tous les processus impliqués. Toutes les caractéristiques essentielles de l'événement physiologique tel qu'il est décrit dans les écoles de médecine étaient présentes. Il y avait, en outre, de nombreux éléments supplémentaires qui allaient bien au-delà de ce que l'esprit pouvait imaginer dans un état normal. La conscience du spermatozoïde était un microcosme absolument autonome, un univers en soi. Je participai à tous les processus biochimiques intervenant dans le nucléoplasme. Je reconnus dans une atmosphère nébuleuse la structure des chromosomes, des gènes individuels et des molécules d'ADN. Je percevais leur configuration physio-chimique comme étant, tout à la fois, des éléments de souvenirs ancestraux, des formes phylogéniques primordiales, des formes nucléaires d'événements historiques, de mythes et d'archétypes. La génétique, la biochimie, la mythologie et l'histoire paraissaient intimement liées et n'étaient que des aspects différents du même phénomène. Ce microcosme du spermatozoïde était simultanément influencé et gouverné par des forces modifiant et déterminant le sort de la race. Elles présentaient la forme de champs de forces karmiques, cosmobiologiques et astrologiques.

L'excitation et le rythme de la course augmentait à chaque instant de telle façon que je songeai au vol d'un vaisseau spatial approchant la vitesse de la lumière. Puis vint l'apothéose qui se traduisit par une implosion triomphante et une fusion extatique avec l'ovule. Durant la course du spermatozoïde, ma conscience alternait entre la sienne (obsédée par son objectif) et celle de l'ovule dans l'attente vague mais impérieuse d'un événement capital. Au moment de la conception, ces deux unités de conscience séparées se réunirent et je fus simultanément les deux cellules germinales. Les deux entités interprétaient le même événement en termes de succès individuel et de triomphe commun. Tous deux avaient accompli leur mission : le spermatozoïde, celle de pénétration et d'implosion et l'ovule, celle d'incorporation. Un acte unique impliquant deux participants et aboutissant à la satisfaction totale des deux parties. Je voyais là un modèle idéal non seulement pour la complémentarité des principes mâle et femelle dans le domaine des relations sexuelles mais aussi dans les situations interpersonnelles en général. L'objectif essentiel étant, me semblait-il, d'organiser les circonstances de telle sorte que toutes les parties impliquées considèrent le résultat final comme un succès personnel. Je compris ainsi comment la complexité et la multitude des cadres interprétatifs existant rendraient un tel but possible.

Après la fusion des cellules germinales, l'expérience se poursuivit au même rythme endiablé. Je vécus l'embryogenèse d'une manière condensée et accélérée. Je jouissais toujours d'une conscience totale des processus biochimiques, des divisions cellulaires et de la croissance des tissus. De multiples tâches restaient à accomplir. J'assistai à la différenciation des tissus et à la formation de nouveaux organes. Je devins des arcs branchiaux, le cœur fœtal, les collections de cellules du foie et de la muqueuse intestinale. Ce développement embryonnaire s'accompagnait d'un énorme dégagement d'énergie et de lumière. Cette lueur froide avait un rapport avec l'énergie biochimique libérée lors de la croissance précipitée des cellules et des tissus. A un certain moment, j'eus la certitude de l'achèvement du développement fœtal. Un nouveau sentiment de succès individuel et de triomphe du pouvoir créatif de la nature.

Ayant retrouvé mon état de conscience habituel, je conservai l'intime conviction que cette expérience aurait un effet durable sur mon amour-propre. Quoi que me réservât la vie, j'avais déjà deux victoires à mon actif : j'avais remporté la grande course des spermatozoïdes dans une compétition alignant plusieurs millions de participants et j'avais satisfait à l'épreuve pour le moins complexe de l'embryogenèse Ces idées me faisaient bien évidemment sourire mais les émotions que j'avais éprouvées possédaient une telle puissance, étaient si convaincantes !...

EXTENSION EMPIRIQUE AU-DELA DU CADRE DE LA « REALITE OBJECTIVE »

Expériences Spirites et Médiumniques

Ces expériences, assez rares, rappellent les phénomènes se manifestant au cours de séances spirites tels qu'ils sont décrits dans la littérature occulte. Certains sujets LSD entrent ainsi dans un état voisin d'une transe médiumnique. L'expression du visage se modifie de manière frappante, l'attitude et les gestes paraissent étranges et la voix est altérée de façon spectaculaire. D'aucuns parlent une langue étrangère, pratiquent l'écriture automatique, produisent d'obscurs hiéroglyphes ou des dessins étranges et inintelligibles. D'autres vivent des rencontres avec des corps astraux ou des entités spirituelles de personnes décédées et entretiennent avec eux des communications extra-sensorielles. Certains de ces phénomènes s'apparentent à la possession telle que décrite dans un certain nombre d'ouvrages médiévaux ou par des anthropologues étudiant les pratiques et les croyances religieuses de diverses cultures.

Nous livrons à votre appréciation l'extrait d'une séance avancée d'une série psycholytique illustrant une expérience spirite profonde et bouleversante apparue au cours de la thérapie de Dana, une patiente névrosée (cf. page 86).

> Dana revécut un épisode traumatisant, extrêmement pénible, de son enfance. Son père avait été hospitalisé pendant de nombreuses années dans un institut psychiatrique ; il souffrait d'une psychose grave. Elle était âgée de dix ans lorsqu'il fit une hémorragie cérébrale et que l'hôpital l'autorisa à rentrer chez lui pour y mourir. Dana assista à sa déchéance et à son agonie. Au cours d'une séance, elle régressa littéralement jusqu'à cette période de sa vie et devint une petite fille terrifiée observant la lutte désespérée de son père. Elle se contenta d'abord de revoir la scène ; elle s'identifia ensuite à son père et elle fut confrontée aux affres précédant la mort physique. Ils transcendèrent les limites séparant la vie de la mort dans cette unité duale particulière. Une crise de panique absolument incontrôlable s'empara de Dana. Nous ne pûmes communiquer avec elle pendant près de deux heures.

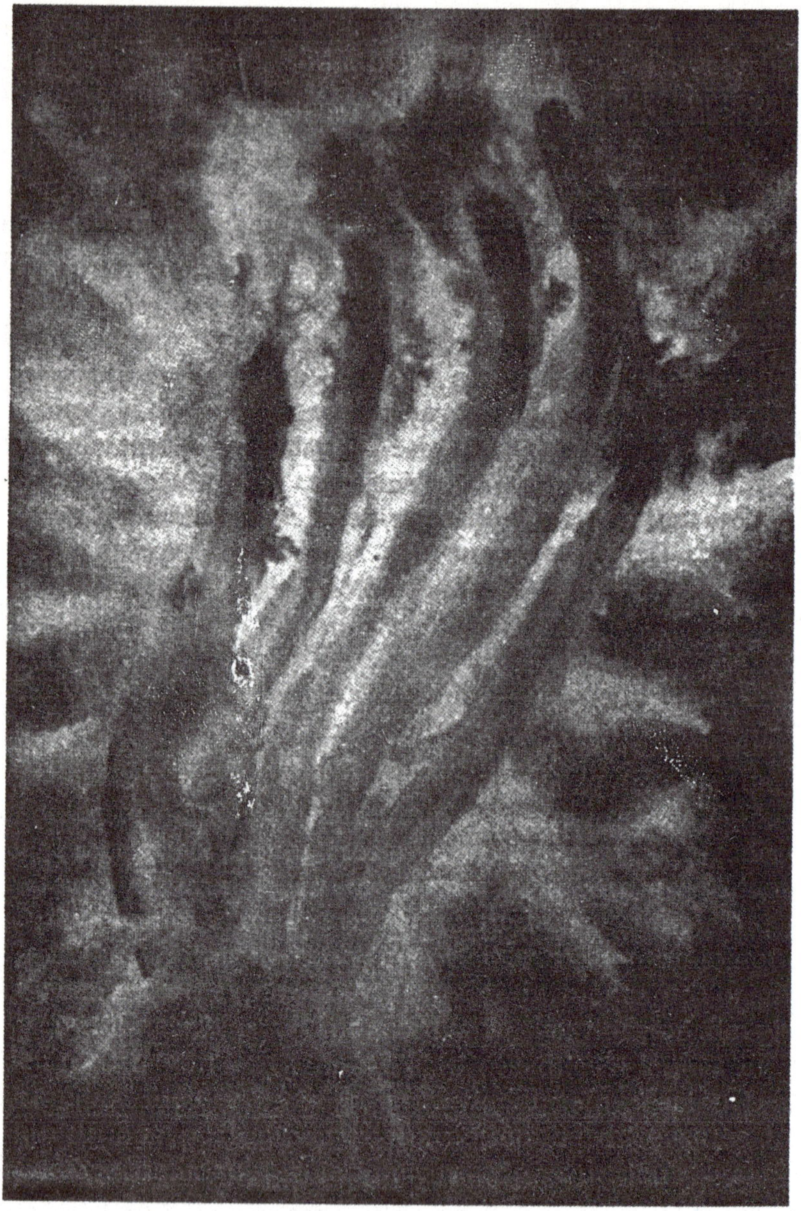

Tableau traduisant l'expérience spirite de Dana. Elle revécut l'agonie de son père, à laquelle elle avait assisté étant enfant. Au départ, elle ne faisait qu'observer la scène puis elle s'identifia totalement au mourant. Ayant franchi le seuil de la mort, elle se retrouva dans un univers étrange rempli d'un éther fluorescent. Les âmes de personnes désincarnées flottaient dans l'espace et communiquaient avec elle par télépathie. Elle vit soudain la main astrale de son père (décédé) se poser sur la sienne.

Dès qu'elle le pût, elle nous décrivit son expérience : « Après avoir franchi le seuil de la mort, je pénétrai dans un univers étrange et effrayant. Un éther fluorescent d'une nature macabre nimbait toute chose. Il m'était impossible de discerner si cet univers était fini ou infini. Une foule d'âmes flottaient dans cet éther luminescent ; il y régnait un climat inquiétant de détresse et d'excitation. Les défunts m'adressaient des messages non verbaux par des canaux extra-sensoriels non identifiables. Leur attitude menaçante m'informait qu'ils exigeaient « quelque chose » de moi. L'atmosphère générale me rappelait les descriptions des Enfers de la littérature grecque. L'objectivité et la réalité de la situation dépassaient cependant mon imagination, engendrant un état d'horreur métaphysique indescriptible. Mon père était présent et évoluait dans son corps astral. J'avais pénétré dans cet univers en union avec lui, son corps astral se superposait donc au mien. J'étais incapable de communiquer avec vous (le thérapeute) et cela n'avait aucune importance. J'étais convaincue que vous n'en saviez pas plus que moi sur ce monde étrange et qu'en conséquence, vous ne pouviez m'être d'aucun secours. Ce fut sans doute l'expérience la plus terrifiante de ma vie ; jamais aucune de mes séances LSD précédentes ne m'avait plongé dans une telle angoisse. »

Expériences de Rencontres avec des Entités Spirituelles Surhumaines

Le thème ancien de la rencontre avec des guides, des maîtres et des protecteurs spirituels est l'une des expériences transpersonnelles les plus enrichissantes et les plus épanouissantes. Les sujets perçoivent ces êtres comme étant des entités surhumaines ou spirituelles existant sur des plans de conscience et à des niveaux d'énergie supérieurs. Il est exceptionnel que cette expérience s'accompagne d'une image réelle ou d'une communication verbale. Les guides sont parfois une radiance ou une source d'énergie avec ou sans vibrations concomitantes de haute fréquence ; l'individu ne fait que sentir leur présence et reçoit des messages, des instructions et des explications par divers canaux extra-sensoriels. Le sujet conserve, en général, son identité et dissocie ces entités de sa propre personnalité. D'aucuns expérimentent cependant des degrés de fusion voire d'identification totale avec elles.

Le but de l'intervention de ces guides spirituels est très variable ; dans certains cas, ils expliquent au sujet ce qui se passe ou le conseillent sur la meilleure manière d'aborder son expérience LSD. Dans d'autres cas, ils aident le patient à traverser des expériences difficiles, comme Virgile dans la *Divine Comédie* de Dante ; ils lui accordent leur soutien intellectuel et spirituel ou créent des écrans d'énergie positive le protégeant des influences destructrices d'entités malveillantes. Ces guides dispensent également des directives et des conseils précis quant à la vie actuelle du patient. Ils ne se font pas toujours connaître mais l'individu reconnaît parfois en eux des aspects de son être suprême ou des manifestations de figures religieuses désincarnées (Sir Ramana Maharashi, Ramakrishna, Sri Aurobindo, Gandhi ou Jésus-Christ).

La phénoménologie de cette catégorie empirique a fait l'objet d'un livre de John C. Lilly, *The Center of the Cyclone.*[13] Dans son récit, Lilly expose au lecteur ses rencontres marquantes avec deux gardiens des plans supérieurs de conscience qui jouèrent un rôle capital à diverses périodes de sa quête spirituelle.

Expériences d'Autres Univers et Rencontres avec leurs Habitants

Les mondes étranges et étrangers que les sujets LSD découvrent et explorent au cours de ce type d'expériences semblent posséder une réalité propre dépassant le cadre de notre cosmos ; ils appartiennent à d'autres dimensions, à des univers coexistant avec le nôtre. Les individus rencontrent des entités dotées de formes physiques complexes et de processus métaboliques et physiologiques absolument différents des nôtres. Ces créatures sont intelligentes mais leurs caractéristiques idéelles et émotionnelles ne ressemblent en rien à ce que nous connaissons. Plusieurs sujets LSD mentionnèrent des contacts ou des rencontres avec des OVNI. D'aucuns affirmèrent visiter des parties éloignées de notre univers et d'autres vivre des expéditions sidérales dans des dimensions ou dans des mondes parallèles. Ces univers étrangers découverts au cours de séances LSD sont tantôt infiniment plus petits tantôt infiniment plus grands que le nôtre. Après avoir vécu ces aventures cosmiques extraordinaires, des individus les ont rapprochées des plus ingénieuses histoires de science-fiction jamais écrites. Certains sujets se référaient aux *Voyages de Gulliver* de Jonathan Swift et d'autres à des séquences de la série T.V. américaine *Star Trek*.

Expériences Archétypes et Séquences Mythologiques Complexes

Un groupe important d'expériences transpersonnelles réunit les phénomènes que C.G. Jung qualifiait d'images primordiales, de dominantes de l'inconscient collectif ou d'archétypes. Que le sujet soit familier des idées de Jung ou qu'au contraire il en ignore tout n'influence absolument pas le contenu de ces séquences. Dans son sens le plus large, le terme « archétype » est applicable à toutes les configurations statiques ainsi qu'aux événements dynamiques de la psyché présentant un caractère transindividuel et une qualité universelle. Une telle définition couvrirait de nombreuses catégories de phénomènes décrits dans ce chapitre. Nous n'aborderons ici que les expériences transpersonnelles de nature archétype représentant des types et des rôles biologiques, psychologiques et sociaux généralisés.

Un sujet LSD s'identifiera ainsi totalement aux archétypes du : Martyr, Fugitif, Hors-la-loi, Despote Eclairé, Tyran, Fou, Bon Samaritain, Vieux Sage et à ceux de l'Avare, de l'Ascète, de l'Ermite. Ces expériences sont très proches (mais néanmoins différentes) de celles de la conscience de groupe décrites précédemment. L'assimilation à un groupe exige du sujet qu'il s'identifie simultanément à tous les membres le constituant. Ces expériences représentent des concepts personnifiés des rôles impliqués (par exemple : tous les Juifs comparés au Juif). De tels phénomènes reflètent divers niveaux d'abstraction et divers degrés de généralisation. Certains des modèles les plus universels forcent le sujet à s'identifier aux rôles de la Mère, du Père, de l'Enfant, de la Femme, de l'Homme ou de l'Amant. Nombreux parmi eux sont sacralisés comme en attestent les archétypes de la Grande-Mère, de la Terrible Mère, de la Mère Terre, de la Mère Nature, du Grand Hermaphrodite ou de l'Homme Cosmique. Les archétypes représentant certains aspects de la personnalité du sujet (l'Ombre, l'Ame, la Personne) se manifestent couramment dans les séances LSD avancées. Les images d'un Age d'Or ou d'un Age des Ténèbres sont souvent mentionnées.

Il arrive qu'au lieu de connaître les prototypes décrits ci-dessus, les sujets LSD expérimentent des séquences complexes ou des thèmes légendaires, mythologiques ou merveilleux. Certains sont simples : la méchante belle-mère, la belle-fille soumise, le bon frère et le mauvais frère ou encore le grand amour menacé par les intrigues et les circonstances malheureuses. D'autres sont plus originaux : le mythe de la damnation éternelle dans les récits de Tantale, de Sisyphe, de Prométhée, d'Ahasvérus (le Juif Errant) ou du Hollandais Volant ; le thème de la naissance ou de la mort du héros ; les légendes sur l'ambition des hommes et leur soif de connaissance (Dédale et Icare, Faust...) ; ou le mythe du super-héros accomplissant des travaux difficiles ou sauvant au péril de sa vie une infortunée prisonnière sont plus rares. Des individus peu cultivés vivent des séquences rappelant curieusement des thèmes mythologiques antiques de Mésopotamie, d'Inde, d'Egypte, de Grèce, d'Amérique Centrale ou d'autres régions du monde.

Ces observations recoupent les descriptions de C. G. Jung concernant l'apparition de thèmes archétypes relativement peu connus dans les rêves d'enfants et de patients sans érudition particulière ainsi que dans la symptomatologie manifeste de certains schizophrènes.

Expériences de Rencontres avec Diverses Déités

Cette catégorie est étroitement liée à la précédente. Dans un sens strictement jungien, les rencontres et/ou l'identification avec diverses déités devraient être considérées comme des expériences archétypes. Les professionnels, familiers des théories de Jung, qui participèrent à ces séances LSD, distinguaient cependant très nettement les archétypes s'exprimant sous forme de prototypes universels et les expériences faisant intervenir des déités concrètes liées à des civilisations spécifiques. Les sujets connaissent parfois les dieux ou les démons qu'ils rencontrent ; ils sont capables de les nommer et de les rattacher à telle ou telle tradition. Certains donnent des descriptions détaillées de leurs visions, d'autres en font un croquis, nombreux sont ceux qui identifient la culture d'origine. Le thérapeute tente alors d'obtenir le maximum d'information et d'évaluer le degré de précision des intuitions. Malgré les efforts combinés du patient et du thérapeute, il n'est pas toujours possible d'identifier les visions du sujet.

La plupart des déités se manifestant au cours des séances LSD entrent dans deux catégories nettement distinctes. La première comprenant celles qui sont associées aux forces de la lumière et du bien ; la deuxième regroupant les déités des ténèbres et du mal. Les déités bienveillantes sont souvent représentées par : Isis et Osiris, Ahura Mazda, Apollon, Boddhisattva et Krishna ; parmi les déités ou rencontres malveillantes : Set, Hadès, Ahriman, Kali, Moloch, Astarté, Huitzilopochtli ou Satan. Ces divinités apparaissent pour la première fois durant la phase périnatale d'une série de séances LSD. Les images des dieux représentant les forces des ténèbres sont alors associées à l'angoisse de la naissance de la MPF II et III ; les divinités bienveillantes accompagnent, elles, les expériences extatiques de la MPF I et IV. Ces images se manifestent ensuite soit sous forme de visions statiques soit sous forme d'éléments de séquences mythologiques. Des sujets LSD assistent parfois à des drames cosmologiques entiers tels que la rencontre entre les forces de Ahriman et de Ahura Mazda, la guerre entre les Dieux et les Titans, la chute de Lucifer et d'autres anges déchus, diverses versions de la création du monde, le Déluge biblique et le Jugement Dernier.

Les sujets confrontés aux divinités ont des réactions émotionnelles vives allant du ravissement extatique et du bonheur divin à la terreur métaphysique et à des sentiments de folie. La majorité des individus n'ont cependant pas le sentiment d'être en présence de l'Etre Suprême ou de la « force ultime » de cet univers.

Compréhension Intuitive des Symboles Universels

Des visions de divers symboles universels constituent une partie importante du contenu des séances LSD. Elles se manifestent seules ou en association avec d'autres types de phénomènes transpersonnels. Les expériences mettent le sujet en contact avec la symbolique universelle, lui octroient une compréhension intuitive des divers niveaux de leur signification ésotérique. De nombreux individus eurent des visions de compositions géométriques complexes, rappelant curieusement des mandalas orientaux ; certains furent même capables de les reproduire et de fournir des explications très précises quant à leurs dessins. Il arrive fréquemment que des personnes ignorant tout de la littérature orientale ou mystique en donnent des interprétations recoupant les textes hermétiques. Les symboles récurrents sont : la croix, l'étoile de David, la svastika indo-iranienne, la croix ansée d'Egypte (la croix du Nil ou *crux ansata*), la fleur de lotus, le yin et le yang chinois, le symbole phallique sacré hindou (le lingam de Shiva), le diamant et autres bijoux, la roue de la mort et de la re-naissance bouddhique ainsi que le cercle (souvent représenté par l'archétype du serpent gigantesque Ouroboros se mordant la queue).

Nous avons déjà vu que des séances LSD permettaient parfois à des sujets de comprendre des systèmes de pensée ésotérique. Ainsi, des individus n'ayant jamais entendu parler de la Kabbale vivaient des expériences décrites dans le Zohar et interprétaient spontanément des symboles kabbalistiques. D'autres percevaient la signification transcendantale des nombres et en arrivaient à des conclusions évoquant l'algèbre et la numérologie pythagoricienne. Des sujets qui considéraient avec suspicion l'astrologie et affichaient une attitude condescendante à l'égard de l'alchimie découvraient l'importance de leur signification métaphysique. Ces remarques s'appliquent aussi au Yi Ching et au Tarot.

Activation des Chakras et Eveil du Pouvoir du Serpent (Kundalini)

De nombreuses expériences transpersonnelles présentent une ressemblance frappante avec des phénomènes décrits par diverses écoles de Kundalini-Yoga comme étant des signes de l'activation et de l'ouverture des chakras individuels. * Ces parallèles n'existent pas uniquement dans le cas d'expériences de nature positive ; la phénoménologie et les conséquences de séances LSD mal dirigées ou mal intégrées sont très semblables aux complications se produisant au cours de pratiques Kundalini non supervisées. * Les sujets possédant une certaine connaissance des philosophies et des religions indiennes font souvent référence au Pouvoir du Serpent, à divers chakras et à certaines pratiques tantriques. Comme je l'ai déjà dit en d'autres occasions, ces expériences sont également vécues par des individus ne possédant aucune connaissance intellectuelle du sujet. Les sujets fournissent alors des descriptions étonnamment détaillées de séquences empiriques semblables et certains ont même été capables d'expliquer les systèmes théoriques correspondants sans pour autant utiliser les termes sanskrits spécifiques. Le système des chakras fournit, en général, une cartographie de la psyché humaine très utile aidant à comprendre et à conceptualiser de nombreuses expériences LSD inhabituelles.

* Chakras (terme sanskrit signifiant « roues »). Ce sont des centres hypothétiques de radiation ou d'énergie primale (ou souffle vital — *prana*) correspondant à peu près à certains niveaux de la colonne vertébrale et à certains organes du corps. La plupart des systèmes distinguent sept chakras :
1) le chakra racine (*Muladhara*) ;
2) le chakra génital (*Svadhisthana*) ;
3) le chakra ombilical (*Manipura*) ;
4) le chakra du cœur (*Anahata*) ;
5) le chakra de la gorge (*Vishuddha*) ;
6) le chakra du front (*Ajna*) ;
7) le chakra du sommet (*Sushumna*) ;
Le flux du *prana* est dirigé par un canal central (*sushumna*) et deux canaux latéraux (*ida* et *pingala*).

* Gopi Krishna donne de nombreux exemples des effets secondaires nocifs d'une pratique maladroite de la Kundalini dans un ouvrage décrivant l'histoire de sa quête spirituelle : *Kundalini : The Evolutionary Energy in Man*[7].

Une expérience extraordinaire se produit exceptionnellement au cours de séances avancées. Il s'agit de l'éveil de la Kundalini dans la partie sacrée de la colonne vertébrale et du flux ascendant de l'énergie spirituelle s'accompagnant d'une activation séquentielle de tous les chakras. Sous sa forme complète, ce processus provoque une expérience transcendantale profonde de nature extatique et intégrante liée au chakra suprême : le Lotus aux mille pétales.

Lors de la première Conférence Internationale de Yoga scientifique qui se tint à New-Delhi (Inde) en décembre 1971, je fis un exposé sur les parallèles entre les expériences LSD et les religions indiennes. L'audience — qui comptait plus de deux mille personnes — représentait les nombreuses orientations spirituelles existant aujourd'hui en Inde. Il y avait même plusieurs groupes de Bouddhistes tibétains qui avaient fui le Tibet après l'invasion chinoise. Durant le passionnant débat qui suivit, les participants s'accordèrent sur un point : de tous les systèmes de yoga, le Kundalini-Yoga était celui qui présentait le plus de points communs avec la psychothérapie LSD. Ces deux techniques favorisaient une libération instantanée et énorme d'énergie, produisaient des expériences profondes et spectaculaires et suscitaient des résultats impressionnants en un temps relativement court. En revanche, elles impliquaient aussi le plus de risques et pouvaient s'avérer dangereuses si elles n'étaient pas pratiquées avec un guide prudent et responsable.

Conscience de l'Esprit Universel

Voici l'une des expériences les plus profondes et les plus complètes, observées au cours de séances LSD. S'identifiant à l'Esprit Universel, l'individu a le sentiment d'avoir assimilé empiriquement la totalité de l'existence, d'avoir atteint la réalité sous-jacente à toutes les réalités et de s'être trouvé confronté au principe suprême et ultime : l'essence de tout Etre. Il a transcendé les illusions de la matière, de l'espace, du temps et d'une infinité d'autres réalités subjectives et les a réduites à ce mode unique de conscience qui est leur source et leur dénominateur commun. Cette expérience est illimitée, insondable et ineffable : c'est le principe même de l'existence. La communication verbale et la structure symbolique de notre langage quotidien paraissent ridiculement inappropriées pour traduire sa nature et sa qualité. L'expérience du monde phénoménologique et des états habituels de conscience ne sont plus que des aspects très limités, partiels et relevant de l'idiosyncrasie de la conscience globale de l'Esprit Universel. Cette idéation dépasse très nettement toute compréhension rationnelle et, pourtant, le simple fait d'y être confronté, fut-ce très brièvement, satisfait les besoins intellectuels, philosophiques et spirituels des sujets. Toutes les questions qu'ils ont jamais posées trouvent réponse et l'individu n'éprouve plus aucun besoin de s'interroger.

Pour comprendre la nature de cette expérience, la meilleure approximation qu'on puisse en donner exige que nous la décrivions par rapport au concept de *Sach-Chid-Ananda* des textes religieux et philosophiques de l'Inde. Ce terme sanskrit est composé de trois racines : *sat*, qui signifie Existence ou Etre, *cit*, Conscience ou Intellect, et *ananda*, Béatitude. Ce principe pur et absolu ressenti comme étant l'Esprit Universel se caractérise par une existence, une conscience, une connaissance et par une béatitude infinie. Toute description, toute définition se doit malheureusement de recourir à des mots que nous associons aux phénomènes du monde tri-dimensionnel que nous connaissons ; elles sont donc inaptes à traduire l'essence de ce principe transcendantal ultime. Les sujets ayant vécu de telles expériences ont souvent suggéré que le langage des poètes, quoique très imparfait lui aussi, semblait être le plus approprié pour décrire cette expérience. On comprend alors pourquoi tant de sages, de prophètes et de guides religieux utilisèrent la poésie, les paraboles et les métaphores pour communiquer leurs visions transcendantales.

L'expérience de conscience de l'Esprit Universel se rapproche de celle d'unité cosmique décrite précédemment. Elle se singularise par des perceptions intuitives du processus de la création du monde phénoménal tel que nous le connaissons et du concept bouddhique de la roue de la mort et de la re-naissance. Le sujet est pénétré du sentiment temporaire ou durable d'avoir atteint la compréhension globale, non rationnelle et trans-rationnelle des problèmes ontologiques et cosmologiques fondamentaux qui l'obsédaient.

Le Vide Supra-Cosmique et Méta-Cosmique

Le dernier phénomène transpersonnel qui sera discuté ici est également le plus paradoxal ; il s'agit de l'expérience du Vide supra-cosmique et méta-cosmique, du néant primordial et du silence, sources et berceaux de toute existence et « Suprême incréé et ineffable ». Les termes supracosmique et méta-cosmique utilisés par certains sujets LSD érudits font référence au fait que ce Vide semble être à la fois supra-ordonné et sous-jacent au monde phénoménal. Il se situe au-delà du temps et de l'espace, au-delà de la forme et de toute différenciation et au-delà des dualités telles que le bien et le mal, la lumière et les ténèbres, la stabilité et le mouvement, l'angoisse et l'extase.

Le Vide implique aussi la transcendance de notre concept ordinaire de causalité. Certains sujets ont affirmé avoir assisté à l'émergence du Sach-Chid-Ananda du Vide dont il était la formulation première et d'autres, au contraire, à son retour et à sa disparition dans le Vide. Ce phénomène n'engendrait pas les sentiments d'absurdité qu'on éprouverait dans un état habituel de conscience face à l'idée de « quelque chose » sortant de rien ou y retournant sans laisser de trace. En outre, le fait que « quelque chose » puisse se produire sans cause préalable n'était jamais remis en question par le sujet vivant une telle expérience. Aussi paradoxal que cela paraisse, le Vide et l'Esprit Universel sont perçus comme étant semblables et interchangeables à volonté ; ils ne sont que deux aspects d'un même phénomène. Le Vide semble être rempli par la forme et les formes subtiles de l'Esprit Universel sont ressenties comme absolument vides.

SIGNIFICATION DES EXPERIENCES TRANSPERSONNELLES DANS LE CADRE D'UNE PSYCHOTHERAPIE LSD

Dans le cadre de la psychothérapie LSD, il est essentiel qu'on comprenne la dynamique des expériences transpersonnelles puisque certains phénomènes affectent la nature des intervalles post-séances. Le mécanisme impliqué est semblable à celui décrit pour les systèmes COEX du niveau psychodynamique ou pour les MPF du niveau périnatal. L'individu demeure sous l'influence de la structure dynamique des éléments transpersonnels qui prédominait à la période finale d'une séance particulière.

Ainsi, à l'issue d'une expérience LSD au cours de laquelle un individu n'aura pas résolu des épisodes de crises embryonnaires graves, il connaîtra pendant des jours voire des mois divers symptômes pénibles. Leur nature est directement liée à celle de l'événement en question. Si la perturbation de la vie intra-utérine était due à une tentative d'avortement, il s'agit d'angoisses, de sentiments paranoïdes ou de l'impression de l'imminence d'un désastre. Dans le cas d'influences toxiques durant la gestation, le sujet connaît des nausées, des souffrances gastro-intestinales et des sensations d'empoisonnement. Dans certains cas tout à fait rarissimes, le sujet continue à ressentir des éléments d'union symbiotique avec la mère. Il projette alors ces sentiments sur la personne du thérapeute (ou sur l'assistante). Les limites de l'ego du patient sont floues puisqu'il éprouve des difficultés à différencier ses propres pensées et celles du thérapeute. Il nourrit parfois l'illusion de savoir lire dans l'esprit du thérapeute qui a, lui aussi, accès à ses pensées les plus intimes. Certains le soupçonnent même de les influencer par télépathie ou par suggestions hypnotiques. Une telle confusion est courante dans le traitement psycholytique des schizophrènes. En revanche, si le sujet sort d'une séance en éprouvant des sentiments de béatitude océanique associés à l'existence intra-utérine paisible, l'intervalle post-séance se caractérisera par la relaxation, la joie et la sérénité. L'individu dans un tel état d'esprit considère que ce monde est un lieu agréable et sécurisant. Des sentiments et des sensations anatomiques et physiologiques inhabituels des plus bizarres continuent pendant quelque temps à assaillir le sujet ayant vécu une expérience phylogénique ou une identification animale.

L'expérience d'incarnation passée non résolue en cours de séance exerce parfois un effet très puissant sur l'individu durant l'intervalle post-séance. Le contenu spécifique d'un karma influence la perception que la personne a d'elle-même, de sa vie actuelle et de son environnement social ; le contenu de l'expérience proprement dit modifie de plus son comportement. En revanche, la résolution d'un karma en cours de séance est souvent suivie de transformations bénéfiques tant sur le plan personnel que relationnel. Une telle reviviscence procure parfois au sujet une largeur de vue et une nouvelle intelligence de ses problèmes interpersonnels et « situationnels ». Ces changements concernent aussi des circonstances dans lesquelles l'individu n'a pu jouer aucun rôle et sur lesquelles il n'a pu exercer aucune influence directe. Ainsi, on a enregistré des modifications dans la vie et le comportement d'autres personnes qui, selon le récit du sujet, faisaient partie du karma résolu en cours de séance. Ces tiers étaient bien entendu absents lors de la séance et ils n'en avaient même pas connaissance ; certains avaient perdu le sujet de vue depuis quelque temps soit parce qu'ils avaient déménagé soit parce qu'ils n'entretenaient plus de relation avec lui. Or, le moment où ces changements spécifiques étaient advenus dans leur vie correspondait exactement à celui de la manifestation, du déroulement et de la résolution du karma évoqué. Ces coïncidences curieuses concernant les expériences d'incarnations passées observées au cours de la recherche sur le LSD suggèrent que ces reviviscences s'intègrent dans un cadre plus vaste dont l'amplitude transcende le champ énergétique de l'individu. De telles constatations nous amènent à penser au concept jungien de la synchronicité [10]. La démarche de Jung semble précieuse pour l'interprétation de nombreux phénomènes transpersonnels, notamment lorsque l'application du principe de causalité s'avère incapable de fournir des réponses satisfaisantes. Dernière observation à ce propos : le sujet ayant vécu une activation d'un puissant karma sans parvenir à le résoudre prend douloureusement conscience de son importance extrême. Il éprouve le sentiment d'être accablé par le fardeau d'un « mauvais karma » et désire ardemment échapper aux conséquences douloureuses de ses actes passés.

L'impact de l'expérience d'unité duale avec une autre personne subsiste parfois et s'exprime par une profonde sympathie, une empathie, l'amour et la compréhension. Les illustrations les plus marquantes de ce phénomène ont été observées chez des couples dont la vie intime était bouleversée après une telle expérience : les conjoints envisageaient désormais les relations sexuelles en termes océaniques et tantriques.

On note une situation semblable après les expériences archétypes. Lorsqu'un modèle fort domine une séance, l'individu continue à ressentir son influence bien après que l'action de la drogue ait cessé. La perception que le sujet a de lui-même, de son environnement et de son comportement dépend pour beaucoup du contenu de l'archétype. Si une telle structure revêt la forme d'une déité, d'un démon ou de tout autre entité individuelle, l'état qui en résulte est semblable à la possession. Le sujet est convaincu que l'entité s'est emparée de lui, qu'elle contrôle ses pensées, ses émotions et son comportement.

De nombreuses expériences transcendantales contraignent l'individu à modifier son système de valeurs, son attitude et à reconsidérer le bien-fondé de ses intérêts. Ainsi, comme nous l'avons déjà vu, des expériences de l'inconscient collectif et racial engendrent souvent une sensibilité aux besoins et aux problèmes d'un autre groupe culturel favorisant une appréciation réelle de sa religion, de son art et de sa philosophie. Des éléments de conscience animale et végétale éveillent chez le sujet un amour de la nature et une prise de conscience des problèmes écologiques. Des expériences transcendantales profondes (activation de la Kundalini, ou conscience de l'Esprit Universel ou celle du Vide) ont non seulement un effet bénéfique sur le bien-être physique et émotionnel du sujet mais développent chez lui un intérêt sérieux pour tous les problèmes religieux, mystiques et philosophiques ainsi qu'un profond désir d'intégrer la dimension spirituelle à son mode de vie.

EXPERIENCES TRANSPERSONNELLES ET PSYCHIATRIE CONTEMPORAINE

Après avoir défini les expériences transpersonnelles et discuté des plus importantes, il est intéressant d'essayer de les situer dans la psychiatrie et la psychothérapie modernes. Leur position ne diffère guère de celle des expériences périnatales. Ce n'est certes pas la première fois que des scientifiques du comportement et des professionnels de la santé mentale se trouvent confrontés à des expériences transpersonnelles. La thérapie LSD n'est d'ailleurs pas le seul cadre dans lequel elles ont été observées. Certaines de ces expériences sont connues depuis des siècles, voire des millénaires. Les textes sacrés de toutes les grandes religions du monde, les documents manuscrits d'innombrables sectes et mouvements religieux dissidents les décrivent. Elles jouèrent aussi un rôle important dans les états visionnaires de saints, de mystiques et de maîtres religieux. Les ethnologues et les anthropologues les ont observées lors de rituels sacrés aborigènes, dans des religions extatiques et de mystères, dans diverses pratiques de guérison indigènes et dans les rites de passages de plusieurs cultures. Les psychiatres et les psychologues ont vu des phénomènes transpersonnels, sans pour autant les identifier et les nommer, au cours de leur pratique quotidienne avec de nombreux patients psychotiques, en particulier les schizophrènes. Les historiens, les théologiens, les anthropologues, les psychiatres et les psychologues expérimentaux connaissent l'existence d'une série de techniques anciennes et modernes favorisant la manifestation d'expériences transpersonnelles. Il est surprenant de constater qu'en dépit de la fréquence de ces phénomènes et de leur importance pour de nombreux secteurs de l'activité humaine, peu de tentatives sérieuses aient été réalisées, par le passé, pour les incorporer dans la théorie et la pratique de la psychiatrie et de la psychologie contemporaines. L'attitude des professionnels est très partagée à l'égard de ces phénomènes. Certains ont été confrontés à diverses expériences transpersonnelles et les ont plus ou moins ignorées. Ils préféraient tourner leur attention vers d'autres secteurs de la psychologie et de la psychopathologie, estimant que ces phénomènes n'avaient guère de signification pour la compréhension de l'esprit humain tant malade que sain.

D'autres jugeaient les phénomènes transpersonnels trop étranges pour être considérés dans le cadre de variations du fonctionnement mental normal. Toute manifestation de cet ordre est alors qualifiée de psychotique, qu'elle se manifeste chez un patient schizophrène, chez un sujet normal après l'ingestion d'une drogue psychédélique, chez un étudiant Zen durant une sesshin ou chez un maître mystique et religieux tel que Sri Ramana Maharishi, Sri Aurobindo ou Jésus. Selon eux, il n'y a pas de raison pratique d'étudier la nature et la dynamique de ces phénomènes et aucun progrès majeur n'est à attendre d'une telle entreprise. Cette démarche implique nécessairement un jugement de valeur — à savoir que les phénomènes transpersonnels sont incompatibles avec un « fonctionnement mental normal » et qu'ils devraient donc être supprimés. Le jour ou la science aura découvert le secret de la thérapie efficace des psychoses, il sera possible de supprimer l'ensemble de ces symptômes de dysfonction mentale. Ce type de raisonnement conduit à utiliser des tranquillisants dans le traitement de tout individu ayant des expériences transpersonnelles. Le but est donc de contrôler les symptômes et peu importe que la cause du processus pathologique impliqué continue à défier la science.

D'autres scientifiques se sont intéressés sérieusement à certains aspects du plan transpersonnel et se sont efforcés d'en donner des explications et des conceptualisations théoriques. Ils n'ont cependant pas reconnu le caractère unique de cette catégorie de phénomènes ni ses caractéristiques spécifiques. Ils ont expliqué les expériences transpersonnelles en fonction de paradigmes anciens. Il les ont donc le plus souvent réduites à des phénomènes psychodynamiques déterminés par la biographie du patient. Ainsi, les expériences intra-utérines (et les éléments périnatals) émergeant dans les rêves de certains patients et au cours d'associations libres ont généralement été traitées comme de simples fantasmes ; les sentiments religieux ont été expliqués en termes de conflits non résolus avec l'autorité parentale ; les expériences d'unité cosmique ont été interprétées comme des indications de narcissisme infantile primaire ; certaines images archétypes sont appréhendées comme des représentations symboliques de l'image de la mère et du père ; et les expériences d'incarnations passées comme une réaction face à la peur de l'impermanence et de la mort ou comme un fantasme compensatoire reflétant l'insatisfaction de l'individu à l'égard de divers aspects de sa vie.

Quelques rares professionnels ont néanmoins reconnu l'importance et l'intérêt des expériences transpersonnelles et les ont considérées comme des phénomènes à part entière. Ils ont compris leur valeur et leur signification heuristiques pour une nouvelle compréhension de l'inconscient, du potentiel humain et de la nature même de l'homme. Citons, entre autres : William James, Roberto Assagioli, Carl Gustav Jung et Abraham Maslow.

L'intérêt scientifique et populaire pour les drogues psychédéliques, favorisé par la découverte du LSD, a éclairé le problème des expériences transpersonnelles d'un jour nouveau. Les observations faites au cours de séances LSD de patients et de sujets volontaires ainsi que celles faites sur des individus s'adonnant à une auto-expérimentation illicite démontrent clairement les limites des anciennes approches pour la compréhension des plans transpersonnels. De nombreux professionnels ont, en outre, été confrontés aux phénomènes transpersonnels dans le cadre de leurs séances de formation et ont, ainsi, été amenés à reconnaître leur nature inhabituelle et spécifique. Cet ensemble de données fut l'un des principaux courants heuristiques favorisant l'expression d'une psychologie transpersonnelle en tant que discipline nouvelle et distincte.

Durant mon étude de la psychothérapie LSD, j'ai passé des milliers d'heures à observer et à analyser les phénomènes transpersonnels tant dans les séances des autres que dans les miennes. Aujourd'hui il fait peu de doute pour moi qu'il s'agit de phénomènes *sui generis* trouvant leur origine dans l'inconscient profond, dans ces régions qui furent ignorées de la psychanalyse freudienne classique. Je suis convaincu qu'il est impossible de les ramener à un simple niveau psychodynamique ou de les expliquer de manière satisfaisante à l'aide du cadre conceptuel freudien. A ce propos, une affirmation mérite une attention toute particulière. Certains professionnels ayant eu accès au matériau de la psychothérapie LSD m'ont souvent objecté que les différences enregistrées dans les expériences des sujets étaient dues à la haute suggestibilité de l'état LSD et à un conditionnement implicite ou explicite dispensé par le thérapeute. Selon ces critiques, un thérapeute LSD ayant une formation psychanalytique classique aura tendance à interpréter les expériences de ses patients en termes freudiens, alors qu'un individu ayant une orientation jungienne se laissera séduire par les manifestations archétypes. Il est indéniable que le thérapeute joue un rôle important dans une psychothérapie LSD et qu'il peut favoriser certains types d'expériences. Il est également vrai qu'un même matériau se soumettra aussi bien à une *interprétation* freudienne que jungienne. Je crois, cependant, que les plans psychodynamiques et transpersonnels ont leurs caractéristiques spécifiques propres ainsi qu'une existence indépendante et qu'il est impossible de les réduire l'un à l'autre. Si un thérapeute freudien et un thérapeute jungien interprètent différemment la même expérience, la seule explication plausible est que l'un d'eux n'a pas compris la nature du matériau impliqué. L'interprète a probablement négligé ou n'a pas remarqué certaines caractéristiques phénoménologiques et empiriques de l'expérience et/ou a ignoré le contexte dans lequel elle s'est déroulée. Une analyse minutieuse, prenant en considération tous ces facteurs, permet presque toujours d'identifier la nature d'un phénomène et le niveau de l'inconscient d'où il émerge.

L'histoire de ma recherche LSD est, en soi, un argument contre l'objection selon laquelle les différences spécifiques seraient dues à un conditionnement du thérapeute. J'ai commencé mes expérimentations cliniques du LSD alors que j'étais membre du groupe psychanalytique de Prague et je tiens à préciser qu'à cette époque j'étais un « freudien » convaincu. Mon incrédulité *a priori* à l'égard des concepts rankiens avait été renforcée par ce que j'avais appris au sujet de la myélinisation de la substance corticale du cerveau *. Je considérais, par ailleurs, que les écrits de C.G. Jung constituaient une source inépuisable d'informations fascinantes concernant la culture humaine, mais je partageais le point de vue de nombreux freudiens

* Une objection fréquente à l'existence de souvenirs intra-utérins ou périnatals est la référence à l'immaturité du cerveau du nouveau-né et à la myélinisation incomplète des neurones corticaux.

pour lesquels ces concepts étaient une manifestation pure et simple de mythomanie sans grande signification scientifique. Au cours de séances LSD psycholytiques, tous mes sujets en arrivaient tôt ou tard à transcender le cadre psychodynamique étroit pour pénétrer dans les plans périnatals et transpersonnels. C'était systématique en dépit de tous mes efforts pour comprendre les événements en termes psychodynamiques. L'observation quotidienne d'expériences transpersonnelles pendant de nombreuses années m'obligea, en définitive, à élargir mon cadre théorique. J'en arrivai, ainsi, non seulement à reconnaître la signification théorique du plan transpersonnel mais encore son importance clinique immédiate[*].

Je conclurai ce chapitre en vous livrant un exemple qui illustre certains des points de la discussion ci-dessus.

> Il y a quelques années, on me demanda d'examiner un patient hospitalisé pour une dépression psychotique grave occasionnée par une intoxication au LSD. Il recevait des doses importantes de Melléril et consultait régulièrement un psychanalyste. En dépit de l'énorme investissement en temps et en énergie de la part de l'équipe de l'hôpital, aucun progrès thérapeutique significatif n'avait été enregistré durant ses six mois d'hospitalisation. Le patient m'expliqua qu'il avait discuté avec son thérapeute du contenu de ses vingt-cinq « séances LSD » sans supervision ainsi que de certaines des expériences troublantes qui l'assaillaient depuis sa dernière séance, responsable de sa dépression psychotique. Il prétendait que le thérapeute ne comprenait pas la nature des phénomènes dont ils discutaient et qu'il ne savait pas vraiment de quoi son patient lui parlait. Il n'éprouvait pas la moindre considération pour ce professionnel, le taxait d'ignorance et n'avait donc pas réussi à développer, avec lui, une relation de travail satisfaisante. La procédure thérapeutique utilisée faisait dire au patient : « C'est un peu comme si un aveugle essayait de guider un borgne dont le seul œil valide serait atteint de myopie. » Il était convaincu de s'être perdu en explorant des régions de l'esprit dont le thérapeute n'avait même pas connaissance et à l'existence desquelles il se refusait à croire.
>
> Une brève discussion m'apprit qu'au cours de ses premières séances LSD, ce patient avait connu, essentiellement, des expériences esthétiques et psychodynamiques mais

que ses séances plus récentes avaient été dominées par des éléments périnatals et transpersonnels. Son inaptitude à assimiler la mort de son ego avait provoqué sa dépression psychotique. Au cours de leurs rencontres, son thérapeute s'efforçait constamment d'interpréter en termes freudiens les nombreux épisodes mystiques, religieux et archétypes. Lorsque cela s'avérait impossible, il les qualifiait de psychotiques ce qui, bien entendu, coupait court à toute discussion ultérieure.

Pendant de nombreuses heures, les discussions avec le thérapeute s'étaient concentrées sur une vision que le patient avait eue durant sa dernière séance LSD : il se voyait, selon ses propres termes, fouettant le Phallus Cosmique. Cette expérience se produisit dans un contexte jungien ; elle fut associée à un certain nombre d'archétypes et avait un caractère religieux et mystique. Pour éviter une description longue et fastidieuse je me contenterai de préciser que la vision symbolique en question semblait s'apparenter au concept hindou du lingam de Shiva. L'analyste s'entêtait à expliquer à son patient que cette manifestation indiquait de toute évidence une exposition traumatisante à un pénis adulte à un moment ou à un autre de son enfance ; sans doute avait-il vu son père nu, ce qui se traduisait dans ses séances LSD par une image du Phallus Cosmique. Le patient refusant cette explication, le thérapeute consacra de longues heures à analyser sa « résistance ».

Lorsqu'au cours de nos discussions, je reconnus la nature transpersonnelle de ce symbole et que j'essayai de la situer dans un contexte approprié, le patient développa avec moi une relation positive, commença à s'intéresser au travail thérapeutique et se montra très coopératif. Il désirait participer à une séance LSD soigneusement préparée et supervisée afin de résoudre son problème sous-jacent. Je marquai mon accord et, après cette séance, sa symptomatologie s'améliora au point qu'il fut autorisé à quitter l'hôpital.

6. NATURE MULTIDIMENSIONNELLE DE L'EXPÉRIENCE LSD

Dans les chapitres précédents, j'ai disséqué et détaillé la phénoménologie de l'état LSD à des fins « didactiques ». La discussion a porté sur des niveaux séparés de l'inconscient et sur des types individuels d'expériences se manifestant au cours des séances. Il me paraît donc nécessaire d'insister à nouveau sur la complexité et sur la nature multidimensionnelle de la réaction LSD, de décrire certaines de ses caractéristiques générales et de l'aborder de manière plus « holistique ». Pour des raisons théoriques et pratiques, il est important de comprendre de quelle manière les différents niveaux de l'inconscient sont reliés à la personnalité du sujet, à sa situation au moment de la thérapie ou de l'expérience, à ses problèmes psychologiques mais aussi au contexte général dans lequel se déroule une séance. Il importe également d'être bien conscient de toutes les variables déterminant la nature et le cours de l'expérience LSD ainsi que des origines de son matériau empirique.

Le contenu des séances LSD est toujours très spécifique au sujet et exprime en une dramatisation symbolique condensée ses problèmes psychophysiologiques, émotionnels, intellectuels, philosophiques et spirituels les plus marquants à l'époque où se déroule la séance. Cette observation est évidente pour les séances psychodynamiques au cours desquelles les expériences LSD sont plus ou moins liées aux circonstances actuelles de la vie de l'individu et à son passé. Une spécificité semblable apparaît cependant dans divers aspects des expériences périnatales et transpersonnelles. Ceci vaut non seulement pour les souvenirs ancestraux et raciaux mais encore pour la structure archétype et les séquences d'incarnations passées. Tous ces éléments ont une signification immédiate pour le sujet en tant qu'entité psychobiologique et sociale complexe et sont liés à sa vie actuelle. Il existe, bien évidemment, des exceptions à cette règle. Certains phénomènes transpersonnels avancés, tels que les expériences de l'Esprit Universel ou du Vide, présentent un tel degré d'abstraction qu'ils ne sont applicables aux problèmes individuels que d'une manière générale. Ils doivent être considérés comme des lignes de conduite philosophiques ou spirituelles.

La sélection des éléments inconscients « appelés » à être extériorisés et présentés à la conscience au cours d'une séance LSD est influencée par le principe de la « préférence » pour un matériau doté de fortes charges émotionnelles. Les éléments inconscients qui, au moment considéré, sont liés aux émotions les plus intenses (dans un sens positif ou négatif) seront activés par la drogue et émergeront à la conscience pour constituer le contenu manifeste de l'expérience LSD. Cette affinité spécifique du LSD pour les structures dynamiques très chargées affectivement a des implications diagnostiques et thérapeutiques capitales. Du fait de cette propriété particulière, le LSD constitue une sorte de « radar intérieur » permettant de sonder l'inconscient, d'identifier les zones de tension affective et de les amener à la surface. Le patient et le thérapeute sont ainsi capables de distinguer le matériau important, d'établir des échelles de priorités et de définir les secteurs sur lesquels concentrer la thérapie dans un premier temps. La phénoménologie des séances LSD reflète donc les problèmes clés du sujet et expose les origines de ses difficultés émotionnelles sur les plans psychodynamiques, périnatals et transpersonnels. Ce « dévoilement » est parfois si direct, immédiat, évident qu'aucune clarification ultérieure, aucun travail d'interprétation ne se justifient. Ce n'est, malheureusement, pas toujours le cas. Il est alors nécessaire de soumettre le sujet au jeu des libres associations ou de lui demander des commentaires explicatifs d'une manière voisine de l'interprétation psychanalytique des rêves. Cette démarche pratiquée soit durant la séance soit au cours d'une analyse ultérieure permet généralement de déchiffrer la structure ingénieuse du langage symbolique de l'état LSD. Les associations suscitées par divers aspects d'une séance LSD révèlent rapidement le matériau inconscient le plus significatif. Freud affirma, un jour, que les rêves étaient la *via regia* (la voie royale) pour l'étude de l'inconscient ; cette remarque s'applique encore mieux à l'expérience LSD.

Cette propension du LSD à sélectionner des thèmes selon leur charge affective est bien illustrée par le cas d'Otto. La phénoménologie d'une séance à forte dose se limita à une manifestation unique.

Otto était un technicien de trente et un ans ayant une constitution schizoïde et des préoccupations curieuses. Il fut admis dans notre service à cause de dépressions graves, d'une consommation d'alcool excessive, de crises d'angoisse et d'une tendance à des idéations bizarres. Sa première séance LSD succéda à un traitement prolongé et intense par Niamide (un anti-dépresseur du groupe des inhibiteurs monoamine-oxydase) qui fut interrompu trois jours avant la séance. Nous devions découvrir plus tard qu'un sujet traité pendant de longue période par Niamide était immunisé contre les effets du LSD *.

Otto ne connut qu'une très brève expérience alors que la dose avait été progressivement augmentée jusqu'à 350 microgrammes. Cette séance s'avéra donc décevante et pauvre. L'analyse ultérieure de ce phénomène isolé donna, cependant, des résultats très intéressants.

Lors de la préparation de la séance, Otto parla constamment des deux rêves angoissants qui le perturbaient toutes les nuits. Dans le premier, Otto était jugé pour avoir décapité un homme ; la victime lui paraissait être son père. Dans le second, un étranger s'approchait de lui et commençait à

* Un bref article consacré à cette découverte que nous considérions comme théoriquement intéressante mais relativement marginale par rapport à nos efforts de recherche suscita une réaction inattendue. Cet article avait été publié dans une revue obscure mais, dans les semaines qui suivirent sa parution, nous fûmes assaillis de centaines de demandes de renseignements émanant de centres militaires. Nous prîmes ainsi conscience que l'utilisation du LSD était envisagée avec beaucoup de sérieux dans des buts n'ayant rien à voir avec la psychothérapie.

caresser ses organes sexuels ; l'homme se contentait d'abord de caresser son pénis puis se mettait à écraser ses testicules. Otto, craignant que ses rêves ne traduisent une anomalie sexuelle latente, demanda qu'on le soumette à un examen pour déceler s'il n'était pas homosexuel.

Je l'ai dit, Otto ne réagit pas à une forte dose de LSD ; il nota durant cette séance un seul changement perceptible ; il eut l'impression très concrète, très réaliste que ses mains devenaient celles de son père. Cette séquence lui parut terrifiante mais il ignorait pourquoi. Il ressentait cependant un besoin urgent de comprendre la nature et la source de sa peur. Le thérapeute l'invita à se concentrer sur le phénomène de cette mutation et à rapporter toutes les associations qui lui venaient à l'esprit. Après une longue hésitation et un pénible conflit intérieur, Otto décrivit les relations incestueuses qu'il avait eues pendant de longues années avec sa mère. Cette situation était devenue très tendue à la mort de son père. Selon ses descriptions, le comportement de sa mère à son égard était provocateur et léger. Elle avait insisté pour qu'ils partagent le même lit et profitait de toutes les occasions pour créer entre eux un contact physique intime. Elle décourageait, bien sûr, toutes ses velléités pour le mariage. Elle répétait constamment qu'ils devraient passer le reste de leur vie ensemble et qu'elle s'occuperait du fils illégitime d'Otto. Le seul symptôme apparu durant la séance LSD d'Otto exprimait donc, sous une forme condensée, ses nombreux conflits profonds à l'égard de l'agressivité, de la sexualité et de l'inceste. Les mains jouaient un rôle capital dans une relation sexuelle qui n'avait jamais et ne devait jamais aboutir à une pénétration vaginale. La transformation des mains d'Otto exprimait son désir de se substituer à son père dans les activités d'ordre sexuel. Elles représentaient un « pont » vers sa mère et légitimaient sa tendance à la considérer comme un objet érotique, tout en respectant le tabou de l'inceste. Les mains étaient un fil conducteur dans les rêves d'Otto ; ce lien révélait que la forte ambivalence d'Otto à l'égard de son père était un déterminant important de son expérience LSD tronquée. Les sentiments impliqués allaient du besoin d'être approché sexuellement par son père (caresse du pénis) à des impulsions meurtrières violentes (parricide par décapitation) et à des peurs de la castration avec éléments d'autopunition (écrasement des testicules). La masturbation excessive et « coupable » d'Otto représentait le lien entre les thèmes des rêves et la transformation des mains au cours de la séance

LSD. A ce stade, Otto eut une perception intuitive de ses habitudes curieuses, en particulier sa manie de collectionner les objets étranges et curieux. Au fil des ans, il avait installé un musée extraordinaire qui occupait plusieurs salles d'un hangar. Les murs noirs abritaient des orgues de Barbarie, diverses machines à musique, des personnages animés et des automates ingénieux, des crânes et des squelettes reposant sur des coussins de velours noir. Le clou de sa collection était constitué d'une série d'objets en cire exposés sur des étagères noires dans une atmosphère crépusculaire. Ce petit « musée de Madame Tussaud » rassemblait des têtes d'assassins célèbres, des armes, des mains abîmées par le vitriol, le feu ou les tortures de l'Inquisition ; des organes génitaux déformés par la syphilis, le chancre ou le cancer.

Outre ces diverses associations, Otto se souvint que durant toute son enfance, son père avait attaché une importance énorme aux mains ; elles devaient toujours être propres et bien soignées. Le matériau mis à jour au cours de cette discussion aida considérablement Otto à comprendre sa situation et fut très utile dans les séances ultérieures.

Il est un autre aspect de la réaction LSD sur lequel il convient d'insister à ce stade : il s'agit de son infinie complexité et de la diversité des variables et des déterminants susceptibles de l'influencer. Il est indispensable que les thérapeutes et les assistantes connaissent tous ces éléments. Les concepts actuels quant au déroulement des séances LSD sont très éloignés de ceux des premiers expérimentateurs qui considéraient l'expérience LSD comme le résultat d'une simple interaction entre la drogue et les processus physiologiques du cerveau. Des observations portant sur plusieurs dizaines d'années de recherche ont indiqué que, pour comprendre l'état LSD dans son ensemble, il convenait de prendre en considération tant les effets pharmacologiques de base de la drogue que les nombreux facteurs non pharmacologiques. Nous allons maintenant passer succinctement en revue les principaux points dont le thérapeute LSD doit être conscient parce qu'ils s'agencent en des combinaisons différentes soit comme sources potentielles de matériau empirique soit comme facteurs modifiant la réaction LSD.

STIMULI ENVIRONNEMENTAUX ET ÉLÉMENTS DU CADRE

Le cadre est une variable extrêmement importante, susceptible d'influencer fortement la nature de l'expérience LSD. Les résultats sont très différents selon que la séance se déroule dans un milieu laborantin très agité ou dans un environnement confortable et familier, dans un cadre ou dans un site naturel d'une grande beauté. Chacun de ces cadres tend à activer et à favoriser l'émergence de matrices très différentes de l'inconscient du sujet.

Divers stimuli externes particuliers déterminent parfois le caractère et le déroulement de la séance et ce de manière radicale. Ainsi, un tableau, une illustration, des photos de parents, la forme et la couleur d'un certain meuble, ou un regard au lavabo lors d'une accalmie physiologique peuvent déclencher des séquences très spécifiques. Les stimuli acoustiques sont aussi très importants. Par exemple une mélodie, la sonnerie d'un téléphone, le chant d'un oiseau, les aboiements d'un chien, le bruit d'un avion ou d'une ambulance ainsi que le ronronnement monotone du matériel électrique ou des appareils du laboratoire. Un simple mot, une phrase ou une discussion avec le thérapeute ou entre le thérapeute et un tiers constitue un autre stimulus puissant et complexe. Certaines sensations physiques exercent parfois une influence : la douleur éprouvée lors d'une injection, la pression d'une ceinture ou d'un col de chemise, le fait de tenir la main du thérapeute ou tout autre contact physique, la température de la pièce, etc. Il en va de même des stimuli gustatifs et olfactifs : le goût de la nourriture ou d'une boisson, diverses odeurs ou parfums, etc. Certains stimuli physiologiques entrent dans la même catégorie : la soif, la faim, le besoin d'uriner ou de déféquer. Tous ces stimuli peuvent susciter des expériences spécifiques.

Des stimuli de nature interpersonnelle sont encore plus significatifs ; l'apparence, l'habillement et le comportement des personnes présentes à la séance ainsi que leurs relations.

PERSONNALITÉ DU THÉRAPEUTE ET SITUATION THÉRAPEUTIQUE

La personnalité du thérapeute (ou de l'assistante), sa manière d'envisager et d'aborder la séance LSD ainsi que la qualité de sa relation avec le sujet comptent parmi les variables les plus importantes pour l'orientation de l'expérience LSD. En dehors de la relation thérapeutique et des problèmes de transfert, bien d'autres facteurs liés au traitement sont des sources capitales de matériau pour la séance. L'atmosphère générale du contexte thérapeutique, la nature des relations du patient avec les infirmières et les autres patients, les circonstances récentes de sa vie et l'information échangée entre patients sont autant d'éléments susceptibles de conditionner certains aspects de l'expérience LSD.

CONDITION DE VIE ACTUELLE

Les conditions de vie du sujet au moment de la séance constituent un facteur dont il serait bon de ne pas sous-estimer l'importance. La source la plus courante de matériau empirique sont les relations individuelles ayant une forte charge affective, en particulier celles impliquant des sentiments de dépendance ou d'ambiguïté. Pour certains individus il s'agira de relations avec des proches —, pour d'autres l'accent principal portera sur des relations érotiques, sexuelles ou maritales ou encore sur des conflits avec des enfants. Les difficultés professionnelles, quelles qu'elles soient, constituent un autre thème de ce groupe. Des problèmes d'ordre économique, légal ou politique, sont parfois des catalyseurs.

HISTORIQUE DE VIE

L'historique de vie du sujet couvre une longue période et concerne toute une série d'événements importants et de problèmes liés à l'enfance, la scolarité, la postadolescence, l'adolescence et la vie adulte. Certains sont traumatisants ;

d'autres reflètent des expériences passées positives, des périodes de succès personnel et de bonheur, des découvertes de sites naturels enchanteurs ou de créations artistiques d'une grande qualité esthétique.

PRIME ENFANCE ET ENFANCE

Ce groupe comprend des événements biographiques appartenant aux premières phases du développement personnel ; ils sont d'une nature fondamentale et sont associés à des charges affectives puissantes (positives ou négatives). La plupart sont liées à une frustration ou à une satisfaction de besoins instinctuels primitifs de l'enfant.

NAISSANCE BIOLOGIQUE ET PÉRIODE PÉRINATALE

De nombreux sujets LSD mentionnent les circonstances de leur naissance biologique comme étant la source la plus profonde de beaucoup d'expériences angoissantes aussi bien qu'extatiques se manifestant au cours d'une séance. Les divers éléments physiques, émotionnels et psychologiques liés au processus de la naissance ont été discutés en détail dans le chapitre consacré aux phénomènes périnatals. Je rappellerai néanmoins qu'il reste un point à éclaircir à propos des éléments de cette catégorie et des suivantes : s'agit-il de productions symboliques de l'inconscient ou de reflets d'événements qui existèrent, un jour, dans la réalité objective ?

EXISTENCE EMBRYONNAIRE ET FŒTALE

Ce type d'expériences devient particulièrement significatif dans les phases avancées d'une psychothérapie LSD. La reviviscence d'événements des diverses phases du développement intra-utérin du fœtus comprend les crises embryonnaires, les aspects bienheureux de l'existence fœtale et les descriptions rigoureuses des processus embryonnaires.

SOURCES « TRANSINDIVIDUELLES » (TRANSPERSONNELLES ET TRANSHUMAINES)

Ainsi que nous l'avons vu précédemment, une bonne partie du matériau émergeant lors des séances LSD n'est pas compréhensible à l'aide des données biographiques et de l'historique biopsychologique de l'individu. A l'heure actuelle, ce point demeure une énigme et aucune explication satisfaisante ne peut être avancée quant au mécanisme impliqué. Lorsqu'un tel matériau apparaît au cours d'une séance LSD, il a la forme de séquences ancestrales et phylogéniques ; d'identification avec d'autres individus, des animaux ou la matière inorganique ; d'archétypes ; de souvenirs collectifs et raciaux ; et d'expériences d'incarnations passées. D'un point de vue médical, nous serions autorisés à parler dans ce contexte de sources infra-individuelles, lorsque le sujet a conscience d'organes, de tissus et de cellules individuelles constituant son propre corps.

Pour illustrer la complexité et la structure dynamique multidimensionnelle de l'expérience LSD, nous allons maintenant compléter l'étude synoptique précédente à l'aide d'exemples cliniques concrets. Chacun a été choisi afin de mettre en exergue un matériau d'un niveau particulier. Précisons toutefois que des éléments appartenant à d'autres niveaux sont toujours présents. Cet enchevêtrement des niveaux est un trait essentiel de l'expérience LSD.

Nous avons tiré bien des leçons sur l'importance des stimuli environnementaux et circonstanciels au cours des premières années d'expérimentation du LSD, alors que nous comprenions encore mal la nature et la complexité de la réaction à la drogue et que les conditions dans lesquelles se déroulaient les séances étaient loin d'être optimales. L'exemple suivant illustre l'une des interférences extérieures les plus formidables à laquelle il me fut donner d'assister au cours d'une séance LSD.

> L'une des salles de l'Institut de Recherches Psychiatriques de Prague que nous avions réservée à la thérapie LSD était

équipée d'une glace sans tain. Deux jeunes étudiants en médecine faisaient un stage dans notre département, à cette époque ; ils étaient très dynamiques mais manquaient pour le moins de psychologie. Un jour que je dirigeais une séance LSD avec Armida, une jeune femme présentant une symptomatologie psychotique indéterminée, ils décidèrent d'observer la séance à travers la glace sans tain. Non seulement ils n'avaient pas demandé l'autorisation de la patiente (pas plus que la mienne d'ailleurs), mais encore ils commirent une grave erreur technique. Ignorant que l'utilisation d'un tel miroir nécessitait une obscurité totale, ils n'avaient pas éteint la lumière. Leur reflet fantomatique apparut donc sur l'écran de la salle de traitement. Armida les vit et réagit aussitôt par un mélange de terreur et de rage. Pendant plus d'une heure, elle cria, hurla, courut en tous sens et se roula sur le sol ; je n'avais presque plus de contact avec elle. Dès qu'elle se fut calmée, Armida réussit à m'expliquer ce qui s'était produit. Alors qu'elle regardait le miroir, sa vision s'était troublée et elle avait vu une forêt terrifiante. Les reflets fantomatiques des psychologues s'étaient transformés en deux jeunes gens agressifs qui lui avaient infligé une expérience traumatisante lorsqu'elle avait dix-sept ans. Durant toute la période où elle était agitée et incapable de communiquer, elle avait revécu cet épisode dramatique. D'après son récit, deux jeunes voyous, profitant de sa naïveté, l'avait entraînée dans une partie sombre de la forêt et violée malgré sa résistance désespérée. Armida avait contracté une gonorrhée chronique qui lui causait de nombreux troubles gynécologiques. Les séquelles biologiques et émotionnelles de cet événement étaient responsables de son état psychotique actuel.

Les circonstances réelles de cette séance produisirent donc un stimulus externe spectaculaire ; celui-ci se transforma cependant en une expérience traumatisante ancienne, dont il favorisa la reviviscence.

Je vous propose maintenant un extrait d'une séance de Charlotte ; il vous montrera le rôle important que joue la *relation thérapeutique* dans la détermination du contenu de la séance. Plusieurs années avant sa thérapie LSD, Charlotte avait été hospitalisée dans un asile d'aliénés ; elle était dans un état léthargique diagnostiqué « schizophrénie simple ». Lorsqu'elle fut autorisée à sortir, elle entreprit une psychothérapie systématique qui dura plusieurs années. Pendant cette période, elle manifesta successivement des symptômes de compulsion obsessionnelle, puis de conversion et enfin d'hystérie angoissée. Son éducation dans un milieu familial froid et strict, ne comprenant pas ses besoins et incapable de lui apporter le moindre soutien affectif l'avait marquée. Ses parents exigeaient d'elle un respect excessif de la religion et se montraient particulièrement hostiles à toute manifestation sexuelle. Lors de sa première séance LSD, Charlotte était complètement isolée et le thérapeute était son seul réconfort affectif. Elle exprimait un transfert très intense et était obsédée par l'idée de briser le cadre artificiel et professionnel de la relation thérapeutique afin de la transformer en une relation érotique et de l'intégrer dans sa vie. Ce problème influença considérablement le contenu et la nature de sa première séance LSD.

Au début de cette séance, Charlotte prit conscience de ses sentiments pour le thérapeute et voulut savoir s'il ne s'intéressait à elle qu'en tant que patiente ou s'il éprouvait pour elle un « véritable intérêt humain ». Elle ne tolérait pas l'idée qu'il ait d'autres patientes et qu'il ne lui appartienne pas totalement. Sa situation de patiente lui était difficilement acceptable. Soudain, elle regarda son corps et avec un petit sourire en coin, dit : « J'ai l'impression qu'il n'y a rien *sur* moi ... je veux dire, rien *en* moi ; du moins rien qui vous intéresse. Je ne signifie rien pour vous. » Peu de temps après, la tendance révélée par son lapsus freudien se précisa. Charlotte avait le sentiment d'être un beau modèle nu, et le thérapeute se transforma en un peintre bohème, frivole et enjoué. La salle de traitement devint un atelier montmartrois douillet et désordonné. A cet instant, tout paraissait merveilleux et Charlotte était extrêmement heureuse. Ce bref interlude romantique fut interrompu brutalement par des visions de diables et de feux infernaux sur les murs. Lorsque Charlotte regarda le thérapeute elle imagina que sa langue grandissait et que son visage s'assombrissait ; il était un démon aux yeux terrifiants avec deux petites cornes au sommet du crâne.

Par la suite, Charlotte remarqua une très belle femme masquée. Elle exprima le désir d'être aussi belle qu'elle, aussi irrésistible et inaccessible de sorte qu'aucun homme ne lui résiste. Elle déplaça son regard vers le thérapeute et lui adressa un sourire aguicheur. Il ne cilla pas ; le mur se couvrit alors de bœufs amorphes. Afin de s'assurer qu'il reçoive bien son « message », cette fois, elle s'excusa de sa vision et insista sur le fait qu'elle était parfaitement involontaire et ne devait pas être considérée comme une allusion personnelle. Ensuite, la salle tout entière se remplit de figures héraldiques *.

Les blasons et les armoiries représentaient divers symboles d'amour : des colombes s'embrassant, des cœurs, des couples enlacés et des organes mâles et femelles stylisés.

Peu après, Charlotte aperçut des images de hiboux personnifiés assis dans une riche bibliothèque, remplie de toiles d'araignées et de vieux livres reliés. Elle regarda le thérapeute et éclata de rire ; lui aussi était transformé en oiseau savant ! Cette séquence ne dura guère ; bientôt, la salle de traitement devint un laboratoire spatial où tout paraissait froid et artificiel. Les surfaces étaient en plastique ou en métal et de longs cables couraient partout (une expression tchèque dit des personnes peu fûtées qu'elles « ont de longs cables »). Le thérapeute portait un scaphandre de cosmonaute, « à l'abri de toute variation thermique et de toute influence externe ». Dans la scène suivante, il devint un détective fouineur arborant une pipe ; un vrai Sherlock Holmes. L'air était saturé de fumée ; Charlotte fit remarquer que bientôt il ne serait plus possible de se voir et cette perspective d'intimité lui plaisait au plus haut point. Ne recevant pas de réponse encourageante, elle imagina des singes avec de grandes oreilles et des expressions stupides dans le regard. Elle insista à nouveau sur le fait qu'elle ne produisait pas ces visions à dessein et que personne ne devait se sentir offensé. Le thérapeute subit alors sa deuxième transformation ; il devint un barbier de province revêtu d'un habit blanc défraîchi.

Tous les phénomènes évoqués ci-dessus sont liés aux problèmes de transfert du patient et ont un caractère ambivalent évident. Le sentiment de Charlotte qu'il n'y avait rien *sur* elle exprimait d'une manière condensée son désir de transformer la relation thérapeutique en une autre plus érotique. Sa crainte qu'il n'y ait rien *en* elle qui puisse intéresser le thérapeute traduisait sa peur de ne pas être assez séduisante. La scène suivante était une érotisation de la

* La patiente expliqua qu'elle connaissait la signification hongroise du mot *grof* qui (comme le *graf* allemand) désigne un membre de la noblesse.

situation. Le médecin et sa patiente cédaient la place à un artiste frivole et à son modèle nu, la salle de traitement devenant un atelier désordonné. Les images de blasons sexuels étaient une variante du même thème. Les scènes faisant apparaître des démons avaient une signification ambiguë compliquée. Compte tenu de l'éducation religieuse et stricte de Charlotte, ils symbolisaient la punition pour des désirs défendus ; par ailleurs, ils représentaient des pulsions refoulées de nature sexuelle et agressive (le Diable étant un séducteur). Les visions de hiboux étaient une réaction ironique au fait que le thérapeute ne répondait pas à ses manœuvres de séduction et conservait une attitude purement objective et « scientifique ». Selon les associations de Charlotte, l'expérience du laboratoire spatial reflétait l'impression de froideur et d'inaccessibilité qu'elle sentait se dégager du thérapeute et l'espèce d'« équipement » protecteur qu'il utilisait contre ses tentatives de séduction. Le voyage de l'astronaute vers les étoiles symbolisait les fantasmes de Charlotte à l'égard de l'avenir scientifique du thérapeute. Certaines visions exprimaient aussi le mécontentement l'ironie et la désapprobation de Charlotte quant au manque de compréhension de ses appels érotiques ou tout au moins à l'absence de réponse de la part du psychiatre : les bœufs, les singes, les hiboux et les longs cables dans le laboratoire. Le thérapeute transformé en barbier représentait une attaque du rôle thérapeutique : la blouse blanche, symbole classique de la profession médicale est ainsi tournée en dérision. La discussion de cette séance et son analyse détaillée s'avérèrent très utiles pour identifier et résoudre les problèmes de transfert, exprimés de manière si directe.

A l'issue d'une analyse minutieuse, on découvre parfois qu'une seule image renferme des informations précieuses concernant le processus de transfert. Pour illustrer cela, j'utiliserai une brève expérience de la deuxième séance de Charlotte. Cet exemple montre aussi la structure dynamique complexe des phénomènes LSD sur le plan psychodynamique.

Charlotte ouvrit les yeux et vit une tache de la couverture se transformer en une curieuse souris aux oreilles inhabituellement longues ; elle était habillée en pilote et assise à califourchon sur un hélicoptère. L'analyse ultérieure utilisant les associations libres révéla le caractère symbolique personnel de cette image. La souris représentait Charlotte et la complexité de ses sentiments à l'encontre de la séance et du phénomène de transfert. Charlotte avait eu recours, avant cette séquence, à diverses manœuvres pour imposer au thérapeute certains rôles complémentaires ; il avait réagi en prenant certaines mesures thérapeutiques. Elle n'appréciait pas ce jeu du chat et de la souris. Elle avait songé, peu après, à la nouveauté de la thérapie psychédélique et avait eu l'impression d'être une sorte de cobaye sur lequel on essayait une nouvelle drogue. Durant sa formation d'infirmière, elle avait souvent assisté à de telles expériences sur des souris. Tout en ruminant ces pensées, elle se mit à transpirer abondamment : une expression tchèque dit « suer comme une souris ». Au moment où la tache de la couverture prit l'apparence d'une souris-pilote, l'idée de la souris symbolisant Charlotte était déjà solidement ancrée dans son esprit. Avant sa mutation, Charlotte avait observé la tache et l'avait associée à son manque d'estime pour elle-même : « Je me sens très bizarre, comme si je ne valais rien. Zéro, comme si je ne valais pas plus que cette tache-là, sur cette couverture attendant de passer à la machine à laver. » Charlotte trouva également des associations intéressantes pour l'hélicoptère pendant la discussion qui suivit la séance. La progression à la fois horizontale et verticale représentait à ses yeux, la trajectoire d'une carrière réussie. L'hélicoptère symbolisait le thérapeute dont l'aide lui permettrait de concrétiser son objectif. Cette vision traduisait l'ambiguïté de Charlotte face à cette relation de transfert. Elle sentait que « quelque chose n'allait pas » et elle attendait aide et soutien : mais elle désirait aussi manipuler et contrôler. L'ambivalence était exprimée par la souris qui était à la fois passagère et pilote de l'hélicoptère.

Le symbole souris/hélicoptère se basait sur des éléments réels de la situation thérapeutique : la tache sur la couverture, l'expérimentation d'une nouvelle drogue, et la transpiration excessive. Il reflétait simultanément les sentiments et les problèmes de Charlotte dans sa relation thérapeutique. Enfin, diverses associations ultérieures permirent de rapprocher cette expérience de faits marquants de l'enfance de Charlotte — en particulier, sa phobie des tempêtes et des vents déchaînés.

Cet exemple clinique nous servira à démontrer un principe général méritant une attention particulière. Les associations libres suscitées par le symbolisme personnel de

Charlotte indiquent clairement que des éléments empiriques individuels des séances LSD psychodynamiques sont des extériorisations sensorielles ou motrices de « points nodaux » de la dynamique inconsciente. Ces points occupent les « carrefours » de plusieurs chaînes associatives reliant entre elles des zones de matériau inconscient à forte charge émotionnelle. Une analyse détaillée montre que les éléments sélectionnés pour la représentation (la souris et l'hélicoptère dans le cas de Charlotte) sont le plus souvent ceux qui permettent l'expression symbolique condensée du plus grand nombre de thèmes affectifs. Ces thèmes individuels participent aux expériences manifestes en résultant d'une manière *pars pro toto ;* en d'autres termes, chacun d'eux est représenté par le composant partiel qui leur est commun. On constate qu'une seule image ou qu'un seul élément exprime plusieurs tendances et plusieurs thèmes souvent conflictuels et est lié à divers aspects de l'environnement et de la situation de traitement.

Nous allons examiner maintenant un extrait de séance de Peter dont j'ai exposé les données biographiques page 69. Il illustre très bien l'importance de *la situation de vie actuelle* du patient par rapport au contenu et au déroulement de la séance LSD.

Durant toute son enfance, Peter souffrit d'une carence affective grave. Adulte, il éprouva un besoin constant d'affection et d'amour maternel. Au cours de l'une de ses premières séances LSD, il vécut un épisode long et inhabituel. Il s'agissait d'une alternance de scènes joyeuses de fêtes de Noël et de séquences tragiques de funérailles. Peter regarda par la fenêtre et aperçut un paysage féerique d'hiver (la séance se déroulait un jour ensoleillé de novembre, un mois environ avant les premières chutes de neige). La salle de traitement résonnait de sons rappelant une ambiance de réveillon. Il sentit les fumets des plats qu'on lui servit en cette soirée de fête quand il était enfant. Il entendit sonner les cloches de Noël, assista aux célébrations traditionnelles de son village natal. Le thérapeute devint un magnifique sapin de Noël, richement décoré et illuminé. Des jouets pendaient aux branches de l'arbre.

Durant les épisodes tragiques, l'atmosphère était sombre et triste. Peter vit se dessiner sur un pan de mur un cortège funéraire ; des gens vêtus de noir suivaient un corbillard. Le tocsin remplaçait maintenant les bruits de l'environnement réel. La lampe opaque devint un énorme crâne phosphorescent et sinistre. Il lui sembla qu'il assistait à l'agonie d'un des psychiatres présents à la séance. Celui-ci se transforma en un squelette armé d'une faux, symbole classique de la Mort.

Cette séquence demeura obscure jusqu'à ce que les associations de Peter permettent de l'élucider. Il avait toujours été attiré par des femmes maternelles capables de lui apporter l'affection dont sa mère, aujourd'hui âgée de quatre-vingts ans, l'avait privé. Il s'attendait à ce qu'elle meurre d'un jour à l'autre. Les vacances de Noël étaient proches et il avait l'intention de rendre visite à la vieille dame et de passer quelques jours avec elle. Peter considérait que c'était là sa dernière chance de revoir sa mère en vie. Dans ses fantasmes, il s'imaginait qu'à cette occasion elle le prendrait dans ses bras, l'embrasserait et lui permettrait de poser sa tête sur ses genoux. L'idée de la mort prochaine de sa mère était donc intimement liée à l'ambiance de Noël et au thème de leurs retrouvailles heureuses.

Le matériau de cette séquence reflétait les problèmes de la situation actuelle de Peter mais les thèmes impliqués trouvaient leurs racines dans ses matrices périnatales. L'imminence de la mort et les éléments funèbres étaient liés à la MPF II et l'élément d'union avec la mère à la MPF I.

Voici encore un exemple clinique qui illustrera cette fois l'influence d'*événements appartenant à diverses périodes de la vie passée du sujet* sur le contenu d'une expérience.

Paul était un chimiste de trente-deux ans qui fut admis dans notre service pour une tentative de suicide. Il souffrait de désordres caractériels graves et d'une intoxication à la drogue et à l'alcool. Un médecin lui avait autrefois prescrit un coupe-faim aux propriétés psychotoniques à raison de 25 milligrammes trois fois par jour. Paul avait augmenté la dose jusqu'à en absorber quotidiennement 1 500 milligrammes. Il développa les symptômes d'une psychose paranoïde aiguë s'accompagnant d'angoisse panique, de multiples illusions acoustiques et d'un sentiment de persécution. Après avoir vécu plusieurs jours dans un univers kafkaïen, à fuir et à se cacher de tortionnaires imaginaires, il avait tenté de se suicider.

Au cours d'une de ses séances LSD, Paul eut la certitude que son corps rapetissait et s'émaciait de plus en plus. Nous réussîmes à reconstruire le contenu idéationnel et affectif de cette expérience en recourant à la technique des associations libres. Certaines d'entre elles nous firent découvrir les circonstances qui avaient amené Paul à se droguer. Il s'était fracturé la jambe et durant sa convalescence inactive, l'obésité s'était emparée de lui. Il souffrait de sa nouvelle apparence physique et c'est son désir de perdre du poids rapidement qui l'avait amené à prendre ce coupe-faim pour maigrir. Ce qui advint de façon spectaculaire.

Une autre idéation permit de rapprocher cette séquence des sentiments de Paul à l'égard de son père. Celui-ci était Juif et, durant la Deuxième Guerre mondiale, il passa plusieurs années dans un camp de concentration. Paul, lui-même, fut souvent persécuté et humilié. Il avait pris l'habitude de regarder passer les prisonniers affamés dans des charrettes et il songeait à son père, aux camps de concentration et à la destinée tragique des Juifs. Cette période très douloureuse et traumatisante de son existence constituait une source importante de l'expérience d'émaciation vécue au cours de sa séance LSD.

De nouvelles associations nous amenèrent à mettre à jour l'intérêt excessif que Paul accordait à son intellect et à la peur de la vieillesse, de la décrépitude et de la mort. Sa prestance était son atout majeur et son meilleur outil compensatoire. Il avait une soif intellectuelle insatiable et était continuellement torturé par la crainte de vieillir trop vite. L'un de ses plus terribles cauchemars était lié à son échec, à son incapacité de réaliser ses ambitions et au peu de temps dont il disposait pour atteindre son objectif. En se sentant maigrir à l'extrême, durant cette séance, il eut à plusieurs reprises la conviction de vieillir de plus en plus vite et de devenir un vieillard sénile et décrépi. L'aspect le plus terrifiant de cette expérience fut la prise de conscience de la perte de fonctionnement intellectuel qui caractérise la sénilité. Cette expérience était donc une expression des peurs les plus significatives de sa vie. Ses régressions suivantes, en outre, mirent à jour un événement traumatisant de sa prime enfance.

L'expérience de Paul pourrait également servir d'illustration supplémentaire de l'extériorisation de points nodaux de la dynamique inconsciente au cours de séances LSD. Dans ce cas précis, une seule expérience empirique

Série de dessins reflétant la déformation monstrueuse et blasphématoire des thèmes les plus religieux et les plus sacrés et leur contamination par des éléments biologiques « obscènes ». La patiente fut assaillie d'images semblables au cours d'une séance LSD alors qu'elle revivait des expériences traumatisantes de son enfance et des éléments du traumatisme de sa naissance.

Dessin montrant la résolution du problème illustré par les croquis précédents. L'élément spirituel symbolisé par Jésus s'élève au-dessus d'éléments biologiques (estomac, intestins, organes sexuels, vessies et embryons humains) et s'en sépare. Les mains de la patiente se tendent vers le Soleil Noir, la « réalité interne » située « au-delà du Christ ».

(émaciation *) révélait plusieurs traumatismes appartenant à des niveaux différents.

L'exemple suivant reprend des expériences survenues au cours d'une séance avancée d'une série psycholytique. Les sources les plus évidentes de son contenu sont des *expériences traumatisantes de l'enfance* mais on remarquera aussi la présence d'*éléments périnatals* (MPF III).

Dana, une institutrice de trente-huit ans, détentrice d'un doctorat de philosophie, souffrait depuis plusieurs années d'une névrose compliquée. Ses symptômes comprenaient : des dépressions suicidaires, des crises d'angoisse indéterminée, des crises d'hystérie et diverses manifestations psychosomatiques. Le problème qui la paralysait le plus était cependant une phobie obsessionnelle à l'égard de sa fille. Depuis sa naissance, huit ans plus tôt, Dana ressentait de violentes envies de la blesser, de la frapper avec un couteau, de la jeter par la fenêtre ou encore de l'étrangler. Ces crises alternaient avec une peur panique qu'il arrive un malheur à l'enfant ; la moindre fièvre était perçue comme le symptôme d'une maladie mortelle. Ses biberons, ses sucettes et ses couches n'étaient jamais assez propres pour assurer l'élimination de toutes les bactéries. A chaque fois que Dana devait se séparer de sa fille, elle s'imaginait que l'enfant courait un grave danger. Dana ayant un sens aigu de ses responsabilités nourrissait, en outre, un sentiment de culpabilité très vif à cause de son comportement indigne d'une mère.

L'une des séances de Dana fut dominée par des déformations monstrueuses et blasphématoires de thèmes religieux Les éléments les plus sacrés étaient empreints d'obscénités et de grossièretés. Elle voyait, par exemple, des scènes de crucifixion dans lesquelles le visage du Christ était défiguré, ses doigts se transformaient en serres ensanglantées et il urinait cloué sur la Croix. Des rats sales et gâleux couraient sur le Calvaire, dégradant ce lieu saint de leur salive, de leur urine et de leurs excréments. Ces visions durèrent plusieurs heures. Elle revécut ensuite un événement traumatisant de son adolescence ; c'était la première résurgence concrète d'une situation de sa vie ayant engendré une association entre la religion et des matières biologiques « obscènes ». Son petit ami, un étudiant en théologie qui était, en apparence, quelqu'un de très pieux et de très respectueux des

* Amaigrissement extrême.

règles morales dictées par la religion eut, à son égard, un comportement qu'elle jugeait pervers. Après avoir réussi à vaincre ses barrières psychologiques, Dana revécut des souvenirs traumatisants de son enfance. Alors qu'elle avait dix ans, son père, un individu psychotique, souffrit d'une hémorragie cérébrale et demeura chez lui en dépit d'une dégradation rapide de son état physique et mental. Au cours de cette séance, Dana dut revivre plusieurs scènes pénibles de cette période. Elle avait vu son père négliger certains principes de l'hygiène la plus élémentaire. Gravement handicapé par des problèmes psychotiques et des lésions cérébrales, il lui était souvent arrivé de se livrer, en sa présence, à diverses fonctions psysiologiques. Son père était un fanatique religieux qui s'entourait d'images sacrées, de petits autels et de divers objets liturgiques. De nombreuses scènes revécues par Dana au cours de cette séance montraient le comportement débile de son père dans cet environnement religieux. La confusion de Dana entre la religion et certains processus physiologiques trouvait ses origines dans ces épisodes navrants.

Nous découvrîmes plus tard les racines les plus profondes dans des expériences liées à la MPF III. Au niveau périnatal, les sentiments d'identification au Christ et à ses souffrances, et l'élément de mort spirituelle et de re-naissance s'accompagnèrent de la reviviscence du traumatisme de la naissance. L'accent était mis sur la brutalité, la monstruosité et l'obscénité de cette épreuve. En revivant sa naissance, Dana revécut simultanément celle de sa fille. Son agressivité vis-à-vis d'elle était liée aux sentiments qu'elle avait éprouvés durant la première phase de son accouchement. Après la reviviscence totale et l'intégration de ce souvenir, Dana ressentit pour la première fois de sa vie des sentiments maternels normaux, dépourvus de toute agressivité, de toute culpabilité et de toute angoisse.

Vers la fin de la séance, Dana eut la vision d'un Christ purifié et radieux s'élevant au-dessus des matières biologiques. Cette séquence s'accompagna de sentiments chrétiens et d'une nouvelle compréhension du message du Christ. Elle comprit, en outre, qu'il y avait « quelque chose » au-delà du Christ. Pour exprimer cette perception, elle utilisa le symbole du Soleil Noir. La description que Dana en donna rappelait à bien des égards le concept de l'Atman hindou.

Le dernier exemple est un extrait d'une séance LSD avancée de Michael, un étudiant de dix-neuf ans atteint de schizophrénie. Ce fut notre plus jeune patient dans le cadre de la thérapie psycholytique. Michael était le frère d'Eva, une patiente hystérique qui participa également à une thérapie LSD. L'histoire condensée de ces deux jeunes gens a été exposée précédemment dans la partie traitant de l'authenticité des souvenirs d'enfance revécus au cours de séances LSD (cf. page 86). Malgré une symptomatologie très grave, Michael fit des progrès thérapeutiques très rapides ; il dépassa bien vite les stades psychodynamique et périnatal pour accéder aux niveaux transpersonnels. Voici un résumé de sa trente-deuxième séance qui précéda de peu la fin de sa thérapie.

> Le début de la séance fut marqué par un sentiment de « tension pure » qui s'installait à des plans toujours plus élevés. Lorsqu'il eut transcendé cette tension, Michael connut une expérience d'extase cosmique irrésistible. Une lumière radieuse, émanant d'une source surnaturelle non identifiable, éclairait l'univers. Le monde entier rayonnait de sérénité, d'amour et de paix ; l'atmosphère dégageait une impression de « victoire absolue, de libération finale et de liberté de l'âme ». La scène se transforma alors en un océan bleu-vert infini, le berceau primordial de toute vie. Michael avait le sentiment d'être revenu à la source ; il flottait paisiblement dans ce fluide nourricier et apaisant dans lequel son corps et son âme se dissolvaient. L'expérience avait une saveur indienne et Michael demanda au thérapeute si cet état d'union de l'être individuel avec l'univers était décrit dans les textes religieux indiens. Il eut plusieurs visions de cultes hindous, de cérémonies mortuaires près du Gange et d'Indiens pratiquant le yoga dans l'Himalaya. Michael n'avait aucune connaissance du Hata-Yoga ; pourtant, il adopta intuitivement plusieurs positions classiques (asanas) qui lui paraissaient mieux appropriées à son état d'esprit actuel.
>
> Cet état extatique fut brusquement interrompu et cette harmonie profondément perturbée. L'eau de l'océan se transforma en liquide amniotique et Michael devint un fœtus. Des agents toxiques mettaient son existence en danger ; il avait un goût étrange et déplaisant dans la bouche, il sentait un poison se répandre en lui. Il était profondément tendu et anxieux. Certains de ses muscles tremblaient et se crispaient. Ces symptômes accompagnaient de multiples visions terrifiantes de démons et d'autres manifestations mauvaises évoquant l'expression artistique d'autres traditions.

Après cet épisode angoissant, Michael revécut son évolution fœtale depuis la fusion du spermatozoïde et de l'ovule, les millions de divisions cellulaires et de processus de différenciation jusqu'à l'épanouissement de l'individu complet. Les séquences de développement fœtal se mêlaient à des flashbacks phylogéniques montrant la transformation des espèces animales durant l'évolution historique de la vie.

Vers la fin de la séance, les sentiments de fusion avec l'océan et d'identification à l'univers s'imposèrent à nouveau. Dans ce contexte très général, Michael eut de nombreuses visions de l'Egypte antique avec ses pyramides, ses sépultures royales, ses majestueuses sculptures granitiques, ses innombrables déités et ses figures mythologiques. Ces visions extatiques se poursuivirent jusqu'à une heure très avancée de la nuit. Sa dernière vision montrait une princesse égyptienne et sa suite qui franchissaient le Nil.

Le lendemain, Michael était dans l'état émotionnel le plus calme, le plus joyeux et le plus équilibré qu'il ait jamais connu. Ces symptômes psychotiques ne réapparurent jamais. Il se maria et quitta la Tchécoslovaquie quelques années plus tard. Il est désormais capable de s'assumer, de faire face à ses responsabilités familiales et aux difficultés intrinsèques à la vie d'un émigré.

Nous conclurons cette discussion de la nature multidimensionnelle des expériences LSD par quelques remarques quant à l'emploi de cette drogue pour établir des diagnostics de personnalité et remédier à des désordres affectifs. Les applications cliniques des principes théoriques présentés ici sortent, cependant, du cadre de cet ouvrage.

Les exemples cités dans ce chapitre indiquent que le LSD active un matériau émotionnel important dans diverses régions et à divers niveaux de la personnalité ; la multiplicité des influences se combinant pour façonner le contenu manifeste de la séance est l'un des traits les plus caractéristiques de l'expérience LSD. On a souvent observé que des patients présentent plusieurs interprétations pertinentes, logiques, cohérentes et complémentaires d'une seule et même expérience symbolique. Dans le cas de séances complexes, l'un des niveaux occupe généralement le centre du champ empirique, se trouve « sous les projecteurs » de la conscience. Les niveaux additionnels sont alors évoqués incidemment à la périphérie du courant perceptuel pendant que le thème principal se déroule. Ils n'apparaissent parfois que lors de l'analyse systématique des associations libres du patient après la séance ou se précisent au cours de séances ultérieures. Les variables déterminant la profondeur du niveau prédominant sont : la personnalité du sujet, l'intensité de la charge affective attachée au matériau dévoilé, le degré de résistance des barrières psychologiques, les circonstances et le cadre, et le nombre d'expositions précédentes au LSD. Ce dernier facteur mérite une attention particulière en raison de son importance pour la compréhension de la nature de la réaction LSD, de la variabilité inter- et intra-individuelle du contenu des séances et de la dynamique de la psychothérapie LSD.

Les sujets et les patients sont dans des situations très différentes au moment de leur première séance LSD. Certains sont solidement protégés contre la manifestation d'un matériau inconscient de quelque niveau que ce soit ; d'autres ont facilement accès non seulement aux phénomènes psychodynamiques mais encore aux expériences périnatales et transpersonnelles. Au cours du déroulement d'une thérapie LSD, l'accent empirique principal tend à se déplacer — très schématiquement — des éléments abstraits et psychodynamiques vers les problèmes de mort/re-naissance et, en définitive, vers diverses séquences transpersonnelles. Les séances LSD avancées sont habituellement dominées par des thèmes mystiques et religieux et sont toutes de nature transpersonnelle. Les éléments des niveaux déjà évoqués ne réapparaissent plus à ce stade. Ces déplacements consécutifs de l'accent d'un niveau de l'inconscient individuel vers un autre s'accompagnent de modifications correspondantes de la structure de la personnalité, des émotions, des valeurs, des attitudes, des systèmes de croyances et bien souvent de la vision globale du monde.

La compréhension de ce processus et de sa dynamique spécifique constitue la base indispensable pour guider les expérimentateurs avec sensibilité et utiliser au mieux le potentiel thérapeutique et épanouissant de la procédure LSD.

EPILOGUE

Ce n'est pas sans hésitation et sans appréhension que je présente ce livre à mes collègues professionnels ainsi qu'au grand public. Je suis parfaitement conscient du caractère étrange et surprenant de certains passages pour un lecteur qui n'a pas vécu lui-même une expérience psychédélique ou qui n'a pas connu un autre type d'état modifié de conscience. Mon expérience personnelle m'a montré combien il était difficile de considérer sérieusement et d'accepter les implications de certaines observations extraordinaires tirées des séances LSD. Au début de ma vie professionnelle, j'ai résisté longtemps avant d'accepter ces nouvelles données révolutionnaires auxquelles j'étais quotidiennement confronté. Je m'efforçais de les expliquer par rapport aux cadres théoriques traditionnels jusqu'à ce que ma tendance à défendre ces modes de pensée classiques fût brisée par une avalanche de faits cliniques irréfutables. J'ai transgressé les limites de la pensée traditionnelle et conventionnelle, essentiellement parce que je disposais d'éléments convaincants prouvant abondamment que les anciens concepts étaient incomplets, insatisfaisants, invraisemblables et indéfendables. J'aimerais préciser à cet égard que je ne me suis jamais complu dans une attitude iconoclaste vis-à-vis des concepts et des théories existants. Bien au contraire. Je suis quelqu'un de conservateur par nature et je reconnais avoir éprouvé un certain malaise à chaque fois que le paradigme en vigueur s'avérait inadéquat. J'ai traversé une longue période de chaos conceptuel, j'ai souffert d'un manque de ligne de conduite significative. Cette situation a cessé lorsque j'ai réussi à établir un cadre théorique plus vaste introduisant un ordre nouveau dans les données de recherche et permettant une intégration simplifiée et une synthèse des observations les plus importantes.

Confronté à la difficulté de trouver une forme appropriée pour présenter mes découvertes, je rejetai une solution qui était pourtant très séduisante : je refusai de censurer ou de déformer certaines des observations les plus étranges. Cette démarche m'aurait pourtant mis à l'abri de la désapprobation de mes lecteurs et de leurs critiques acerbes, mais sa malhonnêteté tant sur le plan personnel que professionnel m'aurait empêché d'atteindre l'objectif que je m'étais fixé en écrivant ce livre. Il importait de présenter ces données sous leur forme véritable, y compris celles qui constituaient un défi au bon sens et à la pensée scientifique. J'ai donc décidé de courir le risque de me faire attaquer, critiquer voire ridiculiser afin de préserver l'intégrité et l'exactitude de cette recherche.

Je conçois que le lecteur éprouvera certaines difficultés à accepter les idées exposées dans cet ouvrage ; il est raisonnable d'imaginer que son scepticisme sera égal à ce que fut le mien lorsque je me trouvai confronté pour la première fois à ces données. La confirmation ou l'infirmation du matériau présenté ne pourra venir que de chercheurs ayant choisi de conduire des études semblables. Il va de soi que d'un point de vue théorique la recherche décrite dans ce livre peut être reproduite même si la situation politique et législative actuelle à l'encontre des drogues rend une telle tâche beaucoup plus difficile. La validité de ces concepts peut aussi être testée indirectement en étudiant les résultats des expérimentations non contrôlées de drogues psychédéliques. Les individus ayant employé illégalement du LSD et les professionnels ayant été appelés à les traiter seront à même de juger dans quelle mesure la cartographie de l'inconscient décrite dans ces pages est en accord avec leur expérience. Pour tester ce nouveau cadre conceptuel, on peut aussi l'appliquer à divers états dans lesquels l'activation du matériau inconscient résulte de techniques puissantes n'ayant pas recours aux drogues. Des exemples fourmillent dans les textes religieux, les écrits mystiques, les ouvrages et revues anthropologiques ainsi que dans les ouvrages contemporains consacrés aux techniques psychothérapeutiques empiriques et aux procédures d'altération de l'esprit en laboratoire.

La signification des observations LSD transcende le cadre de la psychiatrie et de la psychologie et s'étend à bien d'autres disciplines scientifiques. Préciser et évaluer toutes les implications et les conséquences des découvertes dans leur ensemble dépasse la capacité d'un seul individu. L'étude détaillée des phénomènes psychédéliques nécessiterait un travail systématique et à long terme réalisé par une équipe rassemblant des spécialistes de diverses disciplines : psychologie, psychiatrie, neurophysiologie, neuropharmacologie, ethno-botanique, physique moderne, zoologie, éthologie, génétique, médecine interne, obstétrique et gynécologie, histoire de l'art, théologie, philosophie et étude comparative des religions et des mythologies.

L'avenir de la recherche psychédélique est problématique à l'heure actuelle et il n'est pas certain qu'il sera possible de renouveler l'étude des séances LSD en série telles qu'elles sont décrites dans ce livre. Quoi qu'il en soit, bien du temps passera avant que de telles études soient complétées et révèlent de nouvelles données. En attendant ces jours heureux, je suis tout disposé à mettre le matériau sur lequel s'appuie cet ouvrage à la disposition de tout chercheur sérieux qui le jugerait intéressant du point de vue de sa propre discipline. En revanche, j'apprécierais tout commentaire critique et toute suggestion de spécialistes de disciplines diverses qui permettraient de clarifier les découvertes exposées ici.

BIBLIOGRAPHIE

1. Arcamone F., Production of Lysergic Acid Derivatives by a Strain of Claviceps Paspali Stevens and Hall in Submerged Culture, *Nature,* 187 (1960) : 238.
2. Cohen S., Side Effects and Complications, *Journal of the Nervous and Mental Diseases,* 130 (1960) : 30.
3. Fanchamps A., Des drogues magiques des Aztèques à la thérapie psycholytique, *Acta Psychotherapeutica,* 10 (1962) : 372.
4. Freud A., *The Ego and the Mechanisms of Defense,* London, Hogarth Press, 1937.
5. Freud S., From the History of an Infantile Neurosis, *Collected Papers,* vol. 3. London (Institute of Psychoanalysis and Hogarth Press, 1924).
6. Freud S., The Aetiology of Hysteria, *Collected Papers,* vol. 1. London (Institute of Psychoanalysis and Hogarth Press, 1924).
7. Gopi Krishna, *Kundalini : The Evolutionary Energy in Man,* Berkeley, Calif., Shambala Publications, 1970.
8. Grof S., Theoretical and Empirical Basis of Transpersonal Psychology and Psychotherapy : Observations from LSD Research, *Journal of Transpersonal Psychology* 5 (1973) : 15.
9. Grof S. et Dytrych Z., Blocking of the LSD Reaction by Premedication with Niamid, *Activitas nervosa superior* 7, (1965) : 306.
10. Jung C. G., Synchronicity : An Acausal Connecting Principle, *Collected works,* vol. 8. Princeton, N.J. Bollingen Series, Princeton University Press, 1960.

11. Leuner H., *Die experimentelle Psychose* Berlin, Göttingen, Heidelberg, Springer Verlag, 1962.
12. Lilly J. C., *The Center of the Cyclone,* New York, The Julian Press, Inc., 1972.
13. Maslow A. H., *Toward a Psychology of Being,* Princeton, N.J., D. van Nostrand Co., Inc., 1962.
14. Maslow A. H., A Theory of Metamotivation : The Biological Rooting of the Value Life, in *Reading in Humanistic Psychology,* edited by A. J. Sutich and M. A. Vich, New York, The Free Press, Ltd., 1969.
15. Pahnke W.N. and Richards W. E., Implications of LSD and Experimental Mysticism, *Journal of Religion and Health* 5, (1966) : 175.
16. Rank O., *The Trauma of Birth,* New York, Harcourt Brace, 1929.
17. Stoll W. A., LSD, ein Phantastikum aus der Mutterkorngruppe, *Schweizer Archiv für Neurologie und Psychiatrie* 60 (1947) : 279.
18. Stoll A., Hofmann, A. et Troxler F., Ueber die Isomerie von Lysergsaüre und Isolysergsaüre, *Helvetica Chimica Acta* 32, (1949) : 506.
19. Varella G., Vazquez A. et Toroella J., Probable existencia de la LSD-25 en la infección por Toxoplasma Gondii, *Revista del Instituto de salud y Enfermedades tropicas,* (Mexico), 16 (1956) : 29.

Rappelons enfin que les Editions du Rocher ont déjà publié dans la Collection *Aux confins de l'Etrange :* « La Rencontre de l'Homme avec la Mort », de Stanislav Grof et Joan Halifax (1982).

TABLE DES MATIÈRES

DANS LA MÊME COLLECTION :

L'ESPRIT ET LA MATIÈRE

Collection dirigée par
Jean-Paul Bertrand et Christian Jacq

BOHM (D.). *LA PLÉNITUDE DE L'UNIVERS*

BOHM (D.)/PEAT (F. D.). *LA CONSCIENCE ET L'UNIVERS*

BOUNIAS (M.). *LA CRÉATION DE LA VIE. DE LA MATIÈRE À L'ESPRIT*

CAPRA (F.). *LE TEMPS DU CHANGEMENT*

CHARON (J.). *L'ÊTRE ET LE VERBE*

CHARON (J.). *LE MONDE ÉTERNEL DES ÉONS*

CHARON (J.). *VINGT-CINQ SIÈCLES DE COSMOLOGIE*

CHAUVIN (R.). *LA BIOLOGIE DE L'ESPRIT*

CHRISTEN (Y.). *L'ÉGALITÉ DES SEXES*

COSTA DE BEAUREGARD (O.). *LE TEMPS DÉPLOYÉ*

DUPLESSIS (Y.). *LES COULEURS VISIBLES ET NON VISIBLES*

FORWARD (D.)/DAVIS (J.). *LES MYSTÈRES DE L'ANTIMATIÈRE*

GRIBBIN (J.). *LE CHAT DE SCHRÖDINGER*

GRIBBIN (J.). *À LA POURSUITE DU BIG BANG*

GROF (S.). *LES NOUVELLES DIMENSIONS DE LA CONSCIENCE*

GROF (S.). *PSYCHOLOGIE TRANSPERSONNELLE*

GROF (S.). *ROYAUMES DE L'INCONSCIENT HUMAIN*

GROF (S.)/HALIFAX (J.). *LA RENCONTRE DE L'HOMME AVEC LA MORT*

GUILLE (É.). *L'ALCHIMIE DE LA VIE*

GUILLE (É.). *LE LANGAGE VIBRATOIRE DE LA VIE*

HARDY (C.). *LA SCIENCE ET LES ÉTATS FRONTIÈRES*

LAMY (M.). *L'INTELLIGENCE DE LA NATURE*

LOVELOCK (J. E.). *LA TERRE EST UN ÊTRE VIVANT*

LUPASCO (S.). *L'ÉNERGIE ET LA MATIÈRE PSYCHIQUE*

LUPASCO (S.). *L'ÉNERGIE ET LA MATIÈRE VIVANTE*

LUPASCO (S.). *L'EXPÉRIENCE MICROPHYSIQUE ET LA PENSÉE HUMAINE*

LUPASCO (S.). *L'HOMME ET SES TROIS ÉTHIQUES*

LUPASCO (S.). *LE PRINCIPE D'ANTAGONISME ET LA LOGIQUE DE L'ÉNERGIE*

ROUJON (L.). *L'ÉNERGIE MICROVIBRATOIRE ET LA VIE*

SHELDRAKE (R.). *LA MÉMOIRE DE L'UNIVERS*

SHELDRAKE (R.). *UNE NOUVELLE SCIENCE DE LA VIE*

VALENTA (A.). *LA PASSION DE CONNAÎTRE, L'UNIVERS, LA VIE, L'HOMME*

WEBER (R.). *DIALOGUES AVEC DES SCIENTIFIQUES ET DES SAGES*

WILBER (K.). *LES TROIS YEUX DE LA CONNAISSANCE*

Cet ouvrage reproduit par procédé photomécanique
a été achevé d'imprimer sur presse CAMERON
dans les ateliers de la S.E.P.C.
à Saint-Amand (Cher), en mars 1992

Éditions du Rocher
28, rue Comte-Félix-Gastaldi
Monaco

Dépôt légal : mars 1992.
N° d'Édition : CNE section commerce et industrie
Monaco 19023.
N° d'impression : 582.

Imprimé en France